Kurt Erlemann / Irmgard Nickel-Bacon / Anika Loose

Gleichnisse - Fabeln - Parabeln

Exegetische, literaturtheoretische und religionspädagogische Zugänge

A. Francke Verlag Tübingen

Kurt Erlemann ist Professor für Evangelische Theologie an der Bergischen Universität Wuppertal.

Irmgard Nickel-Bacon ist Professorin für Germanistik / Didaktik der deutschen Sprache und Literatur an der Bergischen Universität Wuppertal.

Anika Loose ist Wissenschaftliche Mitarbeiterin am Lehrstuhl für Religionspädagogik und Didaktik der evangelischen Religionslehre an der Bergischen Universität Wuppertal.

Bibliografische Information der Deutschen Nationalbibliothek

Die Deutsche Nationalbibliothek verzeichnet diese Publikation in der Deutschen Nationalbibliografie; detaillierte bibliografische Daten sind im Internet über http: // dnb.dnb.de abrufbar.

Dischingerweg 5 · D-72070 Tübingen

Gedruckt auf chlorfrei gebleichtem und säurefreiem Werkdruckpapier.

Internet: http: // www.francke.de
E-Mail: info@francke.de

Einbandgestaltung: Atelier Reichert, Stuttgart
Druck und Bindung: fgb – freiburger graphische betriebe
Printed in Germany

UTB-Band-Nr. 4134
ISBN 978-3-8252-4134-6

UTB

Eine Arbeitsgemeinschaft der Verlage

Böhlau Verlag · Wien · Köln · Weimar
Verlag Barbara Budrich · Opladen · Toronto
facultas.wuv · Wien
Wilhelm Fink · Paderborn
A. Francke Verlag · Tübingen
Haupt Verlag · Bern
Verlag Julius Klinkhardt · Bad Heilbrunn
Mohr Siebeck · Tübingen
Nomos Verlagsgesellschaft · Baden-Baden
Ernst Reinhardt Verlag · München · Basel
Ferdinand Schöningh · Paderborn
Eugen Ulmer Verlag · Stuttgart
UVK Verlagsgesellschaft · Konstanz, mit UVK/Lucius · München
Vandenhoeck & Ruprecht · Göttingen · Bristol
vdf Hochschulverlag AG an der ETH Zürich

Vorwort

Gleichnishafte Texte gehören zu den faszinierendsten Genres der Literaturgeschichte. Ihre Art und Weise, Wirklichkeit zu umschreiben, ist einzigartig. Nicht zufällig gehören die Gleichnisse zum festen Repertoire biblischer Sprache, aber auch der profanen Literatur seit Jahrtausenden. Die wissenschaftliche Beschäftigung mit gleichnishaften Texten weist ebenfalls eine lange Tradition auf. Das gilt für den Bereich der historisch-kritischen Erforschung biblischer Texte ebenso wie für den Bereich der Literaturwissenschaften. Dabei ist die methodische Auseinandersetzung mit dem Sinnpotenzial gleichnishafter Texte nicht zuletzt den Erfordernissen praktisch-didaktischer bzw. homiletisch-katechetischer Lernfelder geschuldet. Wer heutzutage Literatur, sei es biblische, sei es profane, didaktisch zu vermitteln hat, kommt um die Fragen einer angemessenen Auslegung gleichnishafter Texte nicht herum.

Der vorliegende Band setzt zum einen die lange Tradition biblisch-theologischer „Gleichnisbücher" fort und ergänzt sie um den wichtigen Aspekt der Religionspädagogik. Zum anderen knüpft er an die Tradition der literaturwissenschaftlichen Betrachtung parabolischer Texte an und reflektiert auch diese für den fachdidaktischen Gebrauch. Neu an diesem Buch ist der interdisziplinäre Ansatz: Nach vielen Jahrzehnten mehr oder minder getrennter akademischer Beschäftigung werden hier die beiden Traditionsstränge – literaturwissenschaftlicher und biblisch-theologischer Zugang – direkt miteinander ins Gespräch gebracht und verknüpft. Zwar sorgten auch schon in der Vergangenheit viele Wechselwirkungen für den Fortschritt der wissenschaftlichen Erkenntnisse. Diese Wechselwirkungen waren jedoch zumeist indirekter Natur und führten zu keiner nachhaltigen gegenseitigen Durchdringung der verschiedenen Ansätze. Dies soll im vorliegenden Band überwunden werden. Der Vorteil liegt auf der Hand: Die unterschiedlichen akademischen Traditionen werden füreinander transparent, die unterschiedlichen Begrifflichkeiten durch einheitliche Sprachregelungen verbunden. Beide Seiten profitieren so unmittelbar voneinander.

Der Aufbau des Buches entspricht dem interdisziplinären Ansatz: Nach einer Einführung in die biblisch-theologische Gleichnisauslegung (Teil I), die im Bereich der rhetorischen Figuren in direkter Zusammenarbeit erfolgt, bietet Teil II einen Überblick über die literaturwissenschaftlichen Ansätze zu Fabeln sowie Parabeln und erläutert fachdidaktische Vorschläge zur unterrichtlichen Umsetzung. Teil III führt in die verzweigte religionspädagogische Diskussion um die Vermittlung biblischer Gleichnisse ein. Der Band wird durch einen umfangreichen Materialteil abgerundet. In ihm werden ausgewählte Literaturbeispiele präsentiert. Ein ausführliches Literaturverzeichnis ermöglicht die intensive Weiterarbeit am Thema.

Wir danken für die Fertigstellung des Bandes vor allem folgenden Personen: den Studierenden der Evangelischen Theologie und der Literaturwissenschaften an der Bergischen Universität Wuppertal für ihre zahlreichen Inputs, Matthias Schäfer für seine sorgfältigen Recherchen und Lektoratsarbeiten, Astrid Padberg für die Bereitstellung von Tee und Keksen während der Redaktionssitzungen, Herrn Dr. Bernd Villhauer für die Betreuung seitens des Verlags sowie Gunter Narr, dem geschätzten Verlagsleiter, für die Aufnahme des Bandes in sein Verlagsprogramm.

Wuppertal, im April 2014

Kurt Erlemann Irmgard Nickel-Bacon Anika Loose

Inhalt

Einführung

Bedeutung des Themas

Gleichnisse und andere bildhafte Erzählformen gehören zum festen Repertoire nicht nur der Literaturgeschichte verschiedenster Kulturen, sondern auch der literaturwissenschaftlichen und theologischen Ausbildungsgänge an deutschen Universitäten. Insbesondere in der Allgemeinen Literaturwissenschaft, aber auch im Bereich der Biblischen Theologie gehört die Fähigkeit, mit gleichnishaften Stoffen methodisch sicher umzugehen und sie sachangemessen auszulegen, zu den festgeschriebenen Zielkompetenzen. Dies gilt umso mehr, als Gleichnisstoffe in den Schulfächern Deutsch und Religionslehre über alle Schulformen hinweg fester Bestandteil der curricularen Lehrpläne sind.

Zum Forschungsstand: Biblische Theologie

Ungeachtet ihrer fachübergreifenden Bedeutung laufen literaturwissenschaftliche, theologische und pädagogische Forschungen an bildhaften Erzählformen, abgesehen von einigen grundlegenden Diskursen, etwa zur Eigenart und literarischen Bewertung der Metapher, bis heute weithin unabhängig nebeneinander her. In der exegetischen Erforschung der Bibel und da insbesondere in der Jesusforschung hat die Gleichnisauslegung eine lange Tradition. Als Begründer der modernen theologischen Gleichnisforschung gilt nach wie vor Adolf Jülicher mit seinem zweibändigen Werk *Die Gleichnisreden Jesu* (Tübingen ²1910). Seither ist die Erforschung der biblischen Gleichnisse in der theologischen Wissenschaft ein Dauerbrenner und hat zu unzähligen Publikationen und Forschungsansätzen geführt. Als Meilensteine der Gleichnisforschung im 20. Jahrhundert dürfen Joachim Jeremias‘ *Die Gleichnisse Jesu*

(Göttingen [10]1984; [1]1947), Hans Weders *Die Gleichnisse Jesu als Metaphern. Traditions- und redaktionsgeschichtliche Analysen und Interpretationen* (Göttingen 1978) sowie Kurt Erlemanns *Gleichnisauslegung. Ein Lehr- und Arbeitsbuch* (Tübingen/Basel 1999) gelten. Die Gleichnisauslegung des 21. Jahrhunderts wurde durch das von Ruben Zimmermann herausgegebene Werk *Hermeneutik der Gleichnisse Jesu. Methodische Neuansätze zum Verstehen urchristlicher Parabeltexte* (Tübingen 2008) eingeläutet. Rund hundert Jahre nach Adolf Jülicher ist die Gleichnisauslegung nach wie vor aktuell und umstritten.

Zum Forschungsstand: Literaturwissenschaft und -didaktik

Obgleich sich Literaturwissenschaft und -didaktik in der Zuordnung von Fabeln und Parabeln zur gleichnishaften bzw. parabolischen Literatur einig sind, gibt es nur wenige Autoren (z.B. Dithmar 1970/1995; Schrader 1980), die beide Gattungen zugleich in den Blick nehmen. Die Gründe liegen ebenso in der Geschichte der beiden Untergattungen, die in unterschiedlichen Epochen besonders relevant waren – die Fabel etwa zur Zeit der Aufklärung, die Parabel ganz besonders in der klassischen Moderne – als auch in ihrer Bedeutung für den Deutschunterricht. Während die Fabel auf eine extrem lange Tradition didaktischer Relevanz zurückblicken kann, wurde die Parabel erst mit ihrer systematischen Verrätselung seit Kafka zum Gegenstand von Textanalysen, die der gymnasialen Oberstufe (vgl. Biermann/Schurf 1999) vorbehalten bleiben. Dagegen erscheint die Fabel bereits für Grundschulkinder geeignet. So verwundert es nicht, dass wichtige Anstöße zur Fabelforschung von einem Autor kommen, der auch Kinder- und Jugendliteratur erforscht (Doderer 1970), aber auch von Autoren, deren Forschungsschwerpunkt in der Aufklärungszeit bzw. der gesellschaftskritischen Literatur liegt (Leibfried 1984; Dithmar 1988; Elm/Hasubek 1994). Genuin didaktische Überlegungen zur Fabel (Payrhuber 1978) sind in der Deutschdidaktik seit Ende der siebziger Jahre zu verzeichnen, aktuelle Bemühungen beziehen sich auf literarisches Lernen an der Grundschule (Nickel-Bacon 2012 a) und Anleitungen zum systematische Textverstehen in der Sekundarstufe I (Zabka 2006). Methoden- wie Medienintegration kennzeichnen diese neueren Ansätze in der Fachdidaktik.

Ein anderer, durchaus eigener Schwerpunkt hat sich in der Literaturwissenschaft zu Parabeln herausgebildet. Hier sind zwei Forschungsstränge zu unterscheiden: Zum einen handelt es sich um Bestimmungsversuche der modernen Parabel (Brettschneider 1980; Elm 1982), die diese literaturhistorisch zu fundieren suchen. Zum anderen legte Zymner eine literaturtheoretisch motivierte Bestimmung von Parabeln im Rahmen der Uneigentlichkeit (Zymner 1991) vor. Hier wird der Unterschied zu Fabeln im anthropomorphisierten Figural gesehen. Als innovativ für die Parabelforschung muss die textseitige Identifizierung sog. Transfersignale gelten, die rezeptionsseitig zu erkennen sind, um parabolische Lesarten anzuregen. Die didaktische Forschung zur modernen Parabel setzt Ende der achtziger Jahre ein (Bekes 1988) und erweist sich als besondere Herausforderung, da die Grenzen zwischen moderner Vieldeutigkeit und parabolisch motivierten Inkohärenzen nicht klar zu ziehen sind. Mit dem literaturdidaktischen Projekt einer Prozeduralisierung von Gattungswissen (Nickel-Bacon 2012 b) liegen didaktische Anwendungsversuche von Zymners Konzept der Transfersignale vor. Dabei ist aus vermittlungsbezogener Perspektive vor allem die Unterscheidung zwischen mimetischen und parabolischen Texten (Nickel-Bacon 2013 a; 2013 b) entscheidend, also etwa zwischen Parabeln und Kurz- bzw. Kürzestgeschichten.

Zum Forschungsstand: Religionspädagogik

Im Bereich der religionspädagogischen Reflexion der Gleichnisdebatte sind in den vergangenen fünfzig Jahre namhafte Publikationen erschienen. So zum Beispiel die an die metapherntheoretischen Gleichnisauslegung anknüpfenden Werke von Hubertus Halbfas wie *Das dritte Auge* (1982) und Ingo Baldermanns *Einführung in die biblische Didaktik* (1996), die zu einer Wende bei der Behandlung von Gleichnissen im schulischen Religionsunterricht geführt haben. Zahlreiche entwicklungspsychologische und rezeptionsorientierte Studien, u.a. von Anton A. Bucher, *Gleichnisse verstehen lernen* (1990), sensibilisieren schließlich für die Verstehensmöglichkeiten und -prozesse der Lernenden.

Das Gemeinschaftswerk von Peter Müller, Gerhard Büttner, Roman Heiligenthal und Jörg Thierfelder *Die Gleichnisse Jesu. Ein Studien- und Arbeitsbuch für den Unterricht* (2002) verfolgt mit der konsequenten Anwendung des Elementarisierungskonzeptes einen integrativen Ansatz der Gleichnisdidaktik.

Neuere wirkungsästhetische Zugänge verweisen auf die zentrale Rolle des Lesers bei der Sinnkonstruktion und läuten damit eine Hermeneutik des Perspektivwechsels ein, z.B. Stefanie Schulte, *Gleichnisse erleben. Entwurf einer wirkungsästhetischen Hermeneutik und Didaktik* (2008).

Die nachfolgenden Überlegungen zur Behandlung von Gleichnissen gehen einen Schritt weiter, indem sie neben entwicklungs- und rezeptionsästhetischen Überlegungen das Elementarisierungskonzept mit der Kinder- und Jugendtheologie ins Gespräch bringen.

Teil I: Biblisch-theologische Gleichnisauslegung

Kurt Erlemann

1. Was bleibt, ist die Pointe! Gleichnistheorie und Gleichnisauslegung seit Adolf Jülicher

1.1 Gleichnisse als rhetorisches Transportmittel religiös-sittlicher Wahrheit

Der Name Adolf Jülicher steht für den Beginn der modernen theologischen Gleichnisforschung. Die Gleichnisforschung der letzten rund einhundert Jahre liest sich über weite Strecken als Auseinandersetzung mit Jülichers Doppelband *Die Gleichnisreden Jesu*, Tübingen 1886/1898 (2. Auflage 1910).

Jülicher wandte sich gegen die bis dahin vorherrschende „allegorische“ Gleichnisauslegung. Unter „allegorisch“ war zu jener Zeit jegliches Verständnis gemeint, das einen versteckten Sinn, den es hinter dem wörtlichen Verständnis zu erschließen gilt, vermutet. Jülicher ging davon aus, dass Jesus, ein genialer Rhetor und Pädagoge, sich unmissverständlich ausdrückte und es an seinen Gleichnissen nichts „auszulegen“ gab. Erst die Evangelisten hätten aus den Texten schwer zu verstehende, mit allerlei theologischen und christologischen Inhalten überfrachtete „Allegorien“ gemacht (Missverständnis- bzw. Verfälschungstheorie).

Das Ziel der modernen Gleichnisauslegung sah Jülicher dementsprechend im Rückgewinn des ursprünglichen, wörtlichen und klaren Textsinns. Hierfür unterschied er, unter Rückbezug auf aristotelische Rhetorik (Arist. Rhetorik II,20; III,4), zwischen Gleichnissen als „eigentlicher“, wörtlich zu verstehender Rede (mit dem Vergleich als Grundbaustein) und Allegorien als „uneigentlicher“, übersetzungsbedürftiger Rede (mit der Metapher als Grundbaustein). Jülicher zufolge ist das Gleichnis „diejenige Redefigur, in welcher die Wirkung eines Satzes (Gedankens) gesichert werden soll durch Nebenstellung eines ähnlichen, einem anderen Gebiet angehörigen, seiner Wirkung gewissen Satzes" (Jülicher 1910 I, 80).

Markenzeichen der ursprünglichen Gleichnisse Jesu waren nach Jülicher Präzision und Kürze (lat. *simplex sigillum veri*). Auslegungsbedürftige Elemente wies er der späteren Verfälschung durch die Evangelisten zu. Zwischen „Bildhälfte" und „Sachhälfte" vermittle nur ein einziger Vergleichspunkt, den es herauszuarbeiten gelte. Dieser Vergleichspunkt – das *tertium comparationis* – ist laut Jülicher inhaltlich eine religiös-sittliche Wahrheit von überzeitlicher Gültigkeit. Ist sie herausgefunden, habe das Gleichnis seinen Zweck erfüllt.

Mit diesem Ansatz waren die Leitfragen für die weitere Gleichnisforschung gestellt:

1) Wie ist das Verhältnis von Gleichnis und Allegorie zu bestimmen?
2) Was ist das Wesen der Metapher?
3) Dürfen Gleichnisse überhaupt ausgelegt werden?
4) Wie verhalten sich Mündlichkeit und Schriftlichkeit der Gleichnisse zueinander?

1.2 Die eschatologische Botschaft der Gleichnisse

Die Erfahrungen des Ersten Weltkriegs haben unter anderem gelehrt, dass das Reich Gottes keine Größe ist, die sich durch politisches Handeln innergeschichtlich verwirklichen ließe. Das führte in der Gleichnisforschung dazu, den grundsätzlich eschatologischen Charakter der Gleichnisbotschaft Jesu zu betonen. Dieser Ansatz hatte seinen Vorläufer in Johannes Weiß' Buch *Die Predigt Jesu vom Reiche Gottes* (Göttingen 1892) und wurde in der Folge bei Charles Harold Dodd (*The Parables of the Kingdom*, London 1935) und vor allem bei Joachim Jeremias (*Die Gleichnisse Jesu*, 1. Auflage 1947) zur Grundlage der Gleichnistheorie. Als Inhalt der Gleichnisse galt hinfort nicht mehr eine „ewig gültige Satzwahrheit", sondern die Ankündigung der anbrechenden Gottesherrschaft samt ihren soteriologischen und ethischen Konsequenzen. Zu diesen gehören laut Jeremias die Ansage des gegenwärtigen Heils, der Hinweis auf Gottes Erbarmen mit den schuldbeladenen

Menschen, der Aufruf zur Umkehr jetzt, die Hoffnung auf die baldige Rettung sowie die Androhung des Endgerichts. Ziel der Gleichnisbotschaft war nach diesem Ansatz die konkrete Veränderung des Verhaltens bzw. die Entscheidung (gr. *krisis*) für oder gegen die Gottesherrschaft. „Alle Gleichnisse Jesu zwingen den Hörer, zu Seiner Person und Seiner Sendung Stellung zu nehmen“ (Jeremias 1984, 227).

Bei aller inhaltlichen Kritik an Jülicher hielt Jeremias an dessen anti-allegorischer Auslegungsrichtung strikt fest. Die Gleichnisse wurden weiterhin als rhetorisch-argumentative Redeformen verstanden, der Schlüssel zu ihrem Verständnis in der Rekonstruktion ihrer Entstehungssituation im Munde Jesu gesucht. Jeremias sah in den Gleichnissen eine „Streitwaffe“, mit der Jesus auf unvorhergesehene Situationen spontan reagierte (17f). Die verschriftlichten Gleichnisse der Evangelien standen nach wie vor unter dem Generalverdacht der Verfälschung. Der Idealtyp der Gleichnisse im Munde Jesu zeichnete sich laut Jeremias unter anderem durch Einfachheit, Anschaulichkeit und Realistik aus. Der Prozess der Verfälschung sei nach bestimmten Gesetzmäßigkeiten verlaufen. Insgesamt zehn Umformungsgesetze wurden von Jeremias benannt: Übersetzung ins Griechische, Wandlung des Anschauungsmaterials, Ausschmückungen, Einflüsse des Alten Testaments und volkstümlicher Erzählungsmotive, Wechsel der Hörerschaft, Verwendung kirchlicher Mahnrede, Einwirkung der kirchlichen Situation nach Ostern, Allegorisierung, Sammlung und Fusion von Gleichnissen sowie sekundäre Rahmung der Art „Das Reich Gottes ist wie…“. Ziel der Gleichnisinterpretation von Jeremias war die Wiedergewinnung des „O-Tons“ Jesu, der so genannten *ipsissima vox* Jesu.

1.3 Gleichnisse als po(i)etische Sprachereignisse

Ein wichtiger Baustein der älteren Gleichnisforschung, die Annahme der rhetorisch-argumentativen Ausrichtung der Gleichnisse, geriet ab ca. 1960 in die Kritik. Auslöser war die sprachwissenschaftliche Rehabilitierung der Metapher durch Ivor A. Richards, Max Black, Robert Funk, Harald Weinrich und andere. Galt die

Metapher bei Jülicher und Jeremias noch als „uneigentliche", da übersetzungsbedürftige Redeweise, kam sie nun als Grundbaustein von Sprache in den Blick. Die ehemals als ersetzbares Wortphänomen gehandelte Metapher wurde in der Folge als Satzphänomen wahrgenommen, das schlechterdings unersetzbar sei. Im Gegenteil: Die Metaphern wurden als „eigentliche", geradezu präzisere Redeweise *sui generis* entdeckt, da sie durch die Verknüpfung zweier an sich getrennter Wirklichkeitsbereiche dazu verhelfe, Wirklichkeit allererst zu konstituieren und zu erschließen. Auch diese Position konnte sich auf die antike Rhetorik (Quintilian) berufen. Die Metapher „Achill ist ein Löwe" steht dafür beispielhaft: Wer Achill ist, wird durch die Kombination mit dem Löwen anschaulich; allerdings bleibt offen, was als *tertium comparationis* zu gelten hat; ja, die Metapher enthält einen bleibenden Sinnüberschuss, der sie letztlich unersetzbar macht. Insbesondere die religiöse Sprache, die in der Beschreibung ihres Gegenstands jederzeit auf Analogien zurückgreifen muss, sei zutiefst metaphorische Sprache; laut Hans-Josef Klauck, Tullio Aurelio, Paul Ricœur und Gerhard Sellin ist die Metapher „der deutlichste Ausdruck des analogischen Charakters der Sprache überhaupt, der menschlichen Fähigkeit, Beziehungen zu sehen, zu verbinden, zu interpretieren, Sinn zu erfassen" (Sellin 1978, 300).

Die neuen Erkenntnisse wurden durch Eberhard Jüngel, Hans Weder und Wolfgang Harnisch aufgegriffen. Gleichnisse galten, im Anschluss an Harald Weinrich, hinfort als „erweiterte Metaphern" (Weinrich 1976c). Auch das Gleichnis verbinde zwei Wirklichkeitsbereiche miteinander – etwa die Gottesherrschaft als „Bildempfänger" und die Welt des profanen Alltags als „Bildspender". Wie die Metapher lebe das Gleichnis von der Konterdetermination (dem Verschweigen der ‚Sache' im Gleichnistext selbst) bzw. von der zentripetalen Struktur der Erzählelemente. So werde der Adressat in einen „metaphorischen Prozess" verstrickt, in dessen Verlauf die profane Erzählung für die theologische Referenzebene („Sachebene") transparent werde. Die Gottesherrschaft wird hierbei als Gegenwirklichkeit verstanden, die zu einer neuen Art und Weise der Existenzführung einlade.

Diese Sichtweise führte zur Neubewertung der Gleichnisse als performative bzw. po(i)etisch-ästhetische Formen mit einer einzigartigen, Wirklichkeit und Sinn stiftenden Sprachkraft. Pointiert wurden die Gleichnisse als „Sprachereignisse“ qualifiziert, in denen ihr Gegenstand, nämlich die Liebe Gottes als Charakteristikum der Gottesherrschaft und als eine neue Form menschlicher Existenz, in Szene gesetzt werde. Diese Bewertung gilt ausdrücklich nur für die mündlich vorgetragenen Gleichnisse Jesu. Demgegenüber seien die verschriftlichten Gleichnisse der Evangelien Zeugnisse für einen Sprachverlust; der ursprüngliche metaphorische Prozess sei durch den literarischen Kontext sowie durch eingebaute Hinweise auf die ‚Sache‘ verunmöglicht, die entscheidende Unvoreingenommenheit der Adressatenschaft verloren (Harnisch 1985, 66 und 308). In dieser Einschätzung fand die alte Verfälschungstheorie Jülichers eine modifizierte Fortsetzung. Zugleich wurde der metaphorische Charakter der Gleichnisrede Jesu theologisch gedeutet: Gerade in Metaphern finde Gottes Offenbarung statt; die Gleichnisform entspreche ihrem eschatologischen Inhalt. Auf den Punkt gebracht, heißt das: „Die basileia [Gottesherrschaft] kommt *im* Gleichnis *als* Gleichnis zur Sprache. Die Gleichnisse Jesu bringen die Gottesherrschaft *als* Gleichnis zur Sprache“ (Jüngel 1972, 135).

1.4 Neueste Trends der Gleichnisforschung

Die Neubewertung der Metapher war ein Paradigmenwechsel in der Gleichnisforschung. Hinter diese Wende kann die Gleichnisforschung seither nicht mehr zurück. Allerdings wurden bereits ab den 1970er Jahren kritische Einwände gegen die „metaphorische Theologie“ vorgebracht. Die Hauptkritikpunkte lauteten: Erstens, Metapher und Gleichnis könnten nicht gleichgesetzt werden; zweitens, die Sprachkraft der Metapher lasse sich nicht unkritisch auf Gleichnisse übertragen; drittens, die Fixierung der Metapherntheorie auf Semantik und Poetik sei nicht sachgemäß; viertens, der anti-allegorische Affekt Jülichers gehöre auf den Prüfstand.

ad 1) Was das Verhältnis zwischen Metapher und Gleichnis anbelangt, sei grundsätzlich die Differenz zwischen Satz und Erzählung einzuhalten; ebenso die Differenz zwischen Lyrik und Gleichnis. „Wird das Metaphernphänomen der Lyrik auf Gleichnisse übertragen, muss dies fast notwendig zu Verkürzungen im Gleichnisverständnis führen, da hier gleich zwei Grenzen überspielt werden: die Grenze vom Satz zur Erzählung und diejenige von der Gattung Gedicht zur Gattung Gleichnis" (Dschulnigg 1989, 348). Der Erzählcharakter der Gleichnisse wird in den neueren Beiträgen pointiert herausgestellt. Die Form der Erzählung habe unter anderem gegenüber der Metapher den Vorzug, dass Gleichnisse auch die Differenzen zwischen Bildspender (Welt, Alltag) und Bildempfänger (Gottesherrschaft) zum Ausdruck bringen können; Metaphern dagegen könnten nur Analogien feststellen (Erlemann 1988, 27; Rau 1980, 72). Kurz gesagt: Gleichnisse seien nicht als erweiterte Metaphern, sondern als fiktionale Erzählungen, die bestimmte Eigenschaften mit der Metapher gemeinsam haben, wahrzunehmen.

ad 2) Hinsichtlich der Rede von der „Sprachkraft" von Metapher und Gleichnis wird die Rede von „Sprachereignissen" als theologisch überspitzt und dem Phänomen nicht angemessen beurteilt. „It would be difficult to document cases of people who in reading a parable or having it read to them experienced in that moment their lives being 'torn apart'" (Tolbert 1979, 42 f.). Die po(i)etische, das heißt Wirklichkeit schaffende Funktion der Metapher wird ebenfalls relativiert: Metaphern könnten zwar Analogien entdecken, aber nicht eigens neu herstellen (Rau 1990, 61). Dasselbe gelte für Gleichnisse: Zu behaupten, Gleichnisse entfalteten ihre Wirkung unabhängig von ihrem historischen und literarischen Kontext, verkenne deren grundsätzliche Kontextualität; das gelte auch für die mündlich vorgetragenen Gleichnisse Jesu. Es gibt, so der Einwand, keine hermeneutische „Idealsituation" oder eine absolute Unvoreingenommenheit der Adressaten – allein schon das Wissen um Jesus als Autor der Gleichnisse lenke die Erwartung beim Hören der Gleichnisse in eine theologisch vorbestimmte Richtung (Erlemann 1999, 152–154). In der Konsequenz wird dem historischen und literarischen Kontext der Gleichnisse heute wieder mehr Aufmerksamkeit zuteil (z.B. Sellin 1978, 314).

ad 3) Die Absage der metaphorischen Theologie an die rhetorische Ausrichtung der Metaphern und Gleichnisse blieb ebenfalls nicht unwidersprochen. Unter Rückgriff auf die antike Rhetorik (vor allem Quintilian, Inst. Orat. 3. 8. 19) wurde die Abzweckung von Metaphern und Gleichnissen mehrdimensional bestimmt. Die affektive Wirkung metaphorischer Redeweise wurde genauso betont wie ihre deskriptive Funktion. Nach Quintilian gehören rhetorische Überzeugung und emotionale Lenkung der Adressaten unmittelbar zusammen. Methodisch führt das zur Bestimmung gleichnishafter Texte als Elementen eines antiken, rekonstruierbaren Kommunikationsgeschehens (Arens 1982). Dem entspricht, dass das Postulat einer generellen Unübersetzbarkeit von Metaphern zurückgenommen wird. Metaphern könnten zwar nicht ersetzt, aber doch zumindest graduell übersetzt und paraphrasiert werden. Die mit Metaphern gesetzten (theologischen) Assoziationen seien methodisch nachzuzeichnen und als unersetzbares rhetorisches Stilmittel einer funktionierenden Kommunikation zu begreifen (Abraham 1998, Blomberg 1990, Cohen 1979).

ad 4) Gleichnis und Allegorie wurden von Adolf Jülicher als strikte Gegensätze betrachtet. Die neueren Untersuchungen zum Phänomen des Allegorischen gehen in eine andere Richtung: Zum einen werden Mischformen zwischen Gleichnis und Allegorie benannt, zum anderen wird die Begrifflichkeit differenziert. Das Postulat eines „Idealtyps" von Gleichnis oder Allegorie sei an den historischen Texten nicht zu erhärten, im Gegenteil. „Wirkliche Gleichnisse bewegen sich gerne im Raum zwischen diesen beiden Extremen" (Dschulnigg 1989, 348; Sellin 1978, 302). Das bedeutet in der Konsequenz, dass Jülichers Postulat des einen *tertium comparationis* zwischen ‚Bild' und ‚Sache' hinfällig wird (Rau 1990, 53; anders Sellin 1978). – Hans-Josef Klauck liefert für diesen Ansatz die terminologische Unterscheidung zwischen Allegorie, Allegorese und Allegorisierung. Der anti-allegorische Affekt Jülichers entpuppt sich hierbei als Affekt gegen jegliche Form von *Allegorese*, das heißt gegen eine allegorische, dem ursprünglichen Textsinn zuwiderlaufende Auslegung der Gleichnisse. Diese schon in der Antike kultivierte Form der Schriftauslegung lässt sich mit der modernen historisch-kritischen Arbeit an den Texten nicht vereinbaren. Der Prozess der *Allegorisierung* bezeichnet nach Klauck die Anreicherung von Texten mit allegorischen Hinweisen auf eine textexterne Referenzebene. Das Phänomen der Allegorisierung lässt sich an vielen Texten festmachen und führte bei Jülicher zur Verfälschungs- bzw. Missverständnistheorie. Die *Alle-*

gorie als eigenständige Sprachform wurde in jüngster Zeit in Frage gestellt; zu disparat sind die gattungsspezifischen Merkmale. Eher ist von *allegorischen Elementen* innerhalb unterschiedlichster Sprach- und Ausdrucksformen zu sprechen; selbst Musik und Gemälde können solche Elemente aufweisen. Allegorische Elemente verweisen auf einen externen Deutungsrahmen, der gestaltend auf den Text, das Musikstück oder das Gemälde einwirkt (Erlemann 2008, 484f.).

1.5 Ertrag und weiterführende Überlegungen

Die Bilanz über rund einhundert Jahre Gleichnisforschung enthält folgende Beobachtungen:

1. Es ist allgemein anerkannt, dass Gleichnisse eine metaphorische Dimension haben. Der Jülichersche Gegensatz von Vergleich und Metapher bzw. Gleichnis und Allegorie wird heute nicht mehr so behauptet. Offen ist das Verhältnis von Metapher und Gleichnis: Verwendet das Gleichnis die Metapher als „Baustein" oder ergibt sich die metaphorische Dimension der Erzählung aus ihrem situativen oder literarischen Kontext?
2. Übereinstimmung herrscht in der Einschätzung, dass das Gleichnis ebenso wenig wie die Metapher „ersetzbar" ist, da es aufgrund seiner Form einen bleibenden Sinnüberschuss hat. Diskutiert wird, was das Gleichnis inhaltlich unersetzbar macht – die Gottesherrschaft als „Sprachereignis", ein bestimmter Erkenntnisgewinn oder eine mehrdimensionale, zugleich kognitive, affektive und praktische Wirkung bei den Adressaten.
3. Unumstritten ist das Phänomen der Pointe als des Zielgedankens der Gleichnisse. Keine Einigkeit gibt es zur Frage weiterer *tertia comparationis*, die ohne Allegoreseverdacht entschlüsselt werden dürften, ja sogar entschlüsselt werden müssten.
4. Die Missverständnisthese Jülichers lebt weithin in modifizierter Form fort. Dem entspricht die hermeneutische Höherbewertung der ursprünglichen Aussage (*ipsissima vox*) Jesu gegenüber der der Evangelisten.
5. Ein „Idealtyp" des Gleichnisses im Munde Jesu wird zum Teil nach wie vor postuliert. Die Annahme von Mischformen

zwischen „Allegorie" und Gleichnis steht dem freilich entgegen. Die Beantwortung der Frage nach einem „Idealtyp" orientiert sich am jeweiligen Jesusbild.
6. Kontrovers wird die po(i)etische bzw. rhetorische Ausrichtung der Gleichnisse beurteilt. Im ersteren Fall werden die Gleichnisse kontextunabhängig, als ästhetisch autonome Gebilde, im zweiten Fall kontextabhängig interpretiert.

Die folgenden Überlegungen verstehen sich als Impulse, um Gleichnisdiskussion und Auslegungsmethodik einen Schritt weiterzubringen:
1. Poetik und Rhetorik sind schon in der Antike keine Gegensätze und müssen es in der modernen Gleichnisforschung auch nicht sein. Wie die moderne Metapherntheorie zeigt, ist die Kontrastierung von „uneigentlicher" und „eigentlicher" Redeweise unangemessen; das Verstehen von Wirklichkeit funktioniert in vielen Fällen über Analogiebildung. Hier spielen gerade Metaphern eine zentrale Rolle. Gleichnisse arbeiten mit Metaphern und zielen auf ein Neuverstehen der Wirklichkeit ab. Dieser „poetische" Charakter dient seinerseits als Argumentationshilfe, um ein bestimmtes ethisches Verhalten zu kritisieren oder zu provozieren. Somit sind Poetik und Rhetorik einander zugeordnete Kategorien.
2. Gleichnisse sind nicht „Sprachereignisse", die das, wovon sie sprechen, Wirklichkeit werden lassen. Die Realisierung der Gottesherrschaft beispielsweise findet nicht im Gleichnis oder seiner Rezitation statt, sondern ist davon unabhängig ein eschatologisches Ereignis in der Regie Gottes. Gleichnisse sind „Sprachereignisse", insofern sie einen neuen, oft überraschenden Blick auf die Wirklichkeit als einer von der nahen Gottesherrschaft geprägten Wirklichkeit eröffnen. Wenn das Gleichnis die gewünschte affektive oder praktische Wirkung erzielt, ist es in einem weiteren Sinne zum „Sprachereignis" geworden.
3. Die Gleichnisse im Munde Jesu sind von den verschriftlichten Gleichnissen in den Evangelien nicht prinzipiell zu unterscheiden, schon gar nicht im Sinne einer hermeneutischen Bewertung der Art „was ursprünglich ist, ist wahr". Auch für die mündlichen Gleichnisse ist ein situativer Rahmen vorauszusetzen, der

das Verstehen der Hörerinnen und Hörer lenkte: die Person Jesu als Autor der Gleichnisrede. Mit Jesus verbanden sich bestimmte Assoziationen hinsichtlich seiner Bedeutung und seiner Lehre. Die Gleichnisse im Munde Jesu sind, so gesehen, genauso kontextualisiert und ihr Verständnis ähnlich determiniert wie in ihrer verschriftlichten Form. Nicht Allegorisierung und Kontextualisierung markieren den Unterschied zwischen Mündlichkeit und Schriftlichkeit, sondern das Wissen um Jesus und seine Botschaft auf der einen bzw. die Lesesignale im literarischen Kontext auf der anderen Seite. Ein Missverständnis oder gar eine Verfälschung ist damit nicht angezeigt. Stattdessen ist bei den Evangelien von einer ersten, authentischen und modellhaften Anwendung der Gleichnisse Jesu zu sprechen. Sie sind ein soliderer Ausgangspunkt jeder Exegese als das Konstrukt einer nicht beweisbaren „Urform" im Munde Jesu.

4. Die Einsicht in die Unersetzbarkeit der Metapher ist kein zwingendes Argument gegen das Geschäft ihrer Ausdeutung. Gemäß der modernen Linguistik sind Bildung und Deutung von Metaphern an strenge Sprachkonventionen geknüpft (Abraham 1998, 244). So ist die Metapher „der Mensch ist ein Wolf" grundsätzlich für Deutung offen; *tertia comparationis* wie Gefährlichkeit oder Gefräßigkeit sind möglich, andere Interpretationen jedoch nicht (der Mensch ist kein Tier!). Diese Erkenntnis führt zur Aufgabe, die Sprachkonventionen, auf denen die metaphorische Sprache der Gleichnisse fußt, nachzuzeichnen. Das bedeutet in der methodischen Konsequenz Konkordanzarbeit und Kompositionskritik sowie die Unterscheidung metaphorischer und nicht-metaphorischer Anteile im Gleichnis. So lassen sich mögliche und nicht mögliche Vergleichspunkte bestimmen und deuten.
5. Dem Phänomen der einen Zielaussage (Pointe) des Gleichnisses angemessen ist die methodische Aufgabe der Pointenbestimmung. Die metaphorischen Anteile sind zu dekodieren und in ein Verhältnis zur Pointe zu setzen. So lässt sich die Gefahr allegorischer Auslegung vermeiden. Die Pointe selbst ist keine „religiöse Satzwahrheit" im Sinne Jülichers; ihre Formulierung kann unterschiedlich ausfallen und stellt einen neuen Text dar, der das Gleichnis als solches nicht ersetzen kann.

6. Im Gefolge Klaucks und anderer Gleichnisforscher ist die Rede von der Allegorie als einer eigenständigen Gleichnisgattung aufzugeben. Stattdessen ist von allegorischen Elementen bzw. Anteilen in einem Text zu sprechen. So trägt jedes Gleichnis allegorische, das heißt auf eine textexterne Referenzebene verweisende, Elemente in sich. Allegorische Elemente gibt es darüber hinaus in allen möglichen Literaturgattungen, ja selbst in der Musik und in der Bildenden Kunst. Zu den allegorischen Anteilen in Gleichnissen gehören Metaphern, aber auch Anspielungen an historische Ereignisse und Personengruppen, theologische Termini und Einleitungsformeln der Art „Das Reich Gottes ist wie …“. An all diesen Elementen wird das Gleichnis als Gleichnis, das heißt als ein Text mit „doppeltem Boden“, erkannt.
7. Die auf Jülicher zurückgehende Unterscheidung zwischen verschiedenen Untergattungen wie „Gleichnis im engeren Sinne“, „Parabel“ oder „Beispielerzählung“ kann sich nicht auf antike Kategorien stützen. Die Gleichnisse werden im Griechischen unterschiedslos *parabolé*, im Hebräischen *maschál* genannt. Darauf weist zu Recht Ruben Zimmermann hin (2013b, 17–28). Die Unterscheidung hat allenfalls heuristische Funktion, um verschiedenartige Erzählstrategien zu benennen.
8. Die Rede von der ‚Sache‘ des Gleichnisses ist nicht eindimensional auf die Gottesherrschaft zu beziehen. Viele Gleichnisse kommen ohne diese „Rahmenmetapher“ aus. Die ‚Sache‘, also das, worum es im Eigentlichen geht, ist vielmehr ein Bündel aus religiösen Erfahrungen. Dieses Bündel betrifft Erfahrungen mit Gott (theo-logischer Aspekt), Erfahrungen mit Jesus Christus (christologischer Aspekt), Erfahrungen mit der Wirklichkeit (eschatologischer Aspekt) sowie die Erfahrung des zielführenden, heilvollen Handelns (ethischer Aspekt).
9. Das Bild von Jesus ist im Gefolge von Albert Schweitzer immer neu kritisch zu prüfen. Das Vorurteil Jülichers, dass allegorische, also auszudeutende Elemente in keinem Fall von Jesus stammen können, setzt das Bild des idealen Lehrers, dessen Rede eindeutig ist und keine Deutung verträgt, voraus. Im Gegenzug wäre die provokative Frage zu stellen, ob Jesus wirklich für alle Menschen verständlich sprechen wollte. Die

so genannte „Parabeltheorie“ Mt 13,10-17 weist in eine andere Richtung.

2. Vielfalt der Formen und Begriffswirrwarr

Vorab ist festzustellen, dass Jülichers formgeschichtliche Unterscheidung der Gleichnisse in bestimmte Unterformen (Gleichnis im engeren Sinn, Parabel, Beispielerzählung, Allegorie, Bildwort etc.) in der heutigen Diskussion umstritten ist, denn sie kann sich nicht auf die antike Rhetorik stützen. Gleichnisse jedwelcher Art heißen im Griechischen *parabolé*, im Hebräisch-Aramäischen *maschál*. Hinzu kommt, dass sich viele Gleichnisse als Mischformen entpuppen und sich einer eindeutigen Zuordnung entziehen. Schon Rudolf Bultmann stellte fließende Übergänge zwischen den Untergattungen fest und plädierte für eine Unterscheidung aus rein pragmatischen Gründen: „Also: die begriffliche Scheidung ist notwendig zum Verständnis der formgebenden Motive; daß aber der Einzelfall eine Form rein zum Ausdruck bringen müßte, kann kein Verständiger fordern; deshalb soll man um den Einzelfall nicht viel streiten" (1979, 188 f.). In der Konsequenz schlägt Ruben Zimmermann den grundsätzlichen Verzicht auf eine formkritische Binnendifferenzierung vor (2013 b, 17–28). Der Begriff Gleichnis bzw. Parabel fungiert in diesem Ansatz als Sammelbegriff aller, in sich sehr heterogenen gleichnishaften Stoffe.

Aber selbst wenn man die klassische Unterscheidung in Gleichnistypen aus heuristischen Gründen beibehält, ergibt das interdisziplinäre Gespräch mit der modernen Literaturwissenschaft neue Gesichtspunkte; sie sind Grundlage der folgenden Ausführungen.

2.1 Die antike Gleichnisliteratur

Den Rahmen für eine formgeschichtliche Beschreibung der neutestamentlichen Gleichnisse liefern die Literatur des frühen Judentums und die antike Rhetorik. Als Jude kannte Jesus die alttestamentlichen Gleichnisse ebenso wie die frühjüdische Gattung des *maschál* (Gleichnis, Vergleich, pl. *meschalím*) in all ihren Spielarten. Die auffallendsten zeitgeschichtlichen Analogien zu den

Gleichnissen sind freilich in Form der hellenistischen Fabel (*mýthos, fabula*) und der römisch-paganen *declamatio* zu finden. Für die Zeit Jesu und des Neuen Testaments ist mit einer tiefgreifenden gegenseitigen Durchdringung jüdischer und hellenistisch-römischer Kultur in Palästina zu rechnen (Hengel 1973; Betz 1990 u. a.). Das gilt, auch wenn sich ein direkter Einfluss der nichtjüdischen Literatur auf Jesus oder die Evangelisten nicht nachweisen lässt. Mischformen waren in der fraglichen Zeit wohl der Normalfall, wenn es denn die *parabolé*, den *maschál* oder die *declamatio* überhaupt in Reinform gegeben hat. Das verbindende Merkmal aller gleichnishaften Texte ist formal die semantische Spannung zwischen Text und Kontext sowie inhaltlich die Doppelbödigkeit des Gesagten. Gleichnisse zielen auf den Vergleich zweier Wirklichkeitsbereiche; sie beinhalten neben der wörtlichen Sinnebene mindestens eine weitere, theologisch bestimmte Sinnebene (‚Sachebene'). Sie sind relativ eigenständige, in sich geschlossene Sinneinheiten und trotzdem eng mit dem Kontext verzahnt. In Weiterführung der Gleichnistheorie Jülichers lassen sich grundsätzlich *drei semantische Ebenen* unterscheiden: Erstens, die (narrative) Ausgangsebene; sie bietet in den Evangelien die Darstellung der Wirksamkeit Jesu. Zweitens, die Bild- oder Erzählebene; sie stellt das eigentliche Gleichnis dar und ist semantisch von der Ausgangsebene deutlich abgehoben. Drittens, die Übergangsebene; sie vermittelt in Form von Einleitungen und Anwendungen zwischen den beiden erstgenannten Ebenen.

2.2 Gleichnis bzw. Parabel als Sammelbegriff

Das griechische Wort *para-bállein* bedeutet danebenstellen, vergleichen. Nebeneinander gestellt werden in einem Gleichnis bzw. in einer Parabel zwei Wirklichkeitsbereiche, die ursprünglich nichts miteinander zu tun haben, durch das Gleichnis aber vergleichbar erscheinen. Dementsprechend zeichnen sich Gleichnisse durch den Wechsel von einer semantischen Ausgangsebene (Basiserzählung, narrativer Kontext) zu einer semantisch davon abgehobenen Bild- oder Erzählebene aus (Berger 1984, 26). Dieser Wechsel wird am Ende des Gleichnisses rückgängig gemacht. Dem Wechsel der semantischen Ebenen entspricht die inhaltliche Doppelbödigkeit des Gleichnisses; Gleichnisse weisen über das wörtlich Ausgesagte auf eine externe theologische Referenzebene hin. Grundlage für diesen Verweischarakter ist die Analogie zwischen dem beschriebenen Alltagsgeschehen und der theologischen ‚Sache'. Semantisch findet diese Analogie ihren Ausdruck in Metaphern und anderen allegorischen Verweiselementen. Die einzelnen Metaphern können zu Bildfeldern ausgeweitet sein (z.B. Vater – Söhne – Erbe; Weinberg – Arbeit – Pacht – Ernte). Gleichnisse sind in sich sehr heterogen; die Palette gleichnishafter Texte reicht von kurzen Vergleichen und Metaphern bis hin zu ausführlichen, erzählerisch geschlossenen Parabeln. Mischformen gibt es viele. Die Funktion der Gleichnisse zielt auf ein Neuverstehen der Wirklichkeit (kognitiv), auf eine veränderte emotionale Einstellung (affektiv) und auf ein bestimmtes ethisches Verhalten (praktisch) ab. Gleichnisse lassen sich als *szenische Plausibilisierungshandlungen* beschreiben (Erlemann 1999, 99f.). Die theologische ‚Sache', um die es im Gleichnis geht, wird mittels einer quasi-realistischen Vorgangs umschrieben, plausibel gemacht und als maßgeblicher Rahmen des geforderten Verhaltens vorgestellt.

Aristoteles (Rhet. III 4) führt das Gleichnis auf den Vergleich als Grundform zurück, der Vergleich gilt als Form der Metapher (Rhet. III 11,14f.). Dem römischen Rhetoriker Quintilian zufolge gehört der Vergleich im Gegensatz zur Metapher zu den ‚eigentlichen' Redeweisen. Auf dieser Grundlage entwickelt Jülicher den Gegensatz zwischen Gleichnis bzw. Vergleich als ‚eigentlicher', nicht deutungsbedürftiger Rede und Allegorie bzw. Metapher als ‚uneigentlicher' und damit auslegungsbedürftiger Rede (1910 (I), 117). Den semantischen Wechsel zwischen Ausgangs- und Bild- bzw. Erzählebene fasst Jülicher unter die Begriffe Bild- und Sachhälfte. Diese Begrifflichkeit ist inzwischen wegen des schon rein quantitativen Ungleichgewichts der Ebenen aufgegeben. Dasselbe gilt für die Reduzierung der Analogie zwischen den Ebenen auf ein einziges *tertium comparationis* – im Jülicherschen Sinne eine religiös-sittliche, ewig gültige Wahrheit (Jülicher, 1910 (I), 105–107). Stattdessen ist heute von mehreren möglichen Vergleichspunkten bei einer einzigen Zielaussage (Pointe) die Rede. Schließlich wird die Annahme Jülichers, die Reich-Gottes-Botschaft sei *die* ‚Sache' der Gleichnisse schlechthin, als zu undifferenziert zurückgewiesen (Erlemann 1999).

2.3 Die klassischen Gleichnistypen

Seit Adolf Jülicher (1910 (I), 80 ff.) wird zwischen „Gleichnissen im engeren Sinne" (auch: „besprechende Gleichnisse"), Parabeln (auch: „erzählende Gleichnisse" oder „Gleichniserzählungen") sowie Beispielerzählungen unterschieden. Diese Binnendifferenzierung ist lediglich von heuristischem Interesse; sie wird nicht von der antiken Rhetorik gestützt.

➢*Besprechendes Gleichnis (auch: Gleichnis im engeren Sinne):* Das sprachliche Charakteristikum dieser Untergattung wird im Präsens als Erzähltempus gesehen. Außerdem tritt in der Regel nur ein Akteur auf (z. B. Sämann). Das Präsens signalisiert den ‚besprechenden' Charakter des Gleichnisses. Charakteristischer Gegenstand ist laut Jülicher ein alltäglicher bzw. ein Naturvorgang (1910 (I), 93). Er deute auf eine Gesetzmäßigkeit des Reiches Gottes hin. Als typische Beispiele für besprechende Gleichnisse gelten die Wachstumsgleichnisse in Mk 4parr. Beispiel für eine Mischform zwischen besprechendem und erzählendem Gleichnis (Parabel) ist das Doppelgleichnis vom Senfkorn und Sauerteig Mt 13,31-33: Es stellt einen alltäglichen, sich stetig wiederholenden Vorgang dar, ist aber im Erzähltempus (Aorist) gehalten.

Die Beobachtung von Mischformen spricht gegen eine klare formkritische Unterscheidung. Das Erzähltempus wird als Unterscheidungsmerkmal heute nachhaltig in Zweifel gezogen (Rau 1990, 26–35; Klauck 1978, 357). Eine Bestätigung findet die Unterscheidung freilich durch die Textpragmatik: Textpragmatisch gesehen, zielt das besprechende Gleichnis, im Unterschied zur Parabel, auf unmittelbare Evidenz: Mit der theologischen ‚Sache' verhält es sich – gegen alle Skepsis – genauso wie beim besprochenen Alltags- bzw. Naturvorgang. Es geht nicht um eine veränderte Wirklichkeitssicht (wie bei Parabeln und Beispielerzählungen), sondern umgekehrt um die Plausibilität der erfahrbaren Wirklichkeit als Argument für die Evidenz der ‚Sache'.

Mit Klaus Berger (1984, 45 ff.) sind, inhaltlich betrachtet, zwei Grundtypen zu unterscheiden: Zum einen die genannten Alltags- und Naturgleichnisse, zum anderen Gleichnisse, die etwas Unmögliches beschreiben (z. B. Lk 16,13: Man kann nicht zwei Herren dienen!) oder die etwas als unsinnig oder absurd herausstellen (z. B. Mk 2,21 f.: Man schüttet neuen Wein nicht in alte Schläuche!). Beide Typen gehören laut Berger zu den ‚weisheitlichen' Redeformen, da sie allgemeine Lebenserfahrung bündeln und zum Ausgangspunkt machen. Doch auch an diesen Beispielen werden die von Bultmann postulierten fließenden Übergänge sichtbar: Mk 2,21 f. ist kein dramaturgisch entfaltetes Gleichnis, sondern ein Vergleich bzw. ein Bildwort (→ 2.5).

➢ *Erzählendes Gleichnis (auch: Parabel oder Gleichniserzählung):* Laut Jülicher zeichnet sich die Parabel durch ihre frei erfundene, realistisch wirkende, einmalige und szenisch gegliederte Handlung aus. Als charakteristisch gelten mehrere Akteure, die in einem hierarchischen Verhältnis zueinander stehen (Herr – Knechte; Vater – Söhne u. a.). Dominant sind Erzähltempora wie der griechische Aorist. Zur theologischen ‚Sache', um die es geht, gibt es (gegen Jülicher) potenziell mehrere Vergleichspunkte (*tertia comparationis*). Freilich wird die ‚Sache' wie beim besprechenden Gleichnis in der Parabel ausgeklammert (Phänomen der Konterdetermination). Im Unterschied zu den besprechenden Gleichnissen verweisen allegorische Elemente wie Metaphern, religiös geprägte Bildfelder, zeitgeschichtliche Anspielungen oder die Realistik sprengende bzw. die Handlung verfremdende Übertreibungen (Extravaganzen) auf die externe theologische Sachebene. Hinzu kommen erzählexterne Elemente wie Einleitung und Anwendung, die *expressis verbis* auf die ‚Sache' hinweisen. Pseudorealistik und Konterdetermination gehören zur textpragmatischen Strategie, die im Gegensatz zu den besprechenden Gleichnissen auf eine veränderte Sicht der Alltagswirklichkeit abzielt. Die Plausibilität der verfremdet dargestellten Wirklichkeit und der darauf aufbauenden, erzählinternen Pointe bürgt für die Plausibilität der theologischen ‚Sache'. Diese ist ein Bündel aus religiösen, ja auch vorreligiösen Erfahrungen. Das textpragmatische Ziel der Parabel hat informative, affektive und praktische Gesichtspunkte (Erlemann 1999, 99 f.).

Die Wahl der fiktiven, aber realistisch und glaubwürdig wirkenden Erzählung schafft zwischen der Alltagswirklichkeit der Adressaten und der religiösen Gegenwirklichkeit Distanz. Die vorherrschende Konterdetermination (die ‚Sache' kommt in der Erzählung nicht vor!) fördert die Konzentration der Adressaten auf die erzählinterne Pointe. Die beiden Strategien helfen im Verbund, Vorbehalte gegenüber der neuen Wirklichkeitssicht der Parabel spielerisch und damit leichter zu überwinden, als es über eine direkte Konfrontation mit der ‚Sache' möglich wäre. Über die Zustimmung zur erzählinternen Pointe wird die umstrittene ‚Sache' plausibel gemacht.

➢ *Beispielerzählung:*
Von der Parabel werden seit Jülicher die vier sogenannten lukanischen ‚Beispielerzählungen' unterschieden. Es geht dabei um die Gleichnisse vom barmherzigen Samaritaner (Lk 10,30-37), vom reichen Kornbauern (Lk 12,16-21), vom reichen Mann und armen Lazarus (Lk 16,19-31) sowie vom Pharisäer und Zöllner (Lk 18, 9-14). Sie gelten als Sonderfall der Parabeln, von denen sie sich unter anderem durch die fehlende Konterdetermination unterscheiden. Mit den Worten Jülichers: „Bild- und Sachhälfte fallen ineinander, die Bilder gehören der religiös-sittlichen Sphäre an" (1910 (I), 112). Das bedeutet, dass die ‚Sache' im Gleichnistext selbst vorkommt: Sozialhistorische Gruppen werden namentlich erwähnt, theologische Zusammenhänge ausdrücklich thematisiert. So geht es in Lk 18,9-14 *expressis verbis* um das Gottesverhältnis, in Lk 16,19-31 um die drastischen Folgen des irdischen Fehlverhaltens im Jenseits. Inhaltlich bieten die Beispielerzählungen ein provokatives Fallbeispiel (*exemplum*) für das geforderte bzw. abgelehnte Verhalten. Die Nachahmung bzw. Vermeidung eines bestimmten Verhaltens bildet das textpragmatische Ziel; ein bestimmtes Fehlverhalten soll durch das *exemplum* entlarvt und korrigiert werden.

➢ *Gleichnisdiskurs:*
Der Gleichnisdiskurs ist ein Sonderfall der Gleichnisse, da sich hier nicht klar zwischen einer Ausgangs- und einer Bild- bzw. Erzählebene unterscheiden lässt. Der Diskurs erscheint als gleichnishafte

Anreicherung einer an sich nicht-gleichnishaften Argumentation. Er bietet zu Bildfeldern weiterentwickelte Metaphern, lässt aber eine erzählerische Geschlossenheit vermissen, so dass der Eindruck eines Gleichnisfragments oder eines Gleichnisses in verflüssigter Form entsteht. Typisch ist eine Reihung solcher Fragmente mit wechselnden Bildfeldern. Der Gleichnisdiskurs hat eine argumentative Funktion, was sich in seiner Form – zum Beispiel als „wenn-dann"-Formulierung oder als begründeter Imperativ – niederschlägt. Mit den Parabeln teilen die Gleichnisdiskurse die hierarchische Struktur zwischen mehreren Akteuren, mit den Beispielerzählungen die Aufforderung zur Nachahmung eines exemplarischen Verhaltens, mit den Gleichnissen im engeren Sinne das präsentische Grundtempus.

Beispiele für solche Diskurse sind Lk 12,35-40, Mk 13,33-37 und Joh 12,24. Thema von Lk 12,35-40 ist das richtige Verhalten beim Kommen des Menschensohns. Gleichnishafte Elemente sind die metaphorische Anwendung in V.35, ein Exemplum über die nötige Bereitschaft in V.36, eine Seligpreisung in V.37, eine für Gleichnisse typische Schlussszene in V.38, ein Fragment in „wenn-dann"-Form in V.39 sowie eine Anwendung in V.40. Am Ende ist die Ausgangsebene (Kommen des Menschensohns) wieder erreicht. Mk 13,33-37 traktiert eine ähnliche Thematik (die gebotene Wachsamkeit am Ende der Zeit). Der Diskurs beginnt mit einer Anwendung in Form eines Imperativs (V.33), geht über in eine gleichnishafte Eröffnungsszene (V.34), gefolgt von einer zweiten, nicht-gleichnishaften Anwendung (V.35–37), die den nach V.34 eigentlich zu erwartenden Fortgang der Erzählung gleichsam als bekannt voraussetzt. In Joh 12,24 wird die Notwendigkeit des Sterbens Jesu durch ein Gleichnisfragment um das Bildfeld Aussaat – Fruchtertrag illustriert.

➢ *Die johanneischen paroimíai (Joh 10,1-18; 15,1-8):*

Das Johannesevangelium kennt keine der „klassischen" Gleichnisformen. Das bedeutet aber nicht, dass hier überhaupt keine gleichnishaften Texte zu finden seien. In Joh 10,1-18 (Hirtenrede) und Joh 15,1-8 (Weinstockrede) finden sich so genannte *paroimíai* (wörtlich: Rätselreden). Sie sind ein Sonderfall, formkritisch schwer einzuordnen und forschungsgeschichtlich längst nicht aufgearbeitet. Jülicher kommt auf sie nur beiläufig zu sprechen (1910 (I), 115). Sie bieten keine erzählerische Geschlossenheit, heben sich aber semantisch deutlich von ihrem Kontext ab. Charakteristisch ist der fließende Übergang, ja das Ineinander zwischen den verschiedenen semantischen Ebenen. Anders als beim Gleichnisdiskurs werden Metaphern aber ausdrücklich gedeutet (metaphorische Personalprädikation ‚ich bin'). Die Identifizierung der Leitmetaphern „Hirte" bzw. „Weinstock" geschieht entweder innerhalb der *paroimía* (Joh 10,9. 11. 14; 15,5) oder zu Anfang (Joh 15,1). Hierdurch wird, ähnlich wie bei der allegorischen Gleichnisdeutung Mk 4,13-20 (vierfache Saat), der Schlüssel zum Verständnis der an sich rätselhaften Rede geliefert. Anders als bei der Allegorese werden aber nicht alle metaphorischen Elemente nach dem Reißverschlussmodell dekodiert, sondern nur einige wenige Leitgedanken. Das betrifft in der Hirtenrede Joh 10 das verlässliche gegenseitige Erkennen von Hirt und Schafen sowie die Bereitschaft zum Einsatz des Lebens als Merkmal des wahren Hirten. In der Weinstockrede Joh 15 geht es um das ‚Bleiben' im Herrn als Bedingung, Frucht zu bringen. Hinzu kommt, dass die Bedeutung der Metaphern innerhalb derselben *paroimía* wechseln kann. So wird der gute Hirt in Joh 10 einmal zur ‚Türe' und einmal zum ‚Türhüter'. Wichtiger als die erzählerische Geschlossenheit ist für den Autor, das metaphorische Potenzial des Bildfelds auszureizen. Dabei geht es aber nicht um die Demonstration besonderer sprachlicher Kreativität, sondern darum, einen bestimmten theologischen Leitgedanken argumentativ plausibel zu machen. In Joh 10 betrifft das die Kriterien für die Legitimität Jesu als des guten Hirten, in Joh 15 das ‚Bleiben in Christus' als Kernbedingung für alles Andere. Diese Beobachtungen sprechen gegen das negative Urteil Jülichers, *paroimíai* seien ‚mangelhafte Allegorien'; sie sind ein Sonderfall der Gleichnisse, ausgestattet mit einer eigenen Erzähltechnik, die wesentlich zum Gepräge des Johannesevangeliums beiträgt.

➢ *Fazit:*

Die „klassischen" Gleichnistypen haben eine Reihe gemeinsamer Merkmale. Sie haben a) einen *analogischen Charakter*, das heißt: Sie gehören zu den vergleichenden, analogischen Textsorten. Sie leben von der Spannung zwischen (mindestens) zwei semantischen

Ebenen (‚Erzählebene' und ‚Ausgangsebene' sowie gegebenenfalls vermittelnde ‚Übergangsebene'). So reicht bei mt. Gottesreichgleichnissen die ‚Ausgangsebene' bis zur Einleitungsformel („das Reich Gottes ist gleich…" o.ä.). Diese bildet die Übergangsebene, die Gleichniserzählung selbst ist dann die Erzählebene. Der Übergang zurück zur Ausgangsebene erfolgt abrupt oder stufenweise, etwa durch Zwischenschaltung einer Anwendung (vgl. Mt 20,16: „So werden aus Ersten Letzte"; Mt 25,29: „Wer hat, dem wird gegeben"). Inhaltlich betrachtet, ist der erzählinterne Verweis auf eine textexterne Referenzebene (‚Sachebene') für Gleichnisse konstitutiv (vgl. d).

Gleichnisse sind b) allesamt fiktionale Texte: Ihr Inhalt ist erfunden, auch wenn er auf historischen Erfahrungen gründet. Die erzählte Welt ist weder realistisch noch unrealistisch, sondern *pseudorealistisch*. Das Bildfeld ist zum einen an der erfahrbaren Wirklichkeit orientiert, zum anderen jeweils von der ‚Sache' bestimmt, was im Falle von Parabeln und Beispielerzählungen zu einer Verfremdung der Wirklichkeit (Extravaganzen) führt.

c) Die Gleichnisse (außer Paroimiai und Gleichnisdiskurse) bieten erzählerisch geschlossene Handlungen bzw. Beschreibungen (*zentripetale Struktur* der Textelemente). Dazu passt das Phänomen der *Konterdetermination* bei Parabeln und Gleichnissen im engeren Sinne: Die ‚Sache' des Gleichnisses kommt in der Erzählung bzw. Beschreibung selbst nicht oder kaum vor. Das führt dazu, dass eine vorschnelle Identifizierung der Adressaten mit der ‚Sache' vermieden wird. Die Zustimmung zur ‚Sache' verläuft über die Zustimmung zum Erzählten.

d) Gleichnisse beinhalten erzählinterne Hinweise auf die externe Referenzebene (‚Sache'). Zu diesen *allegorischen Elementen* sind erzählerische Extravaganzen zu zählen, aber auch Metaphern, religiöse Termini und Bildfelder. Diese Elemente lösen bei informierten Adressaten Assoziationsketten aus, die über die Erzählebene hinausweisen (*zentrifugale* Funktion). Mit anderen Worten: Durch diese Elemente sind Text und ‚Sache' auf der Erzählebene selbst verschränkt und das Gleichnis wird als Gleichnis erkennbar. Weiter geschieht diese Verschränkung auf der Übergangsebene.

e) Vergleichspunkte (*tertia comparationis*) zwischen Erzählung und ‚Sache' sind die genannten Metaphern, weitere das Bildfeld tragende Begriffe sowie die Struktur der Erzählung als solche. Diese Vergleichspunkte sind auf die Hauptaussage (*Pointe*) des Gleichnisses bezogen. Die Formulierung der Pointe kann das Gleichnis selbst nicht ersetzen, sondern bündelt die ‚Sache' in einem anderen, nicht narrativen Text. Zu unterscheiden ist die erzählinterne von der sachbezogenen Pointe (weiter → 3.1; 3.5).

f) Gleichnisse sind regelmäßig in argumentative Kontexte eingebunden und haben dort eine vertiefende, klärende oder korrektive Funktion. Dabei ist die Fähigkeit metaphorischer Redeweise, Wirklichkeit neu erfahrbar zu machen (po[i]etische Funktion) ein wichtiges Mittel der Argumentationsstrategie.

2.4 Zum Problem der Allegorie

➢ *Der anti-allegorische Affekt Jülichers:*
In der Gleichnisforschung bis zur „metaphorischen Wende" ab ca. 1960 galt die Allegorie als der Antityp zu den nicht deutungsbedürftigen Gleichnissen. Als ‚uneigentliche' Redeweise, die nach Dekodierung verlangt, wird sie von Jülicher dem historischen Jesus ab- und den verfälschenden Evangelisten zugesprochen. Die Charakterisierung als einer ‚uneigentlichen' Rede ist insofern sachgemäß, als das griechische *állo légein* bedeutet, etwas anderes zu sagen, als man meint. Die antike Rhetorik nennt die Allegorie in einem Atemzug mit Rätsel, Sprichwort und Ironie (Philodemus v. Gadara, Rhet IV 3). Quintilian zählt sie dementsprechend zu den ‚uneigentlichen' Sprachformen (Inst. Orat. VIII 6). Seine Rhetorik, die in der unmissverständlichen Klarheit die zwingende Voraussetzung für die Überzeugungskraft einer Rede sieht, muss die Allegorie ablehnen. Vor diesem Hintergrund und vor dem Idealbild Jesu als des glänzenden Rhetors und Pädagogen der Menschheit erklärt sich Jülichers anti-allegorische Grundhaltung. Er beschreibt die Allegorie als diejenige „Redefigur, in welcher eine zusammenhängende Reihe von Begriffen (ein Satz oder Satzkomplex) dargestellt wird vermittelst einer zusammenhängenden Reihe von ähnlichen Begriffen aus einem andern Gebiete" (1910 (I), 80). Gegen die verfälschende, allegorisierende Rezeption der Gleich-

nisse Jesu in den Evangelien fordert Jülicher, die ursprüngliche Klarheit der Gleichnisse zurückzugewinnen (1910 (I), 24.49).

➢ *Allegorie als literarisches Gestaltungsmittel:*
Die Neubewertung der Metapher ab ca. 1960 (→ 1.3) als einer po(i)etischen, ‚eigentlichen' Sprachform und als Grundelement der Gleichnisse zog ein neues Nachdenken über die Allegorie nach sich. Die Einsicht in den metaphorischen Charakter aller Gleichnisse ließ die *Allegorie* als Gattung fragwürdig werden. Hans-Josef Klauck versteht die Allegorie als literarisches Gestaltungsmittel; allegorische Verweiselemente wie Metaphern, geprägte Bildfelder, Extravaganzen, zeithistorische Anspielungen und andere mehr lassen sich nicht nur in gleichnishaften Texten, sondern in jeder Form von Literatur, vom Roman bis zum Gedicht, finden. Sogar jenseits der Literatur ist das Spiel mit allegorischen Elementen bekannt und beliebt – in der Musik genauso wie in der Malerei. Gleichwohl ist Jülichers Grundanliegen damit nicht überholt; nur bezieht es sich jetzt nicht mehr auf eine bestimmte Literaturgattung. Bis heute wird Allegorese, sprich die allegorische Auslegung nicht-allegorischer Textelemente, abgelehnt.

➢ *Allegorese und Allegorisierung:*
Die *Allegorese*, die von Philo von Alexandria, der altkirchlichen Exegetenschule von Alexandria und von Augustin entwickelt und gepflegt wurde, rechnet bei biblischen Texten grundsätzlich mit mehreren Bedeutungsebenen: einer wörtlichen, einer allegorisch-symbolischen und einer moralischen. Selbst das Neue Testament bietet Beispiele einer solchen Schriftauslegung, wie etwa in Gal 4,21-31 die Allegorie von Sara und Hagar, die dort allegorisch auf den neuen bzw. alten Bund bezogen werden. Die Allegorese ist durch das Schriftverständnis begründet, wonach durch den Heiligen Geist als Autor aller Bibeltexte diese gleichsam wie ein Teppich miteinander verknüpft sind; jeder Text ist im Kontext der anderen Bibeltexte zu lesen und zu verstehen. Diese Form der Intertextualität führt zu Interpretationen, die den Einzeltext nicht für sich stehen lassen, sondern Eintragungen aus anderen biblisch-theologischen Kontexten vornehmen. So wird beispielsweise das geschlachtete Kalb im Gleichnis vom verlorenen Sohn auf den

gekreuzigten Christus hin gedeutet. Die historisch-kritische Exegese ist dagegen bemüht, den Einzeltext als eigenständige Einheit zu verstehen. Das schließt die Deutung allegorischer Elemente nicht aus, unterwirft sie aber strengen methodischen Regeln (→ 3.4).

Neben allegorischen Textelementen und allegorischer Textauslegung ist die Anreicherung von Texten mit allegorischen Elementen, die *Allegorisierung*, das dritte Element in diesem Zusammenhang. Dieser Prozess ist zum Teil historisch beschreibbar und gilt zum Teil als wichtige Voraussetzung für die Tradition und Aktualisierung der Gleichnisse (Weder 1978).

Fazit: Von Allegorie als einer eigenständigen literarischen Gattung ist heute nicht mehr zu sprechen. Stattdessen ist von allegorischen (Verweis-)Elementen in Texten unterschiedlichster Art und darüber hinaus in nichtliterarischen Genres auszugehen. Jedes Gleichnis weist derlei allegorische Elemente auf und ist von daher prinzipiell deutungsbedürftig bzw. deutungsfähig (Banschbach Eggen 2007; Erlemann 2008). Dass die Allegorese eine nicht legitime Methode der Textauslegung darstellt, ist bislang noch breiter Konsens. Doch gilt das lediglich für die wissenschaftliche, historisch-kritisch arbeitende Exegese.

2.5 Tropen und andere rhetorische Figuren

Irmgard Nickel-Bacon/Kurt Erlemann

Die unter 2.3 besprochenen „Großformen" der Gleichnisliteratur entfalten zumindest ansatzweise eine Dramaturgie. In der Regel überschreiten sie die Satzgrenze, müssen es aber nicht. Beispiele für ‚satzinterne' Gleichnisse sind das vom Sauerteig (Mt 13,33) oder von denen, die auf den Bräutigam warten (Lk 12,36). Den klassischen Großformen stehen eine Reihe kleinerer Formen gegenüber, die durch ihren bildhaft-analogischen Charakter miteinander verbunden sind, ansonsten aber eine enorme Bandbreite an Ausprägungen aufweisen. Die in der Theologie als ‚kleine Formen' bezeichneten Sprachphänomene werden in der Folge als Tropen (wie Metapher oder Metonymie) oder figurale Stilelemente (wie die Chiffre) bezeichnet. Es handelt sich aus literaturwissenschaftlichen

Perspektiven also um stilistische und generische Formen bzw. um literaturwissenschaftlich kurze, d. h. umfangsbeschränkte Gattungen.

➢ *Exemplum und exemplarische Mahnung:*
Ein Exempel (von lat. *exemplum* = „‚das aus einer Menge Gegriffene', die ‚Warenprobe', das ‚Muster' [...] – eine Teilmenge, die das Ganze exemplarisch, oder ein Exemplar, das ein Genus musterhaft vertritt", Dicke 1997, 534 f.) ist ein „Text, der für etwas ein Beispiel gibt" (ebd., 534). Es handelt sich in der Regel um einen kurzen narrativen Text, der „einen abstrakten, theoret. oder thesenhaften Textsinn konkret beleuchtet" (Peil 1992, 272 f.) und rhetorische Funktionen hat. Exempel können neben fiktiven Geschichten auch historische Ereignisse sein, die „in persuasiver Funktion vergleichend zur Klärung aktueller Problemfälle beigezogen werden" (Dicke 1997, 534). Im Sinne einer Beispielgeschichte ist das *Exemplum* schon in der antiken Rhetorik bekannt. Gattungsbildend wirkt es in den im Mittelalter beliebten religiösen Predigtmärlein „als auf evidente Lehre hin angelegte, zumeist schwankhafte rekreative Erzähleinlage in der Predigt und im BÎSPEL" (ebd.).

Laut Quintilian ist das Exemplum die „Erwähnung eines zur Überzeugung von dem, worauf es dir ankommt, nützlichen, wirklichen oder angeblich wirklichen Vorgangs" (Inst. Orat. V 11,6). Der im *Exemplum* geschilderte Vorgang bzw. das Verhalten der Akteure dient als Vorbild oder Abschreckung. So ist David in Mk 2,25 f. in seinem Verhalten Vorbild für die Jünger. Die in Lk 13,1-5 geschilderten historischen Vorgänge stehen als Beispiele für den so genannten Tun-Ergehen-Zusammenhang. Vögel und Lilien sind *Exempla* für das geforderte Verhalten (Mt 6,26 ff.). Hebr 11 bietet eine ganze Serie an Beispielen für den in Hebr 11,1 definierten Glauben.

Exempla sind zwar handlungsorientiert, weisen aber keine szenische Gliederung oder erzählerische Geschlossenheit auf. Sie haben argumentative Funktion, indem sie das fragliche Verhalten bekräftigen, verteidigen oder als falsch herausstellen. Das *Exemplum* kann auch imperativisch formuliert sein; in diesem Fall liegt eine *exemplarische Mahnung* vor. Beispiele sind Mt 5,39 f. (Wange und Meile),

Mk 9,41 (Becher Wasser) und Lk 12,58f. (Versöhnungsbereitschaft). – Anders als beim *Vergleich* geht es beim *Exemplum* um ein nachahmenswertes oder zu vermeidendes Verhalten. Der Vergleichspunkt wird im Gegensatz zum *Bildwort* ausdrücklich genannt. Im Unterschied zu *Beispielerzählungen* fehlt beim *Exemplum* die ausgeprägte Dramaturgie einer fiktionalen Erzählung.

➢ *Vergleich und vergleichende Mahnung:*
Beim Vergleich handelt es sich aus literaturwissenschaftlicher Perspektive um eine „[s]prachliche, meist syntaktisch explizite Verknüpfung zweier mindestens in einem Punkt ähnlicher Vorstellungen aus getrennten Sphären" (Knapp 2003, 755). Dabei wird die intendierte „IST WIE-Relation" (Skirl/Schwarz-Friesel 2013, 12) sprachlich explizit hergestellt, z.B. durch Vergleichspartikel, also „wie", „als" und „denn", oder durch Verben „des Scheinens, Gleichens etc." (Knapp 2003, 756). Bild- und Sachebene des Vergleichs werden durch solche Partikel oder Verben explizit voneinander getrennt, was den Vergleich von der *Metapher* unterscheidet (vgl. Asmuth 2006, 260). Beide Sprachformen verknüpfen jedoch zwei Wirklichkeitsbereiche miteinander. Sie zielen damit auf die Vorstellungskraft und die Emotionen der Adressaten, etwa zur Unterstützung der Argumentation oder aus Gründen der Anschaulichkeit.

Biblische Beispiele für den Vergleich sind Mt 13,43 (‚Dann werden die Gerechten *leuchten* wie die Sonne'), Mt 24,27 (‚Denn wie der Blitz *ausgeht vom Osten und leuchtet bis zum Westen*, so wird auch das Kommen des Menschensohns sein') und Jak 2,26 (‚Denn wie der Leib ohne Geist *tot* ist, so ist auch der Glaube ohne Werke *tot*'). Semantisch typisch für den Vergleich ist die Relation ‚wie – so'. Zur Unterstützung eines argumentativen Schlusses *a minore ad maius* dient Mt 19,24 (Kamel und Nadelöhr). Der Vergleich zwischen dem Reichen und einem Kamel gründet im Missverhältnis zwischen Körpergröße und zur Verfügung stehender Öffnung und unterstreicht hyperbolisch die Unmöglichkeit, als Reicher ins Himmelreich zu gelangen. Im Falle imperativischer Formulierung ist von einer *vergleichenden Mahnung* zu sprechen (vgl. das genannte Beispiel Mt 10,16). – Anders als beim *Gleichnis* fehlt beim Vergleich die dramaturgische Ausgestaltung, anders als beim *Exemplum* werden keine konkreten Größen aus Natur oder Historie zitiert.

➢ *Metapher:*
Metaphern und metaphorische Äußerungen (von gr. *metaphorá* = Übertragung; von *metaphérein* = anderswohin tragen, umhertragen, übertragen, austauschen, verändern, vgl. Zymner 2007a, 494; Skirl u.a. 2013, 4) stellen seit der antiken Rhetorik (Aristoteles, Platon) einen besonderen Fall von nicht-wörtlichem Sprachgebrauch dar, der dem Vergleich semantisch, nicht aber morphosyntaktisch ähnlich ist (vgl. Skirl/Schwarz-Friesel 2013, 12). Im Sprachgebrauch treten beide häufig „in Kombination und enger Verbindung" (ebd., 14) auf.

a) Metapher als semantische Sprachform: Die Metapher ist gemäß theologischer wie literaturwissenschaftlicher Auffassung keine lexikalische, sondern eine semantische Sprachform (vgl. Black 1962; Abraham 1998). Dieses Phänomen betrifft nicht die Wortebene, sondern die Textebene (vgl. Weinrich 1976a, 319), da metaphorischer Sprachgebrauch in höherem Maße als wörtlicher kontextabhängig ist (vgl. Skirl/Schwarz-Friesel 2013, 3f.). Entscheidend ist der Vorgang der Bedeutungsübertragung. Nach I. A. Richards' Unterscheidung von *vehicle* (Bildspender) und *tenor* (Bildempfänger) werden Bedeutungsanteile von einem Bildspender auf einen Bildempfänger übertragen (vgl. Weinrich 1976b). So ist bei der Metapher ‚der Mensch ist ein Wolf' die Tierwelt der bildspendende, der Mensch der bildempfangende Bereich. Das Verhältnis zwischen Metapher und Kontext ist durch Spannung bzw. Konterdetermination geprägt (vgl. Weinrich 1976a; Sellin 1978): Zwei Wirklichkeitsbereiche, die eigentlich nicht zusammengehören (hier: Mensch/Tierwelt), werden ineins gesetzt. Sinnvoll wird die an sich unsinnige Verbindung durch den situativen oder literarischen Kontext. – Möglich sind bei der Metapher mehrere Vergleichspunkte (*tertia comparationis*), die jedoch durch die unmittelbare Verbindung unbestimmt bleiben. Eine Festlegung der Art ‚so gefräßig wie' o.ä. fehlt. Für das Verständnis entscheidend sind der situative bzw. literarische Kontext sowie die Erwartung seitens der Rezipienten.

b) Konterdetermination und Deutungsspielraum als Kennzeichen der Metapher: Verständlich werden metaphorisch gebrauchte Wörter nur durch ein anderes Wort, das einen (neuen) Kontext bestimmt. In „Windrose“ gibt das Element ‚Wind‘ dem Element ‚Rose‘ den intendierten Kontext; die neue Bedeutung des Elements Rose entsteht durch Kontextdetermination. Da der durch das Element „Wind“ gegebene Kontext der Bedeutung des Wortes Rose eigentlich nicht entspricht, entsteht ein metaphorischer Sprachgebrauch. Aufgrund der Überraschung und Spannung, die sich aus der Kombination von Wörtern ergibt, welche ursprünglich unterschiedlichen Bedeutungsfeldern angehören, eröffnet sich „in unserem Sprachbewußtsein ein Bildfeld als virtuelles Gebilde“ (Weinrich 1976a, 326), das gewisse Deutungsspielräume vorgibt. Dabei sind vereindeutigende Alltagsmetaphern wie „Wasserhahn“ zu unterscheiden von poetischen Metaphern wie „Seelenlandschaft“, die z.T. das semantische Feld ganzer Texte prägen.
c) Morphosyntaktische Variabilität: Morphosyntaktisch sind Metaphern variabel, metaphorische Äußerungen werden nach „Substantiv-, Adjektiv- und Verbmetaphern“ (Skirl/Schwarz-Friesel 2013, 20) unterschieden und können im substantivischen Bereich von Komposita (zusammengesetzte Substantive, z.B. *Redefluss, Bergrücken*, *Drahtesel*, *Feuerwand* u.a.) über Satzteile, z.B. mit Genitivverbindungen, wie *am Fuße des Berges*, *die Mauer des Schweigens* oder *Frucht der Buße* (Mt 3,8), auch ganze Sätze umfassen, wie etwa „Achill ist ein Löwe“ oder „Der Himmel fließt in steinernen Kanälen“ (Loerke 2010, I.1) – eine Metapher, die das gesamte Gedicht *Blauer Abend in Berlin* semantisch dominiert, indem hier weiter ausgeführt wird:
„Denn zu Kanälen steilrecht ausgehauen
Sind alle Straßen, voll vom Himmelblauen;“
(ebd., I.2–3)
Die spannungsreiche Semantik, die der metaphorische Sprachgebrauch möglich macht, ist zwischen Substantiv und Adjektivattribut (‚wässrige Herbstluft‘, ‚bleierne Schwüle‘) ebenso gegeben wie zwischen Prädikat und Subjekt bzw. Objekt. Dies zeigen Äußerungen wie ‚die Sonne lacht‘ oder ‚wir rühmen uns der Bedrängnisse‘ (Röm 5,3). Solche semantischen Span-

nungen kennzeichnen die vielfältigen morphosyntaktischen Möglichkeiten der Metapher.

d) Sonderformen: Eine Sonderform der Metapher ist die *metaphorische Personalprädikation,* wie sie prominent in den ‚Ich-bin-Worten' des Johannesevangeliums begegnet. Die syntaktische Struktur ‚ich bin X' bzw. ‚ihr seid Y' und die Verbindung konkreter Personen mit Abstrakta wie Auferstehung, Licht oder Leben machen den metaphorischen Charakter deutlich. Ziel ist es, die Bedeutung der Träger herauszustellen. – Im Gegensatz zum *Gleichnis* weist die metaphorische Mahnrede einen direkten Hörerbezug (Verwendung der 2. und 3. Person) auf; Elemente einer *narratio* mit ausgeprägter Dramaturgie fehlen. Anders als das *Bildwort* steht bei der Metapher nur ein einziger Begriff in semantischer Spannung zum Kontext. Im Unterschied zur *Chiffre* wird der Bildempfänger genannt.

e) Bündelung von Erfahrung und po(i)etische Funktion: Der *Vorzug* der Metapher ist es, Erfahrungen zu bündeln und Emotionen wachzurufen. Sie eignet sich daher bestens, um Argumentationen zu unterstützen, indem sie bestimmte Forderungen als Herzensangelegenheit erscheinen lässt: „Metaphern zielen, gerade weil sie unübersetzbar sind, auf die Erfahrung, sie wollen in der Praxis des Lebens angewendet werden" (Weder 1978, 72). Das wird besonders in *metaphorischen Mahnreden* deutlich (vgl. etwa Lk 10,2: ‚bittet den Herrn der Ernte', oder Mt 8,22: ‚lasst die Toten ihre Toten begraben…'). – Der rhetorischen Zweckbestimmung korreliert die *po(i)etische Sprachkraft* der Metapher: Sie ermöglicht eine neue Sicht der Wirklichkeit, indem sie Analogien zwischen vordergründig disparaten Bereichen aufdeckt. Dieser Zugewinn an Wirklichkeitserfahrung, wie er vor allen Dingen durch innovative Metaphern in der Lyrik zum Ausdruck kommt, ist in nichtmetaphorischer Sprache nicht gegeben. – Die Sprachkraft der Metapher wird im theologischen Bereich diskutiert und kontrovers beurteilt. Zum Teil wird sie beschränkt auf die Fähigkeit, neue Sinnbezüge herzustellen bzw. die Wirklichkeit neu zu verstehen oder neue Aspekte der vorfindlichen Wirklichkeit zu entdecken (vgl. Sellin 1978; Aurelio 1977), zum Teil wird sie auf die Fähigkeit, Analogien zu schaffen und Wirklichkeit zu konstituieren, ausgedehnt (vgl. Jüngel 1974; Crossan 1973). Letztere Position wertet Metaphern als ‚Sprachereignis', in welchem die Gottesherrschaft zur Sprache und damit zur Wirklichkeit komme.

f) Kühne versus lexikalisierte Metaphern: Metaphern durchlaufen eine Entwicklung (vgl. Ricœur 1974; Black 1962, 390): Aus der ursprünglich *kühnen* Metapher mit hohem Innovationsgrad und Überraschungseffekt wird bei wiederholter Verwendung eine *konventionalisierte* bzw. *usuelle* oder *geprägte* Metapher, die kaum noch als solche wahrgenommen wird (Beispiele: Jesus als ‚Sohn Gottes', Israel als ‚Weinberg'). Am Ende der Entwicklung steht die *lexikalisierte* Metapher (vgl. Skirl/Schwarz-Friesel 2013, 34ff.), die Teil des allgemeinen Sprachgebrauchs geworden ist; ihr metaphorischer Charakter ist nur durch Sprachreflexion zu erkennen (Beispiele: ‚Luftschiff', ‚Seilschaft', ‚wahrnehmen').

g) Funktionsbestimmung und Bewertung: Metaphorischer Sprachgebrauch findet sich in der Alltagssprache ebenso wie in Wissenschafts- und Fachsprachen. In der literarischen Kommunikation wird das „In-Beziehung-Setzen unterschiedlichster Bereiche" (Skirl/Schwarz-Friesel 2013, 87) bewusster und in den ihr eigenen Mehrdeutigkeiten (nach)vollzogen. Die Erkenntnis der po(i)etischen, Wirklichkeit konstituierenden Funktion der Metapher führte auch im *theologischen Bereich* ab etwa 1960 zu deren Rehabilitierung. Das ursprüngliche *Substitutionsmodell* Jülichers (Metapher als ‚uneigentliche', zu ersetzende Sprachform) wurde durch das *Interaktionsmodell* (Metapher als ‚eigentliche', kontextgebundene Sprachform) abgelöst. Letzteres versteht die Metapher als ein Phänomen der Prädikation. Konstitutiv ist die Spannung zwischen mindestens zwei Sprachelementen wie Subjekt/Prädikat, Bildspender/Bildempfänger oder Text/Kontext. Der bleibende Sinnüberschuss der Metapher macht sie unersetzbar; die mit ihr erreichte Neubeschreibung der Wirklichkeit ist sprachlich anders nicht möglich. So sagen die Metaphern ‚Achill ist ein Löwe' oder ‚der Mensch ist ein Wolf' mehr aus, als es eine nicht-bildhafte Formulierung könnte. – Entscheidend für die *Semantik* der Metapher ist nicht das Fehlen der Vergleichskopula ‚wie', sondern die Unterdrückung des Vergleichspunktes (*tertium comparationis;* gegen Jülicher, Gleichnisreden I 52). Im angeführten Beispiel ist nicht eindeutig, was Achill mit einem Löwen oder den Menschen mit einem Wolf verbindet; es bleibt eine Leerstelle, die vom Rezipienten auszufüllen ist und Mehrdeutigkeiten eröffnet. Diese Hochschätzung der po(i)etischen Potenziale und ästhetischen Funktionen der Metapher entspricht literaturwissenschaftlichen und -didaktischen Traditionen (vgl. zuletzt Pieper 2013).

➢ *Bildwort:*
Es handelt sich hier um einen Begriff, der in den Literaturwissenschaften nicht gebräuchlich und dessen Verwendung in der Theologie aus gattungskritischen Gründen umstritten ist, da er von anderen metaphorischen Sprachformen nur unscharf abgegrenzt werden kann. Er wird hier verwendet, um eine Reihe von Texten zu bezeichnen, die von ihrer Länge und narrativen Ausgestaltung her zwischen Metapher und Gleichnis angesiedelt sind. Statt von Bildwort könnte man hier von *erweiterten Metaphern* oder von *fragmentarischen Gleichnissen* bzw. von *Gleichnisskizzen* sprechen. Beispiele sind das Wort vom Splitter und Balken (Mt 7,3-5), vom Hausvater (Mt 13,52), vom Salz und Licht (Mt 5,13 f.) sowie vom Flicken und den Schläuchen (Mk 2,20 f.). In allen Fällen werden die Grundmetaphern um Verben angereichert (Handlungsorientierung), ohne dass es dadurch zu einer szenischen Entfaltung käme. *Tertia comparationis* werden nicht genannt, sondern sind zu erschließen. Das entspricht der Eigenart von Metaphern. Beliebt sind rhetorische Fragen oder Formulierungen, die auf eine absurde Alternative hinauslaufen (Mt 5,13.15; 7,4 a; Mk 2,20 f.). Bildworte stehen regelmäßig im Kontext grundsätzlicher Mahnungen (Mt 7,1: Richtet nicht!; Mk 2,22 b: Füllt neuen Wein nicht in alte Schläuche!).

➢ *Chiffre:*
Nach Lorenz gilt die Chiffre (von arab. *sifr* = „‚leer', ‚Zahlzeichen ohne absoluten Wert'", Lorenz 1997, 299) in poetischen Texten als „demonstrativ rätselhafte[s] Sprach- und Stilmittel eines weitgehend esoterischen, meist lyrischen Code-Gebrauchs" (ebd.). Chiffren sind

„Resultate einer Verdichtung und Verkürzung des Ausdrucks mit Hilfe mehrdeutiger, unvollständiger sowie unzusammenhängend erscheinender Worte und Sätze“ (ebd.). Es handelt sich um ein ohne ‚Schlüssel‘ unverständliches Zeichen, das spezifisch für die Poetik der Moderne ist. Sproll definiert die Chiffre daher präziser als hermetisches Element, das vor allem Bestandteil der modernen Lyrik ist und als solches „eine spezifische Aussage- und Reflexionsbedingung der lyrischen Sprache“ (Sproll 2007, 121) thematisiert. Als poetologisches Verfahren, das „mit der Geste des Deutungsentzugs“ (ebd.) auftritt, verweist die Chiffre auf „ungegenständliche, sprachlich nicht faßbare Sujets (Lorenz 1997, 301).

In biblischen Texten umschreibt die Chiffre eine historische Größe in kodierter Form. Der Bildempfänger bleibt unerwähnt, das Wissen um ihn ist für den Adressatenkreis vorauszusetzen. Semantisch begegnen folgende Ausprägungen: a) Lexikalisierte, in ihrer Bedeutung festgelegte Metaphern (z.B. „der Drache“ für Satan; „das Lamm“ bzw. „der Herr“ für Jesus Christus); b) Chiffren, die in ihrer Bedeutung noch nicht festgelegt sind und sich nur einem exklusiven Trägerkreis erschließen (z.B. „Hure Babylon“ für Rom); c) gematrische Chiffren (z.B. „666“ für Kaiser Nero, Offb 13,18) und apokalyptische Periodisierungsschemata (z.B. „3 ½ Zeiten“ für die Epoche der letzten satanischen Bedrängnis, z.B. Dan 7,15 und Offb 11). – In neutestamentlichen Gleichnissen gibt es keine Chiffren. Chiffren jenseits des sprachlichen Bereiches heißen *Symbole* (s.u.).

➢ *Metonymie:*

Eine Metonymie (von „gr. *metonomázein* = umbenennen, Namen vertauschen“, Zymner 2007b, 497) zeichnet sich dadurch aus, dass ein Ausdruck durch einen anderen ersetzt wird, der zum ersteren in einer realen Beziehung steht, z.B. räumlicher Art (vgl. Peil 2008, 469; Skirl/Schwarz-Friesel 2013, 15). Der letztere Ausdruck wird dabei im übertragenen Sinne gebraucht, wodurch konventionelle Ausdruck-Inhalt-Zuordnungen überschritten werden (vgl. Birus 2000, 588). Die Referenz der Metonymie gehört damit nicht „in den üblichen Bedeutungsspielraum des verwendeten Sprachzeichens“, sie muss vielmehr „nach Maßgabe von Co-Text und Kontext […] und der rekonstruierbaren Sprecher-Intention aus einem Teil seiner Inhaltselemente erschlossen werden“ (ebd.). Im Unterschied zur Metapher sind beide Ausdrücke „dem gleichen ‚Wirklichkeitsbereich‘ zugeordnet“ (ebd.), und im Unterschied zur Synekdoche sind eigentliche und uneigentliche Bedeutung eines metonymischen Ausdrucks „durch eine „externe Nachbarschaftsrelation [...] miteinander verbunden“ (ebd.). In bestimmten Fällen können Metonymien eine allgemeine Bedeutung annehmen, z. B. steht „Waterloo“ für jede Form vernichtender Niederlage, „Canossa“ für irgendeinen Bußgang.

➢ *Synekdoche:*
Die Synekdoche („gr. synekdoché, gr. = Mitverstehen“, Zymner 2007c, 747) ist eine Variante der Metonymie und eine Form des übertragenen bzw. uneigentlichen Ausdrucks (vgl. Asmuth 2006, 260), „bei der konventionelle Ausdruck-Inhalt-Zuordnungen [...] aufgehoben und durch die Aufforderung oder den Zwang zu einer unkonventionellen und dadurch neuen, aber im Unterschied zur Metapher relational nach dem Kriterium der Subsumption bestimmten Bedeutungskonstituierung ersetzt werden“ (Zymner 2007c, 747).

Bei der *Synekdoche* repräsentiert ein Teilaspekt das Ganze (*pars pro toto*, vgl. „ein kluger Kopf“, „die eigenen vier Wände“). Hier wird das Allgemeine aus dem Besonderen und das Besondere aus dem Allgemeinen erkannt (vgl. Sellin 1978, 95).

➢ *Symbol:*
Das Symbol (von lat. *symbolum*, dieses von gr. *sýmbolon* = „‚Merkmal‘, ‚Kenn-‘, ‚Wahrzeichen‘“, Müller Farguell 2003, 551) ist ein mehrdeutiges literarisches Zeichen. Bei der Symbolbildung wird einem bestimmten Textelement eine allgemeine Bedeutung (ein abstrakter Bedeutungs- oder Problemzusammenhang) zugesprochen (vgl. ebd., 550; Skirl/Schwarz-Friesel 2013, 89). Dabei kann es sich z. B. um einen fiktiven Gegenstand oder um ein fiktives Ereignis handeln, dem im Textzusammenhang eine „über das inhaltlich Mitgeteilte hinausgehende Bedeutung“ (Skirl/Schwarz-Friesel 2013, 89) zukommt. Nach Goethe erlaubt das Symbol, durch die Darstellung von etwas Besonderem etwas Allgemeines auszudrücken, „das seine Gültigkeit auch unabhängig

von der Besonderheit des Dargestellten hat" (Hellgardt 2006, 385), wobei das Dargestellte auf mehr als eine besondere Situation bezogen werden kann, denn zwischen dem im Symbol ausgedrückten „besonderen Sachverhalt [...] und dessen allgemeinem Sinn" besteht für Goethe „ein unmittelbar einleuchtendes, ontologisch begründetes Verhältnis partieller Identität" (ebd., 387). Goethe selbst erläutert:

> „Das ist die wahre Symbolik, wo das Besondere das Allgemeine repräsentiert [...] als lebendig-augenblickliche Offenbarung des Unerforschlichen" (Goethe 1977, 532).

Im Gegensatz zur *Allegorie* besitzt das Symbol einen semantischen Eigenwert auch „unabhängig von seinem Symbolwert" (Müller Farguell 2003, 550), was seine „vollständige Rückübersetzung" (ebd.) verhindert. Um die symbolische Bedeutung zu verstehen, bedarf es der Interpretation über das wörtliche Verständnis hinaus, wobei Symbole auch mehrdeutig sein können „im Sinne poetischer Ambiguität" (ebd.). Denn bei aller Konkretheit soll das Symbol auch „als übertragener Ausdruck erkannt und entschlüsselt" (Hellgardt 2006, 386) werden. Dieser Zusammenhang von konkreter Bedeutung und funktionaler Bündelung einer allgemeineren Bedeutung zeigt sich auch im sog. ‚Dingsymbol', das in der Novellistik (Paul Heyses ‚Falke') ebenso geläufig ist wie in der modernen Lyrik.

Übertragen auf den Bereich des Religiösen, ist der weite Symbolbegriff Gerhard Sellins leitend (vgl. Sellin 1997, 96). Demnach ist das Symbol „ein einzelnes Subjekt, das auch nichtsprachlicher Art sein kann (ein Gegenstand, eine Geste oder ein Name), das neben seiner Materialität bzw. seiner wörtlichen Bedeutung eine weitere (höhere bzw. tiefere) Bedeutung transportiert. Das symbolische Subjekt hat also einen Mehrwert an Bedeutung." Das Symbol repräsentiert den hinter ihm stehenden Mythos (vgl. den Blitz für Zeus, das Schwert für den Richter, das Kreuz für das Christusgeschehen, die Flagge und die Nationalhymne für den Staat). Ohne Kenntnis des zugrunde liegenden Mythos ist das Symbol bedeutungslos (vgl. Sellin 1997, 97).

2.6 Zusammenfassung

Es gibt eine große Bandbreite bildhafter Sprachformen. Getragen sind alle gemeinsam von der semantischen Spannung zum Kontext und von ihrem Verweischarakter auf eine andere Bedeutungsebene. Die Übergänge zwischen den einzelnen Formen sind fließend, es gibt viele Mischformen. Die Unterscheidung gerade der „großen" Gleichnisformen hat daher nur insofern einen heuristischen Wert, als sie auf unterschiedliche textpragmatische Strategien aufmerksam macht. Die folgende Tabelle (Erlemann 1999, 83) listet die Gemeinsamkeiten und Unterschiede der einzelnen Textformen auf:

	a) keine Nennung des Vergleichspunkts	b) Nennung des Vergleichspunkts	c) Imperativische Formulierung
1) Spannung zwischen Begriff und Kontext, nicht handlungsorientiert	Metapher Chiffre	Vergleich	Metaphorische/ vergleichende Mahnung
2) Ausweitung des bildhaften Anteils auf das Satzganze; handlungsorientiert	Bildwort	Vergleich (fiktional, epideiktisch); Exemplum (real, symbuleutisch/ dikanisch)	Exemplarische Mahnung
3) entfaltete Dramaturgie (szenische und zeitliche Strukturierung, erzählerische Geschlossenheit)	Gleichnis Parabel z. T. Beispielerzählung	z. T. Beispielerzählung	
Mischformen aus 1)–3) und a)–c)		Gleichnisdiskurs/ joh. Bildrede (Paroimia)	Gleichnisdiskurs

3. Von Pointenermittlung bis Funktionsbestimmung

Die Gleichnisexegese orientiert sich grundsätzlich am Repertoire der Historisch-Kritischen Methode (Erlemann/Wagner 2013). Einzelne exegetische Methodenschritte erfahren in der Anwendung auf Gleichnistexte jedoch eine methodische Zuspitzung bzw. Erweiterung.

3.1 Ermittlung der erzählinternen Pointe

Zusätzlich zu den üblicherweise in der textlinguistischen Analyse zu leistenden Arbeitsschritten ist die *Ermittlung der erzählinternen Pointe* wichtig. Gleichnisse zeichnen sich durch einen metaphorischen Sprachgebrauch aus. Das führt zum Phänomen mehrerer miteinander verzahnter semantischer Ebenen. Die Pointe eines Gleichnisses markiert den *Zielgedanken* der Erzählung bzw. Beschreibung. Die Pointe zielt nicht auf ein moralisches Werturteil ab, sondern bildet eine (vor)religiöse, allgemein menschliche Erfahrung ab, die sich im Gleichnistext artikuliert. Die Erschließung und Formulierung der Pointe ist der Versuch, das Gleichnis ‚auf den Punkt' zu bringen. Dieser Arbeitsschritt ist für die Auslegung entscheidend.

Zu unterscheiden ist zwischen der erzählinternen und der den Gleichnistext übergreifenden, sachbezogenen Pointe. Während die *erzählinterne Pointe* streng im Rahmen des Bildfeldes verbleibt, nimmt die *sachbezogene Pointe* die ‚Sache' des Gleichnisses in den Blick und überträgt die erzählinterne Pointe auf die theologische ‚Sachebene'. Letzteres kann sachgemäß erst nach der Klärung der Metaphorik geschehen.

Grammatikalisch gibt es nicht nur eine Möglichkeit für die Formulierung der Pointe. Wichtig ist, dass die textlinguistischen Schwerpunkte des Gleichnisses darin zum Tragen kommen. Die Formulierung der erzählinternen Pointe muss der Struktur entsprechen und am Bildfeld orientiert sein. Daher sind das Bildfeld, die Basisstruktur bzw. das Erzählgefälle, das sich aus (Basis-) Opposition, Spannungsbögen und szenischer Gliederung ergibt, sowie das Thema zu berücksichtigen. Elemente, die lediglich eine illustrierende oder die Wirkung verstärkende Funktion besitzen, sind auszublenden.

3.2 Ermittlung des Gleichnistyps

In der Formgeschichte stellen sich zwei zusätzliche Aufgaben: Der Untersuchungstext ist als Gleichnis zu identifizieren, und die Frage, welche Art von Gleichnis vorliegt, ist zu klären. Gleichnistexte sind an der Spannung zwischen mindestens zwei semantischen Ebenen zu erkennen: Die Ausgangsebene bzw. Basisebene (eine Szene aus dem Leben des Gleichniserzählers) und die Erzählebene (früher ‚Bildebene' genannt). Mit der Erzählebene taucht der Leser in ein neues semantisches (Bild-)Feld ein. Zwischen beiden Ebenen gibt es oft eine Übergangsebene, in der das Gleichnis eingeleitet (zum Teil mittels einer Einleitungsformel) und am Ende auf die Ausgangssituation hin angewendet wird (Hörappell; Handlungsauftrag).

In einem zweiten Schritt geht es um die Ermittlung des Gleichnistyps. Die herkömmliche Gleichnistheorie unterscheidet vier Großformen von Gleichnistexten: Das Gleichnis im engeren Sinne, die Gleichniserzählung oder Parabel, die Beispielerzählung sowie den Gleichnisdiskurs. Das *Gleichnis im engeren Sinne* hat einen besprechenden Charakter, steht im Präsens und beschreibt alltägliche (Natur-)Vorgänge (z.B. Wachstumsgleichnisse). Der Typ dient der Plausibilierung umstrittener Vorgänge oder Behauptungen. Die *Parabel* hat einen erzählenden Charakter, steht im Präteritum (gr. Aorist), und es gibt ein Autoritätsgefälle zwischen den Akteuren. Beschrieben wird hier ein einmaliger Vorgang. Das, worum es eigentlich geht, die ‚Sache' des Gleichnisses, kommt auf der Erzählebene nicht zur Sprache (Phänomen der semantischen Konterdetermination). Der Typ dient der Infragestellung „normaler", alltäglicher Verhaltensweisen und Strukturen. Die *Beispielerzählung* wiederum ist ein Sonderfall der Parabel, insofern hier die ‚Sache' in der Erzählung selbst thematisiert wird. Beispielerzählungen gibt es nur im lukanischen Sondergut. Ein *Gleichnisdiskurs* schließlich verbindet mehrere Bildfelder und Szenen miteinander, ohne sie zu geschlossenen Erzählungen auszubauen. Die so genannte *Allegorie* ist dagegen keine eigenständige Textform, sondern begegnet in Form allegorischer Textelemente in unterschiedlichsten Gattungen – vom Gleichnis über den Roman bis hin zu apokalyptischen Texten (→ 2.4).

3.3 Ermittlung des Spiels mit konkurrierenden Erfahrungen

Bei Gleichnistexten ist auch die textpragmatische Analyse zu modifizieren. Das liegt zum einen an der besonderen Erzählstruktur, zum anderen am Spiel mit Metaphern sowie der Verfremdung der erfahrbaren Alltagswirklichkeit (Extravaganz). Gleichnisse im engeren Sinne dienen dazu, anhand alltäglicher (Natur-)Vorgänge eine umstrittene Botschaft plausibel zu machen. Parabeln und Beispielerzählungen treiben ein subtiles Spiel mit konkurrierenden Lebenserfahrungen, Verhaltensmustern und Wertesystemen. Die Texte arbeiten darauf hinaus, eine gängige Erfahrung, ein „normales“ Verhaltensmuster durch die Einführung eines anderen, überraschenden Musters in Frage zu stellen und gewissermaßen auszuhebeln. Vieles, was wir unter „Moral“ verbuchen, wird dabei von grundsätzlichen, elementaren Lebenserfahrungen *ad absurdum* geführt.

3.4 Dekodierung von Metaphern und Bildfeldern

Als weiterer Arbeitsschritt ist im traditions- und religionsgeschichtlichen Vergleich die aktuelle Bedeutung der Metaphorik zu klären. In ihr bündelt sich die religiöse oder vorreligiöse Erfahrung, die der Autor vermitteln möchte. Methodisch geht es darum, die ursprünglichen Konnotationen der Metaphern und Bildfelder zu rekonstruieren. Leitfragen sind: Wie verstand der Autor selbst die Metaphorik? Welches Vorverständnis seitens der Adressaten konnte er voraussetzen? Die methodische Arbeit setzt bei der Textlinguistik an und umschließt Konkordanzarbeit und Textvergleiche. Ziel ist es, die aktuelle Bedeutung der Metaphorik zu umschreiben, nicht, sie durch nicht-metaphorische Redeweise zu ersetzen.

Metaphern und Bildfelder sind grundsätzlich dynamisch, das heißt: Ihre konkrete Bedeutung kann von Text zu Text wechseln. Die Bedeutung der Metaphorik erschließt sich zu allererst textintern, textlinguistisch-strukturell. Im Vergleich mit der traditionsgeschichtlichen Verwendung der Metaphorik erschließt sich ihr innovatives bzw. provokatives Potenzial im aktuellen Gleichnistext; durch die veränderte Bedeutung der Metaphorik wird die Tradition aktualisiert. – Methodisch empfiehlt sich folgendes Vorgehen: Die Dekodierung setzt auf der Ebene des Textes ein; hier ist nach der Funktion und der Bedeutung der Metapher im Beziehungsgeflecht des Textes selbst zu fragen. Die Klärung wird auf der Ebene des literarischen Kontexts fortgesetzt und danach auf das gesamte biblische Zeugnis ausgeweitet. Dabei gilt es, die historische Reihenfolge der Texte zu beachten. Letztlich ausschlaggebend für die Bedeutung der Metapher ist in jedem Falle der Gleichnistext selbst.

3.5 Ermittlung der sachbezogenen Pointe und der ‚Sache'

Die redaktionskritische Arbeit an Gleichnistexten umschließt, neben den üblichen Arbeitsschritten, die Ermittlung der so genannten ‚Sache' und der sachbezogenen Pointe. Auch die argumentative Funktion des Gleichnistextes innerhalb des näheren Kontextes sowie das Verhältnis zu nicht-gleichnishaften Texten sind im Fokus.

Die ‚Sache' von Gleichnissen, also das, worum es theologisch eigentlich geht, ist kein moralischer Satz oder Ähnliches, sondern ein komplexes Bündel an theologischen Erfahrungen. Zu unterscheiden sind mindestens vier Ebenen: 1) Die eigentlich theologische Ebene – sie ist auf Gott und sein Handeln bezogen. 2)

Die christologische Ebene – sie ist auf Jesus als den Gleichniserzähler, seine Bedeutung, Botschaft und Geschick bezogen. 3) Die eschatologische Ebene – sie ist auf die Bedeutung der Gegenwart als einer durch Gottes Handeln bestimmten Zeit bezogen. 4) Die ethische Ebene – sie bezieht sich auf das ausdrücklich oder implizit geforderte Verhalten. Nachdem festgestellt ist, was der Verfasser mit seinem Gleichnis anspricht, können die *sachbezogene Pointe* und das *Verhältnis zu nicht-gleichnishaften Texten* bestimmt werden. Die sachbezogene Pointe ergibt sich aus der zuvor bestimmten, erzählinternen Pointe (→ 3.1) und der Bestimmung der ‚Sache'.

4. Neutestamentliches Fallbeispiel: Das Gleichnis von der verlorenen Drachme (Lk 15,8-10)

4.1 Ermittlung der erzählinternen Pointe

Die *Basisopposition* des Gleichnisses von der verlorenen Drachme (Lk 15,8-10) besteht im fleißigen Suchen des Verlorenen durch die Frau allein (V.8, Zustand A) und der gemeinsamen Freude über das Wiedergefundene (V.9, Zustand B). Der *Spannungsbogen* verläuft vom Verlust des Geldstücks (V.8 a) bis zum Wiederfinden desselben (V.8 b). Das tragende *Gegensatzpaar* ist suchen (3 x) und finden (2 x). Ein weiterer Gegensatz liegt in der wortlosen Suche und in der wortreichen Freude, ein letzter in den Angaben „10 Drachmen" versus „1 Drachme". Dieser Gegensatz signalisiert den hohen Verlust, den die eine Drachme für die Frau bedeutet. Die Frau steht im Mittelpunkt der Handlung; die Freundinnen und Nachbarinnen haben keine eigenständige Funktion – sie sind Statisten. Die Schilderung des Suchvorgangs in seiner ganzen Intensität bildet den *Schwerpunkt* des ersten Teils (Licht anzünden – Haus auf den Kopf stellen – Sorgsamkeit). Im zweiten Teil steht die Freude über das Wiedergefundene im Mittelpunkt (direkte Rede, Erwähnung von Nachbarinnen *und* Freundinnen). Keine Rolle spielt dagegen, wann und wo die Frau das Geldstück wiedergefunden hat. Explizite *Wiederholungen* gibt es (abseits der tragenden Begriffe) nicht, die Erzählung ist „ökonomisch" knapp gehalten. Für Kohärenz sorgen unter anderem die *Pro-Formen* „sie" in V.9. Eine Renominalisierung ist aufgrund der Kürze der Handlung nicht nötig. Das *Tempus* ist einheitlich im Präsens gehalten – ebenfalls ein Hinweis auf Kohärenz und ein wichtiger Indikator für die formkritische Bestimmung. *Erzählbrüche* sind keine erkennbar.

Die *Gliederung* ergibt sich aus dem Gesagten. Szene A: Die Suche nach dem Verlorenen Geldstück (V.8), Szene B: Die Freude über das Gefundene (V.9). Dazwischen schlägt die Handlung um, genauer: nach dem erfolgreich abgeschlossenen Suchvorgang, bei der Hinwendung der Frau zur Öffentlichkeit (V.8/9). Der Höhepunkt des Gleichnisses ist in V.9, in welchem die Freude über das Wiedergefundene gefeiert wird. Das *Erzählgefälle* des Gleichnisses läuft auf die überschwängliche Freude über das mit Fleiß gesuchte und wiedergefundene Geldstück zu. Die Formulierung als wörtliche Rede zeigt einen erzählerischen Schwerpunkt an, zumal das Gleichnis mit dem Monolog endet (offener Schluss).

Entsprechend der Struktur des Erzählten könnte die *Pointe* lauten: „Der Verlust selbst eines einzigen Geldstücks ist für die Frau so schmerzhaft, dass das Wiederfinden übergroße Freude auslöst." Der Aspekt der sorgsamen Suche bleibt außen vor, da er der Illustration des großen Verlustes dient.

Ein weiterer Wechsel der semantischen Ebene erfolgt zwischen V.9 und 10 (neue Stichwörter: Engel Gottes, Sünder, Buße). Vermittelnd wirkt der Begriff „Freude". Der Wechsel der Ebenen geht mit einem Tempuswechsel einher (V.10: Futur) und zeigt den Wechsel von Bildebene zur Anwendung (Übergangsebene) an. Der Text von V.7–10 ist durchweg kohärent.

4.2 Ermittlung des Gleichnistyps

1. Bestimmung als gleichnishafte Gattung:
Der Text gibt sich eindeutig als Gleichnis zu erkennen: Gegenüber dem vorausgehenden Kontext (Gleichnis vom verlorenen Schaf, Lk 15,3-7) ist die semantische Ebene verschoben. Der Übergang von der Ausgangsebene (Unterweisung der Pharisäer und Schriftgelehrten, V.1–3.7; Leitbegriffe: ‚Freude im Himmel' und ‚Buße' V.7) zur Erzählebene erfolgt abrupt (neue Leitbegriffe: ‚Frau', ‚Geld', ‚Haus'). Die Anwendung V.10 wird durch das Wörtchen ‚so' (gr. *hútoos*) eingeleitet. Verglichen wird demnach der beschriebene Vorgang mit der himmlischen Freude über einen einzigen bekehrungswilligen Sünder.

2. Binnendifferenzierung:
Der Text weist eine ausgearbeitete Dramaturgie mit szenischer Gliederung auf (Szene 1: Suche nach der Drachme V.8; Szene 2: Kundgabe der Freude über das Gefundene V.9). Hierin entspricht der Text einer Parabel. Die Wahl des Tempus (Präsens) und die Art des geschilderten Vorgangs sprechen aber eher für ein Gleichnis im engeren Sinne: Geschildert wird ein fiktiver, aber typisch zu verstehender Vorgang, der der Plausibilisierung der ungewöhnlichen Suche nach dem Verlorenen dient (welche Frau handelt nicht so wie die hier beschriebene?). Es handelt nur eine Person, eine Reaktion der herbeigerufenen Frauen wird nicht berichtet. Lk 15,8-10 ist, so betrachtet, eine Mischform zwischen (besprechendem) Gleichnis und (erzählender) Parabel.

4.3 Ermittlung des Spiels mit konkurrierenden Erfahrungen

1. Analyse der kognitiven Steuerung:
Um die Leser in die gewünschte Lesehaltung zu bringen, schließt der Autor mit ‚oder' an das vorhergehende Gleichnis an. Hierdurch wird der nachfolgende Text als Gleichnis eingeführt (V.3). Das ‚oder' ist auch ein Signal dafür, dass die Thematik des ersten Gleichnisses weitergeführt wird. – Das Bildfeld von Haus und Frau gehört zur alltäglichen Lebenswelt und spricht so die Adressaten auf ihren unmittelbaren Erfahrungshorizont an. Das Bildfeld ist so gewählt, dass es nicht von vornherein auf religiöse Zusammenhänge schließen lässt (Konterdetermination). Gleichwohl können die Leitbegriffe ‚suchen' und ‚finden' beim kundigen Leser religiöse Assoziationen wachrufen. Auch der Begriff ‚Freude' ist durch den vorausgehenden Kontext vorgeprägt. – Die Aufmerksamkeit der Leserschaft wird auf den Kontrast von einer bzw. zehn Drachmen, auf die Sorgfalt des Suchvorgangs sowie auf die überschwängliche Freude gelenkt. Der knapp gehaltene Spannungsbogen von ‚suchen – finden' lenkt die Aufmerksamkeit auf die zweite Szene. Der offene Schluss (V.9 b) weist auf die emotiv-praktische Intention des Gleichnisses hin. Durch die wörtliche

Rede werden die Leser ins Geschehen mit einbezogen. Die mit ‚so' eingeleitete Anwendung lässt die theologische ‚Sache' im Licht alltäglicher Erfahrung erscheinen. Die Anwendung hat im Unterschied zur Erzählebene darstellende (epideiktische) Funktion.

2. Analyse der emotionalen Steuerung:
Die emotionale Identifikation mit der suchenden Frau wird umso stärker sein, je eher der finanzielle Verlust nachvollziehbar ist. Vom Autor wird das vorausgesetzt, wie die Formulierung des ersten Teils (als suggestive Frage: „Welche Frau … ?") zeigt. Die Identifikation ist geplant, sie dient der Plausibilisierung der späteren Freude. Verstärkt wird die Identifikation durch die detaillierte Schilderung des Suchvorgangs. Die Leser werden in die Lage gebracht, sich in die Frau und ihr Handeln hineinzuversetzen. Extravagant wirkt dagegen die überbordende, die Öffentlichkeit suchende Freude über die eine Drachme. Sie wird allerdings durch den vorausgehenden Identifikationsprozess vorbereitet.

3. Das Spiel mit konkurrierenden Erfahrungen:
Konkurrierende Erfahrungen sind die verständliche Freude über die wiedergefundene Drachme auf der einen und die Erfahrung, dass die *eine* Drachme für viele nicht den Aufwand rechtfertigt, den die Frau betreibt, auf der anderen Seite. Durch die Formulierung als suggestive Frage wird das Verhalten der Frau als typisch und plausibel dargestellt; die andere Erfahrung (der betriebene Aufwand ist nicht gerechtfertigt) kommt erst gar nicht zum Zug. Der Ton liegt darauf, dass jede einzelne Drachme wichtig ist. Auf die ‚Sache' übertragen heißt das: Niemand wird von Gott verloren gegeben, alle sind ihm wichtig, jeder Einzelne ist Anlass zur Suche und, im Falle des Erfolgs, zur Freude. Was im Alltag plausibel ist, ist auch auf der religiösen Ebene selbstverständlich. Die Vorbehalte der Pharisäer und Schriftgelehrten gegen die „Verlorenen" entsprechen weder vergleichbaren alltäglichen Erfahrungen noch Gottes Interesse an den „Verlorenen".

4.4 Dekodierung von Metaphern

1. *Unterscheidung zwischen metaphorischen und dekorativen Elementen:*

Zu unterscheiden ist zunächst zwischen Erzählelementen, die auf die theologische Ebene hinweisen, und anderen, rein dekorativen, die Handlung illustrierenden Elementen: Das Verweiselement, das sich vom semantischen Befund her zunächst nahelegt, ist (1) die ‚Freude' (V.9/10). Um Freude geht es auf der Erzählebene wie auf der Sach- oder Ausgangsebene. (2) Die sorgsame Suche nach dem Verlorenen und die überschwängliche Freude über das Wiedergefundene verweisen auf das in der Anwendung V.10 geschilderte himmlische Geschehen: die Freude ‚vor den Engeln Gottes'. Die verlorene *eine* Drachme ist demnach auf den *einen* Sünder bezogen, der schließlich ‚wiedergefunden' wird. (3) Der Wert des Einzelnen ist demnach ein weiterer Vergleichspunkt. (4) ‚Suchen' und ‚finden' bilden eine Opposition mit metaphorischen Implikationen. Der Vorgang des Suchens dient der Vorbereitung auf die anschließende Freude, auf der alles Gewicht liegt. (5) Schließlich verweist die Akteurin des Gleichnisses auf die theologische Ebene (Gott als Frau!).

Rein dekorative, illustrierende Elemente sind dagegen Einzelelemente des Suchens (Licht anzünden, Haus kehren sowie die Unterscheidung in Freundinnen und Nachbarinnen (V.9)). Diese Elemente dienen lediglich der Illustration des Erzählten und sind hier nicht weiter zu berücksichtigen – weder für die Bestimmung der Pointe (→ 3.1), noch für die traditionsgeschichtliche Arbeit, noch für die Bestimmung der ‚Sache' (→ 3.5).

Der traditionsgeschichtliche Vergleich dient über die Bestimmung von Prätexten hinaus (Punkt 2, Vergleich auf der Textebene, thematischer Vergleich) der Dekodierung der Metaphorik (Punkt 1, Vergleich unterhalb der Textebene, semantischer Vergleich):

2. *Vergleich unterhalb der Textebene zur Dekodierung der Metaphorik:*

Schlüsselbegriffe des Textes sind zum einen das Wortfeld um ‚verloren', ‚suchen' und ‚finden' und zum anderen die Freude über das Wiedergefundene.

– *Verloren, suchen und finden:* Nicht der Vorgang des Verlierens, sondern der Umgang mit dem Verlorenen ist Thema des Gleichnisses. Von daher fallen Textstellen, die nur das ‚Verlieren', wenn auch im metaphorischen Sinn, bieten, aus der weiteren Betrachtung heraus (vgl. Joh 3,16; 18,9; Röm 2,12; 1 Kor 1,18; 2 Kor 4,3). Dasselbe gilt für Mt 8,10. Dort wird ‚finden' als isolierte Metapher verwendet. – Der Verlust eines als wertvoll erachteten einzelnen Geldstücks führt zur intensiven Suche, das Wiederfinden zu überbordender Freude. Die Begriffe sind gemäß der Anwendung V.10 metaphorisch zu verstehen: Es geht um das Handeln Gottes am einzelnen Sünder, der ‚verloren geht', von Gott ‚gesucht' wird und sich schließlich bekehrt, was himmlische Freude auslöst. Die Suche nach Analogien hat diese Grundkonstellation zu berücksichtigen.

Zu betrachten ist zuerst der direkte Kontext, Lk 15,1-7.11–32. Die Begriffe werden im ganzen Kapitel metaphorisch verwendet, die Thematik ist identisch. Im weiteren Rahmen des LkEv wird ‚suchen' metaphorisch in Lk 13,6 (unfruchtbarer Feigenbaum) gebraucht. Hier geht es aber nicht um den Sünder, sondern um Israel. Außerdem sind das Finden und die anschließende Freude kein Thema. Die Belegstelle fällt damit aus der weiteren Betrachtung heraus. Anders Lk 19,10 (par. Mt 10,6; 15,24): „Denn der Menschensohn ist gekommen, zu suchen und selig zu machen, was verloren ist." Der Vers beschließt die Zachäus-Perikope Lk 19,1-10 und begründet die Hinwendung Jesu zu Zöllnern bzw. Sündern. Anders als in Lk 15 ist die Freude hier auf Seiten des Sünders (V.6). – Im weiteren Neuen Testament begegnet das Wortfeld in metaphorischem, auf das Thema Sünde und Umkehr bezogenem, Gebrauch in mt. Parallelstellen zu Lk 15 und 19 (Mt 18,12par Lk 15,4; Mt 10,6, 15,24 und 18,11par Lk 19,10). ‚Verloren gehen' in Kombination mit ‚Umkehr' findet sich in 2 Petr 3,9. Vergleichbar ist die Aussage mit Lk 15,8-10 insofern, als es auch hier um den Willen Gottes geht, jedermann die Umkehr zu ermöglichen. Die Aussage dient dazu, die Verzögerung des Endes zu begründen. Hier ist auch der Unterschied zu Lk 15 zu sehen: Nicht das Verhalten Jesu Sündern gegenüber, sondern das Verhalten Gottes allen Menschen gegenüber ist in 2 Petr 3 Thema. Die Gemeinsamkeit liegt darin, dass *keiner* verloren gehen soll (vgl. auch Mt 18,14). – Sehr nahe an Lk 15 ist Ps 119,176 („Ich bin wie ein verirrtes und verlorenes

Schaf, suche deinen Knecht, denn ich vergesse deine Gebote nicht"). Verlorensein und Suchen entsprechen dem metaphorischen Gebrauch in Lk 15. Die Differenz liegt in der Perspektive des Psalmbeters, im rechtfertigenden Hinweis auf die Befolgung der Mosetora und im fehlenden Element der Freude Gottes. – Ez 34,12.16 enthält dasselbe Wortfeld, metaphorisch auf dieselbe Thematik wie in Lk 15 bezogen. Die Aussage ist als Ich-Rede Jahwes gestaltet. Es fehlt freilich das Motiv der Freude Gottes. Das Verhalten Gottes steht im Kontrast zum Verhalten der ‚Hirten Israels' (V.2.4) und kommt damit als Analogie zu Joh 10 (Hirtenrede) in Betracht. – ‚Suchen' und ‚finden' sind im Alten Testament ansonsten auf das Streben des Menschen nach Gott bezogen. Dass Gott die Menschen (Verlorenen) sucht und findet, stellt vor diesem Hintergrund einen Rollentausch dar.

– *Freude, sich freuen (über den Sünder, der umkehrt)*: Abgesehen von Mt 18,13, der Parallelstelle zu Lk 15,5, ist die Freude des Missionars über den Erfolg seiner Arbeit vergleichbar (Joh 4,36). Allerdings ist der Zusammenhang mit dem Thema ‚Wiederfinden von Verlorenem" nicht gegeben. Metaphorischen Charakter hat das Wortfeld „Freude/sich freuen" im Kontext der Beschreibung des eschatologischen Heilszustandes (Mt 25,21; Joh 15,11; 16,20; Röm 14,17; 1 Petr 1,8; Offb 19,7). – Im Alten Testament finden sich weitere Analogien, allen voran 5 Mos 30,6-9: Die Umkehr des Volkes, letztlich von Jahwe selbst herbeigeführt („Beschneidung des Herzens", V.6), löst bei diesem Freude mit allen segensreichen Konsequenzen für Israel aus (V.9). Umkehr bzw. Beschneidung des Herzens läuft auf Gehorsam gegenüber der Tora hinaus (V.8). Von ethischen Konsequenzen ist in Lk 15 nicht die Rede. Weitere Sachanalogien sind Ez 18,23.32; 33,11 und 4 Esr 8,60, wenn hier auch nicht positiv von der Freude Gottes über die Umkehr des Sünders, sondern negativ vom Nichtgefallen an deren Tod die Rede ist (weiter vgl. Hos 11,9; Weish 1,13). Die Aussagen dienen dazu, Umkehr zu motivieren. – Die ‚Freude im Himmel vor den Engeln' ist vor dem Hintergrund der alttestamentlich-frühjüdischen Vorstellung vom himmlischen Thronsaal zu verstehen, vgl. Hi 1,6; 1 Kön 22,19-22; Jes 6,1 f.

– Die *Frau* ist im Alten Testament Metapher für Israel (Jer 3,3.20; 13,21 etc.) oder für die Weisheit (Spr 9,1-3; Weish 8,2-18 etc). Der Lk 15 am nächsten stehende Text ist Jes 49,15, in dem die Sorge Gottes um Zion mit der Sorge einer Frau um ihr Kind verglichen wird. Die Metaphorik ist in dieser Art singulär.

Ergebnis: Zu den Leitbegriffen in Lk 15,8-10 gibt es eine Reihe von Analogien im biblischen und außerbiblischen Schrifttum. Die Vorstellung, dass sich Gott der Verlorenen annimmt, ist weit verbreitet und hat meistens appellative Funktion (anders eventuell Ez 34). Das Verhalten Jesu, das in Lk 15 thematisiert wird, setzt diese Tradition fort. Die Freude Gottes über den bekehrten Sünder drückt sich im Allgemeinen verhaltener aus als in Lk 15 (Ausnahmen: Dtn 30,6-9; JosAs 15; Philo, Über die Tugenden 179). Dass Gott die Menschen (Verlorenen) sucht und findet, stellt nach dieser Analyse einen Rollentausch dar; damit ist das innovative Potenzial von Lk 15,8-10 bestimmt.

3. *Vergleich auf der Textebene sowie auf der thematischen Ebene und Ergebnis:*

Da es hier primär um eine Verhältnisbestimmung mit den Nachbargleichnissen geht, fällt dieser Schritt unter die Kompositionskritik. Alttestamentliche Prätexte zu Lk 15,8-10 gibt es nicht, Analogien im frühjüdischen Bereich sind im religionsgeschichtlichen Vergleich zu suchen (s. u.). Das innovative Potenzial des lukanischen Gleichnisses besteht in der extravagant anmutenden Bemühung Gottes um das „Verlorene" und in der ebenfalls extravagant erscheinenden Freude über den Erfolg dieser Suche. Das Gottesbild erhält dadurch eine Zuspitzung: Gottes innerstes Interesse gilt der Rückgewinnung der „Verlorenen".

4.5 Religionsgeschichtlicher Vergleich

1. *Vergleich unterhalb der Textebene:*

Zum Motiv *Freude, sich freuen (über den Sünder, der umkehrt)*: In der frühjüdischen Missionstheologie finden sich Texte, die Lk 15 durchaus vergleichbar sind (JosAs 15,9.11; 20 oder Philo, Über die Tugenden 179). – Zu nennen sind auch Aussagen, die Lk 15 zuwiderlaufen, wie äthHen 94,10 („Über euren [scil. der Gottlosen] Fall wird kein Erbarmen sein, und euer Schöpfer wird sich über euren Untergang freuen.“) und andere (4 Esr 7,131: keine Trauer über den Untergang der Gottlosen; Sir 12,1-12: Mahnung, Gottlosen nicht zu helfen; Offb 18,20; 19,1 f.: himmlische Freude über den Untergang Babels). Die gegenläufige inhaltliche Tendenz erklärt sich aus der gegenläufigen Zielsetzung: Die Frommen sollen sich von den Gottlosen distanzieren und ihren Weg konsequent weitergehen. – Der Aufruf zur Mitfreude findet sich neben Lk 15, 1-32 nur bei Philo, Über die Tugenden 179 (Aufruf, sich über Neubekehrte mitzufreuen). Das Ergebnis der traditionsgeschichtlichen Analyse (die Vorstellung, dass Gott die Menschen (Verlorenen) sucht und findet, stellt einen Rollentausch dar) bestätigt sich anhand der frühjüdischen Texte. Außerdem wird deutlich, dass Lk 15,8-10 im Kontext frühjüdischer Missionsliteratur zu verstehen ist.

2. *Vergleich auf der Textebene sowie auf der thematischen Ebene und Ergebnis:*

a) *Josef und Aseneth 15,7f.* ist kein Gleichnis. Die Vergleichsebene ist das Thema Umkehr. Wie in Lk 15 wird der hohe Stellenwert betont, den die Umkehr (gr. metánoia, hier personifiziert als Fürsprecherin der bekehrungswilligen Aseneth) bei Gott und den Engeln hat. Der Text ist eine Motivation für Nichtjuden, den entscheidenden Schritt zum Judentum zu tun. b) *Midrasch zum Hohenlied (HldR) 1,9* (6.–8. Jh.): Bildfeld und gleichnishafte Form sind gemeinsam. Unterschiede bestehen in der Basisstruktur: Im ersten Gleichnis des Midraschtextes ist der Kontrast zwischen dem Wert des Verlorenen (groß) und dem des Suchwerkzeugs (gering) ausschlaggebend. Das zweite Gleichnis steht Lk 15 strukturell etwas näher: Auch hier ist der Kontrast zwischen geringem Wert des Verlorenen und hohem, aber lohnendem Suchaufwand leitend. Die Thematik differiert jedoch (Midrasch-Gleichnisse: lohnenswerte Suche nach den Schätzen der Tora). Lk 15,8-10 ist von beiden Gleichnissen gleich weit entfernt, da es nach der Logik der Erzählform (Suggestivfrage!) die Angemessenheit des Suchaufwands betont. Außerdem sprechen die rabbinischen Gleichnisse nicht von der Freude des Wiederfindens, sondern vom Lohn des Suchens.

Es gibt zu Lk 15,8-10 Analogien im frühjüdischen Bereich. Das innovative Potenzial des lukanischen Gleichnisses besteht in der extravagant anmutenden Bemühung Gottes um das „Verlorene" und in der ebenfalls extravagant erscheinenden Freude über den Erfolg dieser Suche. Das Gottesbild erhält dadurch eine Zuspitzung: Gottes innerstes Interesse gilt der Rückgewinnung der „Verlorenen".

4.6 Ermittlung der ‚Sache' und der sachbezogenen Pointe:

Zu vergleichen sind Bildfeld, Thema, Basisstruktur und Funktion von Lk 15,8-10 mit anderen Texten. Es kommen die kontextuellen Gleichnisse in Lk 15, aber auch andere Texte in Betracht:

1. *Kompositionskritik:*

a) *Lk 15,3-7:* Beide Gleichnisse (verlorenes Schaf, verlorene Drachme) sind im Gegensatz zum „verlorenen Sohn" besprechende Gleichnisse. Durch die Formulierung als suggestive Frage („wer unter euch ...?") wird der besprochene Vorgang als plausibles, typisches Geschehen charakterisiert. Der mögliche Eindruck von Unverhältnismäßigkeit von Verlust und Aufwand wird ignoriert. Den Adressaten wird die Sicht des Gleichnisses als selbstverständliche Sichtweise suggeriert, die mögliche Gegenerfahrung wird unterdrückt. Der Unterschied liegt im Bildfeld: Während das erste Bildfeld (Schafe, Hirte) religiös konnotiert ist (Ez 34; Ps 23; Joh 10 usw.), ist es das zweite nicht. Das Moment des Risikos, das bei der Suche für die nicht verlorenen Schafe besteht, fehlt im zweiten Gleichnis. Ansonsten sind die beiden Gleichnisse analog.

b) Im Gegenüber zu *Lk 15,11-32* gibt es auch einen sachlich-theologischen Unterschied: Das Nebeneinander von V.3–10 einerseits, und V.11–32 andererseits macht die Dialektik im Bekehrungsvorgang deutlich: Während in den ersten beiden Gleichnissen die Initiative von Gott ausgeht, geht sie in der Parabel vom Sünder aus. In der Gesamtsicht geht es beim Vorgang der Umkehr, der Rettung des Sünders um ein aufeinander-Zugehen, um ein gegenseitiges Suchen und Finden.

2. Weitere Redaktionskritik:
ad a) Das kontextuelle Thema des Gleichnisses ist die himmlische Freude. Auf sie wird das Gleichnis in V.10 bezogen, auf sie ist auch das nachfolgende Gleichnis vom verlorenen Sohn (Lk 15,11-32) bezogen. Die drei Gleichnisse vom Verlorenen finden in der Verärgerung der Gegner Jesu über dessen Umgang mit den Sündern ihren situativen Anlass (Lk 15,1 f.). Stichwörter sind hier „Sünder" (V.3–10) und „essen" (V.1f. und 11–32). Das heißt, die drei Gleichnisse sollen Jesu Verhalten rechtfertigen und den Ärger der Gegner als falsche Reaktion erweisen (Spiel mit konkurrierenden Erfahrungen und Verhaltensnormen). Das Hauptgewicht in der Argumentation liegt auf dem letzten, längsten Gleichnis. Die Erzählung von Alltagsvorgängen dient der nachhaltigen Plausibilisierung der geforderten Mitfreude, die Parabel am Schluss der Infragestellung alltäglicher, „normaler" Denk- und Verhaltensweisen.

ad b) Der theo-logische Aspekt der ‚Sache' des Drachmengleichnisses ist durch die Freude Gottes und der Engel über die Umkehr jedes einzelnen Sünders vorgegeben. Der christologische Aspekt der ‚Sache' ergibt sich aus der Hinwendung Jesu zu den Sündern: Jesu Verhalten illustriert die Freude Gottes über die Umkehr der Sünder. Der eschatologische Aspekt der ‚Sache' betrifft die Gegenwart als messianische Zeit: Jetzt ist die Zeit, in der sich Gott in Gestalt seines Messias den Verlorenen zuwendet (vgl. Lk 19,10; 1,52f.). Der ethische Aspekt der ‚Sache' ergibt sich aus dem doppelten Appell in Lk 15,24.30: Gefordert ist die Mitfreude über die Rettung des verloren Geglaubten. Auch die Erfahrung, dass sich intensives Warten und Suchen lohnt, kann als indirekter Handlungsappell gedeutet werden.

3. Die sachbezogene Pointe
ad c) Die sachbezogene Pointe kann so oder ähnlich formuliert werden: „Es ist Gottes höchstes Ziel, jeden einzelnen Sünder wiederzugewinnen. Wenn es gelingt, ist seine Freude so groß, dass sie den ganzen Himmel ausfüllt." Im Unterschied zur Anwendung V.10, die nur das Endergebnis benennt, ist in dieser Formulierung der Suchvorgang als konstitutives Moment des Gleichnisses berücksichtigt.

Teil II: Fabeln und Parabeln in Literaturwissenschaft und -didaktik

Irmgard Nickel-Bacon

Fabeln und Parabeln werden in Literaturwissenschaft und -didaktik dem Bereich der gleichnishaften Kurzprosa zugeordnet. Sie unterscheiden sich von anderen Kurzprosagattungen (wie etwa der Kurzgeschichte) dadurch, dass sie sich nicht unmittelbar auf Wirklichkeit beziehen, sondern indirekt auf sie abzielen. Die erzählten Figuren, Konflikte und Lösungen erscheinen eher unwahrscheinlich und fordern dadurch zur Übertragung auf reale Verhältnisse auf. Neben der Indirektheit des Wirklichkeitsbezugs ist daher die Deutungsbedürftigkeit charakteristisch für parabolische Textsorten, die besondere Anforderungen an den Rezeptionsprozess stellen. Treffend spricht Zymner von der „Appellstruktur“ (Zymner 1991, 62), die solche Texte kennzeichnet. Insgesamt lassen sich drei Forschungsstränge unterscheiden. Die beiden ersten widmen sich schwerpunktmäßig

1. der Fabel sowie der geschlossen-lehrhaften Parabel
2. der modernen Parabel und der Frage möglicher Vorläufer.

Sie sind primär literaturhistorisch motiviert. Der dritte Forschungsstrang ist primär literaturtheoretisch fundiert und umgreift

3. die geschlossen-lehrhafte sowie die moderne Parabel, die als mögliche Untergattungen der Textsorte betrachtet werden können.

Bereits in dieser knappen Übersicht zeigt sich, dass Fabeln der lehrhaften Parabolik zugeordnet werden können, während bei Parabeln eine lehrhaft-geschlossene von einer modernen Untergattung zu unterscheiden ist. Im Folgenden werden die drei Forschungsstränge dargestellt und an prototypischen Fallbeispielen erläutert. Anschließend werden didaktische Implikationen und Modelle skizziert.

5. Lehrhafte Parabolik: Fundierung in der Fabeltradition

> „Fabel, Parabel und Gleichnis sind drei Namen für eine Sprachform, die man als parabolische oder gleichnishafte Rede bezeichnen kann. Um ihre Struktur zu erkennen, muß man sie zunächst abgrenzen gegenüber der allegorischen Rede, mit der sie oft verwechselt wird."
> (Dithmar 1970, 11)

Mit dieser Definition legt Dithmar bereits 1970 einen Gattungsbegriff vor, dem er Fabel, Parabel und Gleichnis als Untergattungen zuordnet (vgl. auch Dithmar 1988; 1995). Sie basiert auf einer Ähnlichkeit der Funktion sowie der Rezeptionsanforderungen und betrachtet Unterschiede in einzelnen Textmerkmalen, z. B. dem Figural, als sekundär. Dabei impliziert die Funktion der Gleichnishaftigkeit, dass das Gesagte nicht das Gemeinte ist, sondern auf einen textexternen, aber strukturanalogen Problembereich übertragen sein will:

> „Menschliche Denkarten, Verhaltensweisen und zwischenmenschliche Beziehungen werden gleichnishaft veranschaulicht. Wir unterscheiden den Grundbereich und den Vergleichsbereich – mit den Termini der antiken Poetik: das comparatum und das comparandum – oder sprechen von Sachhälfte und Bildhälfte. Die beiden Bereiche sind bisweilen durch Vergleichspartikel ‚so – wie' verbunden."
> (Dithmar 1970, 11)

In der Parabelforschung wird die erzählte Geschichte auch als „Bildebene", der gemeinte Wirklichkeitsbereich als „Sachebene" (vgl. Schrader 1980, 147) bezeichnet. Die meisten Forscher wenden sich gegen eine allegorisierende Auslegung[1] parabolischer Rede und stellen sich in die Tradition Jülichers (s. o. 1.1). Während sich die Allegorie nach Dithmar an einen kleinen Kreis Eingeweihter richtet, der sie auf der Basis von Vorwissen Detail für Detail zu entschlüsseln versteht, gehe es „in der parabolischen Rede nicht um

1 Die Definition der Fabel als „eine ‚transparente' und zugleich mehrdeutige Allegorie", wie sie sich bei Lindner (1978 a, 26) und in der Folge auch bei Coenen (2000, 15) findet, konnte sich nicht allgemein durchsetzen.

eine Reihe von Ähnlichkeiten, die man einzeln deuten muss, sondern um die zentrale Aussage, um das sogenannte tertium comparationis“ (Dithmar 1970, 13). Dieser Position stimmt auch Doderer zu, wenn er in Bezug auf die Fabel erläutert:

> „Wer erkennen will, was eine Fabel lehren kann, der muß auch ihre poetische Substanz ernst nehmen. Denn erst die Struktur des Erzählfeldes und der agierenden Figuren zeigt uns die Ebene, auf der sich die Lehren vollziehen lassen.“
>
> (Doderer 1970, 100)

Literaturtheoretisch werden in diesem Verständnis Fabel und Parabel als Untergattungen des gleichnishaften (oder parabolischen) Erzählens und zugleich als poetische Texte betrachtet. Dies ist nicht selbstverständlich, denn noch in der Antike waren Fabeln nicht der Poetik zugeordnet, sondern der Rhetorik (vgl. Aristoteles 1980). Literaturhistorisch geht die Fabel der Parabel voraus, daher soll zunächst die Fabeltradition näher betrachtet werden.

5.1 Funktionalisierung und Kürze: Die aesopische Fabel

Die Fabel bezeichnet nach diesem Verständnis eine in Prosa oder in Versen verfasste kurze Erzählung mit belehrender Absicht, in der vor allem Tiere, aber auch Pflanzen oder Gegenstände mit menschlichen Eigenschaften ausgestattet sind und intentional handeln. Das anthropomorphisierte Figural, das die Fabel mit Tierepos und Tiermärchen (vgl. Leibfried 1984, 17) gemeinsam hat, unterscheidet die Fabel von der Parabel (vgl. ebd., 18; Zymner 1991, 101). Alleinstellungsmerkmal ist die besondere Dramatik der Fabelhandlung, die aus heuristischen Gründen auch als Bildebene bezeichnet wird. Sie zielt auf eine Pointe ab, die auf textexterne Realitäten (Sachebene) verweisen soll. Häufig schließt eine explizite Lehre an. Als Ursprung der prototypischen Fabel betrachten schon Luther (vgl. Luther 2010, 157 ff.) und Lessing (vgl. Lessing 1967, 67) die aesopische Fabel, wobei der Sklave Aesop, der wegen seines großen erzählerischen Talents von seinem Herrn freigelassen worden sein soll, eher als Konstrukt[2] denn als reale Person verstanden wird. Neben Aesop gelten Phaedrus sowie der Römer Babrios als die wichtigsten Fabeldichter des Altertums. Dabei war es vermutlich Babrios, der „erstmals in der Geschichte der antiken Literatur ein aus Versfabeln bestehendes Gedichtbuch verfaßte" (Holzberg 2001, 43).

Nach Dithmar besteht der typische Aufbau der Fabeln aesopischer Tradition aus *Pro-* oder *Epimythion,* einem voran- oder nachgestellten Lehrsatz, die auf einen textexternen Sachverhalt verweisen (vgl. Dithmar 1988, 214), sowie der Fabelhandlung selbst, die neben einer knapp skizzierten Ausgangssituation folgende Elemente (vgl. ebd., 192 ff.) umfasst:

- Auslösen der Handlung: *actio*
- Reaktion des Betroffenen: *reactio*
- Ergebnis der Handlung: *eventus*

Diese fabeltypische Grundstruktur bleibt über viele Jahrhunderte erhalten, allerdings gibt es Epochen, wie etwa den französischen Klassizismus, in denen sie durch ausgiebige Schilderungen der Umstände und kunstvolle Verse ausgeschmückt wird. La Fontaine trägt zu einer gattungsuntypischen Ästhetisierung der Fabel bei, indem er in scheinbar leichtem Plauderton, der tatsächlich dem artifiziellen Stil des Klassizismus folgt, die Wertvorstellungen der „honnêteté" vertritt, also „übertriebenen Geiz oder falsche Geltungssucht" (Lindner 1978 b, 1063) der Lächerlichkeit preisgibt. Diese Umwertung des Verhältnisses von Unterhaltung und Belehrung kritisiert der Aufklärer Lessing und mahnt, zur gebotenen Kürze und Pointierung zurückzukehren:

> „Wenn ich mir einer moralischen Wahrheit durch die Fabel bewußt werden soll, so muß ich die Fabel auf einmal übersehen können; und um sie auf einmal übersehen zu können, muß sie so kurz sein als möglich. Alle Zieraten aber sind dieser Kürze entgegen [...]."
>
> (Lessing 1967, 136)

---

2 Vgl. neben Luther 2010 auch Lessing 1967, 131; Lindner 1978 a, 34 ff.; Coenen 2000, 11.

In Lessings Fabeltheorie wird die didaktische Gebrauchsfunktion erneut zum gattungsbestimmenden Fundament, die Form soll dieser Funktion untergeordnet sein. Lessing legitimiert diese Zweckorientierung in seinen *Abhandlungen* zum einen durch Rückgriff auf Aristoteles und zum anderen durch das Prinzip der anschauenden Erkenntnis (vgl. ebd., 100 ff.), das die Vermittlung von Besonderem und Allgemeinem fordert. Gerade die konsequente Unterordnung der fiktiven Narration unter die moralische Belehrungsfunktion lässt Fabeln in der Aufklärungszeit als idealtypische Dichtung erscheinen. Mit unterschiedlichen Tendenzen im Einzelnen steigt die Fabel daher im 18. Jahrhundert zur „europäischen Zentralgattung" (Elm/Hasubek 1994, 11) auf, die die Emanzipation aus ‚selbstverschuldeter Unmündigkeit' (Kant) ermöglichen soll und daher zugleich einen Höhepunkt an Ausgestaltungsvielfalt erlebt. Quantitativ spielt die Parabel zunächst eine untergeordnete Rolle gegenüber der Fabel. Lessing betrachtet sie als Untergattung der Fabel (vgl. Lessing 1967, 99), verwendet allerdings den Fabelbegriff analog zum heutigen Verständnis des Parabolischen und bringt seine Poetologie 1759 in einer Parabel zum Ausdruck:

> „Ein Mann hatte einen trefflichen Bogen von Ebenholz, mit dem er sehr weit und sehr sicher schoss, und den er ungemein wert hielt. Einst aber, als er ihn aufmerksam betrachtete, sprach er: Ein wenig plump bist du doch! Alle deine Zierde ist die Glätte. Schade! – Doch dem ist abzuhelfen, fiel ihm ein. Ich will hingehen und den besten Künstler Bilder in den Bogen schnitzen lassen. – Er ging hin; und der Künstler schnitzte eine ganze Jagd auf den Bogen; und was hätte sich besser auf einen Bogen geschickt, als eine Jagd?
> Der Mann war voller Freuden. ‚Du verdienst diese Zieraten, mein lieber Bogen!' – Indem will er ihn versuchen; er spannt, und der Bogen – zerbricht."
>
> (Lessing 1967, 44; → Materialteil 2.3)

Die Metaphorik der Waffe ist ebenso kennzeichnend wie deren zentrale Funktion, ihr Ziel punktgenau zu erreichen. Dem lehrhaften Zweck soll die Gestaltung untergeordnet sein. Wie der Bogen, so zielen Fabeln (und Parabeln) auf Realität, ohne sie mimetisch darzustellen (vgl. Schrader 1980, 144 f.). Fabel und Parabel gelten daher nach Schrader im Unterschied zu anderer

Kurzprosa als amimetische Gattungen (vgl. ebd.). Dass sie dennoch auf Wirklichkeit zielen, die Parabel vom *Besitzer des Bogens* etwa als poetologisches Manifest zu lesen ist, zeigt ein Kommentar Lessings über seinen Widersacher La Fontaine:

> „Ihm gelang es, die Fabel zu einem anmuthigen Spielwerke zu machen; er bezauberte. [...] Freilich geht es dem *La Fontaine* und allen seinen Nachahmern wie meinem *Manne mit dem Bogen*."
>
> (Lessing 1967, 135; 137)

Der auf moralische Belehrung abzielenden Kürze ist nach Lessing auch der Einsatz von Tieren als bevorzugten Akteuren der Fabel geschuldet. Sie unterstützen den antithetischen Aufbau durch eine Typisierung, die der kulturellen Tradition entsprechend gestaltet ist. Nach Dithmar (vgl. Dithmar 1988, 199) stimmt diese nicht immer mit naturwissenschaftlichen Erkenntnissen überein – man denke etwa an das Motiv des eitlen, aber einfältigen Raben (→Materialteil 2.1–2.2), wie ihn neben Luther (vgl. Luther 2010, 53) auch Lessing (vgl. Lessing 1967, 34 f.) darstellt. Entsprechend den jeweiligen Intentionen „wird kein Charakter gezeigt und kein Typus, sondern das Abbild einer bestimmten menschlichen Verhaltensweise" (Dithmar 1988, 200). Die anthropomorphisierten Figuren der Fabel sind insofern typisierte Stellvertreter, Doderer bezeichnet sie als „außengesteuerte Konturwesen" (Doderer 1970, 60). Bestimmt wird ihr Verhalten durch die Auseinandersetzung mit einer komplementär angelegten „Kontrastfigur" (ebd., 80), eine Grundkonstellation, die gesellschaftliche Konflikte in der Menschenwelt veranschaulichen soll. Die auf eine Lehre hin konstruierte Fiktion fordert zur Übertragung der gewonnenen Erkenntnis in die (textexterne) Wirklichkeit auf.

5.2 Lehrhaftigkeit als Fundament

Wegen der spezifischen Intention, auf textexterne Sachverhalte zu verweisen, betrachtete Aristoteles die Fabel als ein in der Rede gebräuchliches Beweismittel zu den Exempla im Bereich der Rhetorik: Ihre primäre Funktion ist eine appellative. Die Indirektheit parabolischer Rede erklärt auch, weshalb sie literaturhistorisch vor allem in den Epochen virulent war, in denen Abhängigkeit und Unterdrückung herrschten. Dies gilt vor allem für die Tierfabeln, die einem Sklaven namens Aesop in den Mund gelegt werden, ebenso für Phaedrus, der diese Gattung in Rom einführte. In der aesopischen Tradition ist ihre Wirkungsabsicht fundamental für die Textgestaltung:

> „Die Fabel will nun einmal belehren, sie will eine Lebensweisheit veranschaulichen, sie hat die Absicht, die Wahrheit zu vermitteln."
> (Doderer 1970, 95)

In dieser Funktion war sie auch interessant für den Reformator Luther, der mit ihr nicht nur Kinder und Jugendliche, sondern auch die „großen Fürsten und Herrn" zur Wahrheit zu „betriegen" (Luther 2010, 159) suchte. In der höfischen Kultur wird die Belehrungsfunktion dagegen abgeschwächt und die Fabel in kunstvolle Verse gekleidet, die einer heiter-ironischen Dichtkunst entsprechen. Die *Fables choisies mises en vers* von La Fontaine stehen prototypisch für eine Ästhetisierung der Gattung im Rahmen der klassizistischen Regelpoetik:

> „Scheinbar ganz dem natürlichen Redefluss des Erzählers folgend, entfaltet sich in dieser Fabeldichtung in Wahrheit das Spektrum der zeitgenössischen Verskunst in seiner ganzen Breite."
> (Lindner 1978 b, 1057)

Grundsätzlich variiert die Fabel zwischen Tendenzen zur Anpassung an die bestehenden Verhältnisse, die dem bloßen Überleben geschuldet sind, und der Auflehnung gegen gesellschaftliche Ungerechtigkeit. Dies gilt auch für die Aufklärungszeit, in der Gellert mit seinen *Fabeln und Erzählungen* Verhaltensanforderungen innerhalb der gegebenen Verhältnisse zu vermitteln sucht, während Lessing antiabsolutistische Tendenzen vertritt. Ob Affirmation bestehender Verhältnisse oder gesellschaftlicher Widerstand, in jedem Fall soll die Fabel der Aufklärungszeit einen Einstellungswandel vermitteln, der vornehmlich durch Einsicht in die Pointe des demonstrierten Falles erreicht wird.

Unterschiedliche Funktionsbestimmungen der Fabel erklären die Variation vorhandener Fabelmotive (→Materialteil 2.1–2.2; 2.5 – 2.8) ebenso wie unterschiedliche programmatische Festlegungen durch die Autoren. Zwar besteht in der Aufklärungszeit allgemeine Einigkeit darüber, dass die Fabel sich in besonderer Weise eigne, das Horazsche Prinzip des ‚prodesse et delectare' einzulösen, jedoch wird das Verhältnis von Vergnügen und Nutzen unterschiedlich beschrieben. Wenn Gellert auf die Frage „Was eine Fabel sey?" schreibt: „Eine gute Fabel nutzt indem sie vergnügt" (Dithmar 1980, 139), so gewichtet er den Unterhaltungscharakter stärker als die Belehrungsfunktion und stellt sich damit in die Tradition der unterhaltsam poetisierenden Fabel in der Folge La Fontaines. Dagegen dominiert bei Lessing die Belehrungsfunktion auch im Sinne eines politischen Engagements. Er setzt seine Fabeln im Kampf gegen die Privilegien des Adels ein und für den Abbau von Standesschranken. Bei ihrer Schärfung zur Waffe (s. o. 5.1) erscheint ihm nicht nur Kürze als „die Seele der Fabel" (Lessing 1967, 132), sondern auch Schmucklosigkeit. Möglichst einfach solle sie sein, ganz „ohne Zieraten und Figuren, mit der einzigen Deutlichkeit zufrieden sein" (ebd., 134). Seine Poetologie setzt er offensiv gegen die an La Fontaine geschulte Schreibweise seiner Zeitgenossen ab. Zur Legitimation gibt er seine antiken Vorbilder präzise an (vgl. ebd., 12 ff.) und signalisiert damit auch einen hohen intellektuellen Anspruch. Die Ernsthaftigkeit der Gattung unterstreicht er ausdrücklich durch den Verzicht auf lyrische Elemente:

> „Er schrieb nach anfänglichen gereimten Versuchen eine epigrammatische Kurzprosa, ließ zumeist die Lehrsätze weg und spitzte die Pointe intellektuell zu. Seine antiken Quellen gibt er sorgfältig an. Lessings Fabeln sind eine Spitzenleistung der Fabelliteratur des 18. Jahrhunderts."
>
> (Doderer 1970, 304)

Damit treten alle ästhetischen Ausschmückungen in den Hintergrund, die Wirkungsabsicht dominiert. Exemplarisch sei Lessings Variante von *Der Rabe und der Fuchs* (→ Materialteil 2.2) zitiert: „Ein Rabe trug ein Stück vergiftetes Fleisch, das der erzürnte Gärtner für die Katzen seines Nachbarn hingeworfen hatte, in seinen Klauen fort" (Lessing 1967, 34). Die knappe Exposition zeigt eine entscheidende Änderung gegenüber der zu seiner Zeit bekannten Tradition von Babrios (vgl. Dithmar 1995, 108), Phaedrus (vgl. ebd., 112) und La Fontaine (vgl. ebd., 200 f.) an, in die sich auch Luthers Fabelvariante (vgl. Luther 2010, 53; → Materialteil 2.1) einreiht. Durch den Austausch eines Requisits (vgl. Leibfried 1982, 78) ändert Lessing das Ergebnis der Handlung ganz entscheidend: Anders als bei seinen Vorgängern wird der listige Fuchs am Ende bestraft – „verreckte" er doch an der erschmeichelten Beute. Im Epimythion verweist der Autor explizit auf eine konkrete gesellschaftliche Gruppe:

> „Möchtet ihr euch nie etwas anders als Gift erloben, verdammte Schmeichler!"
>
> (Lessing 1967, 35)

Ziel seines durchaus vehementen Angriffs ist der Habitus des schmeichlerischen Höflings, ein Phänomen seiner Zeit, keineswegs eine allgemein menschliche Schwäche. Die Zuspitzung auf intellektuelle Einsicht ist daher ebenso als innovativ zu betrachten wie der Bezug auf konkrete historische Umstände – und deren entschiedene Bekämpfung. Insofern gehen gattungsspezifische Innovation und gesellschaftsverändernde Intention Hand in Hand.

Lessings gesellschaftskritisch fundierter Purismus wird seinerseits in Frage gestellt durch romantische Dichtungstheorien, insbesondere 1768 durch Herder und 1838 durch Jacob Grimm (vgl. Dithmar 1980, 153f.; 168). Beide Autoren bemühen sich um eine neuerliche Ästhetisierung der Fabel und deren Stilisierung zur Volksliteratur. Tatsächlich aber sind diese Neugestaltungen der Fabeltradition nicht nur begleitet von ihrem „Absinken [...] zur Kinderdichtung" (Braak 1972, 164), sondern vor allem durch den deutlichen Rückgang der Fabelproduktion im 19. Jahrhundert. In dieser Zeit treten die lehrhaften Formen der Dichtung zurück (vgl. Leibfried 1984, 72), zugleich entstehen neue Untergattungen der Tierdichtung, die andere Gattungstraditionen integrieren, wie etwa moralische Erzählungen (vgl. Hey 1987) oder Märchen. In dessen animistischen Weltbild wird das Tier „zur Person, zum Menschen erklärt" (Leibfried 1984, 8). Damit tritt die gleichnishafte Funktion deutlich in den Hintergrund, sprechende Tiere erscheinen in einer naturmagischen Sichtweise z. B. als Helfer des Märchenhelden. Wie das Tiermärchen verzichtet auch das Tierepos des 19. Jahrhunderts weitgehend auf Belehrung, eine Mischform stellt hingegen das Fabelmärchen (→ Materialteil 2.8) dar.

Im 20. Jahrhundert wird die Fabel zunehmend selbstreflexiv. Ironisch spielt sie mit dem Wissen des Lesers um die Gattung und setzt seine Kenntnis der Fabeltradition voraus. Als Beispiel ist hier Helmut Arntzen zu nennen, dessen Variante der *Grille und Ameise* (→ Materialteil 2.7) die Antithetik auf ein Minimum verkürzt, indem sie mit einer einzigen Rede und Gegenrede auskommt:

> „Was Singen und Arbeiten betrifft, so habe ich schon deiner Mutter gute Ratschläge gegeben, sagte die Ameise zur Grille im Oktober. Ich weiß, zirpte die, aber Ratschläge für Ameisen."
>
> (Dithmar 1995, 332)

Nicht mehr die moralische oder gar politische Belehrung ist hier die Funktion, sondern die Infragestellung tradierter Normen durch intertextuelle Anspielungen, die die Kenntnis anderer Varianten dieser Figurenkonstellation (→ Materialteil 2.5) voraussetzt. Zugleich werden auch hier Innovationen fortgeschrieben, die auf Lessing zurückgehen: gezielte Änderungen in den Vorlagen (vgl. Coenen 2000, 225) und das noch weit über Lessings Poetologie hinausgehende Prinzip der Verknappung. Durch solche Pointierung wird die selbstreflexive Fabel zur Denkfigur, indem sie die Tradition zitiert und zugleich ironisiert. Die komische Tradition der Gattung (vgl. ebd., 31) wird damit ebenso verstärkt wie das intellektuelle Vergnügen. Die Tendenz zur Selbstreflexivität zeigt sich im fortgeschrittenen 20. Jahrhundert auch darin, dass in der Kinderliteratur traditionelle Fabelmotive aufgegriffen und narrativ breiter ausgestaltet werden. So erweitert etwa Janosch 1985 in *Die Fiedelgrille und der Maulwurf* (→ Materialteil 2.8) das tradierte Motiv von der fleißigen Ameise und der leichtsinnigen Grille zu einem Fabelmärchen, in dem die Grille als brotlose Künstlerin erscheint. An Stelle der Ameise fungieren Maus und Hirschkäfer als ihre spießbürgerlichen Kontrahenten ohne jegliches Kunstverständnis, während der nahezu blinde Maulwurf ihre Fähigkeiten zu genießen weiß. Während dem kundigen Erwachsenen die Umdeutung der Fabeltradition von Babrios bis La Fontaine Vergnügen bereitet, insbesondere auch die erotischen Anspielungen in den Illustrationen, genießen Kinder den Text als Geschichte über Freundschaft und Toleranz, bei der am Ende alles gut ist. So wird die zur „Fiedelgrille" umbenannte

Fabelfigur nicht nur zur leichtlebigen, aber etwas weltfremden Künstlerin, sondern auch zu einer Märchenheldin, die im märchentypischen Dreischritt Herausforderungen erfolgreich zu bewältigen versteht (vgl. Nickel-Bacon 2012a).

5.3 Gattungsbildende Wirkung

Fortgeführt wurde die Intellektualisierung der Fabel in den gesellschaftskritischen Parabeln des 20. Jahrhunderts. Gerade den auf rationale Einsicht zielenden Handlungsaufbau, der gewohnte Denkmuster durchkreuzt, greift ein Gesellschaftskritiker wie Bertolt Brecht in seinen *Geschichten vom Herrn Keuner* sichtbar auf, um seinerseits gattungsbildend für die Parabeln der DDR-Literatur zu wirken. Denn ebenso wie Lessings scharfe Pointen zielt Brechts „Verfremdungs-Effekt“ (Brecht 1967.15, 361 f.; 364) auf die Verstandestätigkeit (vgl. ebd., 132). Seine Nähe zu Lessings Fabelverständnis zeigt sich besonders in der poetologischen Keuner-Geschichte *Form und Stoff*:

> „Herr K. betrachtete ein Gemälde, das einigen Gegenständen eine sehr eigenwillige Form verlieh. Er sagte: ‚Einigen Künstlern geht es, wenn sie die Welt betrachten, wie vielen Philosophen. Bei der Bemühung um die Form geht der Stoff verloren. Ich arbeitete einmal bei einem Gärtner. Er händigte mir eine Gartenschere aus und hieß mich einen Lorbeerbaum beschneiden. Der Baum stand in einem Topf und wurde zu Festlichkeiten ausgeliehen. Dazu mußte er die Form einer Kugel haben. Ich begann sogleich mit dem Abschneiden der wilden Triebe, aber wie sehr ich mich auch mühte, die Kugelform zu erreichen, es wollte mir lange nicht gelingen. Einmal hatte ich auf der einen, einmal auf der anderen Seite zu viel weggestutzt. Als es endlich eine Kugel geworden war, war die Kugel sehr klein. Der Gärtner sagte enttäuscht: ‚Gut, das ist die Kugel, aber wo ist der Lorbeer?‘“
>
> (Brecht 2006, 101; → Materialteil 2.4)

Auch für Brecht ist der Bezug auf außerliterarische soziale Gegebenheiten primär, sie verleihen seiner in Sartres Sinne engagierten Literatur in erster Linie Sinn. Formale Aspekte haben dienende Funktion. So weist etwa die Verwendung der Ich-Form darauf hin, dass sich Herr K. als Alter Ego des Autors selbst als Lernender versteht. Nicht Ästhetisierung, sondern Prägnanz in der Gestaltung der exemplarischen Handlungsdynamik ist das Ziel. In dieser Hinsicht kann Lessing als ein wichtiger Vorläufer betrachtet werden. Denn auch Brecht benutzt an anderer Stelle die Metaphorik von der Kunst als Waffe:

> „Wer heute die Lüge und Unwissenheit bekämpfen und die Wahrheit schreiben will, hat zumindest fünf Schwierigkeiten zu überwinden. Er muss den *Mut haben,* die Wahrheit zu schreiben, obwohl sie allenthalben unterdrückt wird; die *Klugheit*, sie zu erkennen, obwohl sie allenthalben verhüllt wird; die *Kunst*, sie handhabbar zu machen als eine Waffe; das *Urteil*, jene auszuwählen, in deren Händen sie wirksam wird; die *List*, sie unter diesen zu verbreiten."
>
> (Brecht 1967.18, 222)

Mit etwas anderen Akzenten hat auch für Brechts parabolische Dichtung der gesellschaftskritisch aufrüttelnde Bezug auf außerliterarische Realitäten oberste Priorität. Dieser Bezug verschärft sich mit dem Unrechtsregime der Nationalsozialisten, das er auch im Exil schreibend bekämpft:

> „Die Schwierigkeiten sind groß für die unter dem Faschismus Schreibenden, sie bestehen aber auch für die, welche verjagt wurden oder geflohen sind, ja sogar für solche, die in den Ländern der bürgerlichen Freiheit schreiben."
>
> (ebd.)

Entsprechend ähnelt sich die Militanz im Kampf gegen gesellschaftliche Unterdrückung, der „Stoff" ist auch Brecht wichtiger als die „Form". Allerdings verwendet er nicht sprechende Tiere, sondern typisierte und schablonenhaft verfremdete menschliche Charaktere, vor allem die Figur des wiederholt als „der Denkende" (Brecht 2006, 7; 16; 28) bezeichneten Herrn Keuner als wünschenswertes Modell.

In der Tradition von Lessings Weiterentwicklung der aesopischen Fabel stehen zahlreiche *Keuner-Geschichten* Bertolt Brechts als des prominentesten Vertreters der rhetorisch fundierten Parabel. In *Der hilflose Knabe* von 1932 (→Materialteil 2.9) soll die Geschichte eines weinenden Kindes den Umgang mit Unrechtserfahrungen anschaulich machen und einen Einstellungswandel bewirken.

Dafür nutzt Brecht den Aufbau der aesopischen Fabel, wie ihn etwa Dithmar (vgl. Dithmar 1988, 192f.) beschrieben hat. Ein Einleitungssatz fungiert als Promythion und verweist explizit auf einen textexternen Sachverhalt: „Herr K. sprach über die Unart, erlittenes Unrecht stillschweigend in sich hineinzufressen, und erzählte folgende Geschichte [...]“ (Brecht 2006, 62). Die Parabelhandlung beschränkt sich wie in der traditionellen Fabel auf Rede und Gegenrede:

actio:	Auslösen der Handlung durch den weinenden Knaben:
reactio:	Nachfragen des Herrn Keuner
eventus:	Nachdem der Knabe sich nicht wirksam zu wehren weiß, nimmt ihm Herr Keuner auch seinen letzten Groschen weg.

Das Verhalten eines zunächst verständnisvollen, den Jungen dann aber zusätzlich provozierenden Erwachsenen fordert zu Deutung und Übertragung auf einen externen Sachverhalt auf. Dabei kann der unerwartete, einen einfühlsamen Leser schockierende Handlungsverlauf auf der Bildebene als Hilfe zur Selbsthilfe, auf Sachebene als Aufruf zum Kampf gegen den Nationalsozialismus oder allgemeiner zum Klassenkampf gelesen werden. Das „hilflose“ Kind wird so zum Repräsentanten der Schwachen in der Bevölkerung, der Armen und Ausgebeuteten – oder, wie Brecht sagen würde: des Proletariats. Für die Belehrungsfunktion in Zeiten des aufsteigenden Nationalsozialismus nutzt Brecht die Außensicht auf typisierte Figuren, um gemeinte reale Gruppierungen zu repräsentieren und seine Sicht der sozialen Zusammenhänge zu veranschaulichen. Um diese lehrhafte Parabel auf ihr eigentliches Anliegen hin zu lesen, sind daher Vorkenntnisse über die Poetologie Brechts ebenso nötig wie Einsichten in den historischen Kontext.

Auch in der Nachkriegszeit wird die lehrhafte Parabel fortgeschrieben, beispielsweise bei Max Frisch. Die Parabel vom „andorranische[n] Juden“ (Frisch 1950, 32–34) aus dem Jahre 1946 steht ganz im Dienste der Vermittlung eines Problembewusstseins über Vorurteilsbildung und soziale Stigmatisierung. Der abstrakte Sachverhalt, auf den die Parabel zielt, wird zu Beginn explizit benannt als „das fertige Bildnis“, das den Protagonisten, der fälschlicherweise für einen Juden gehalten wird, „überall erwartet“:

> „In Andorra lebte ein junger Mann, den man für einen Juden hielt. Zu erzählen wäre die vermeintliche Geschichte seiner Herkunft, sein täglicher Umgang mit den Andorranern, die in ihm den Juden sehen: das fertige Bildnis, das ihn überall erwartet."
>
> (Frisch 1950, 32)

Mit dieser Exposition wird die Bedeutungsübertragung gelenkt und explizit abgesichert.

Zusammenfassend lassen sich Reduktionismus und Pointierung als die wesentlichen Kennzeichen der lehrhaften Parabeldichtung im 20. Jahrhundert nennen. Es dominiert die Außensicht auf Figuren, die typisiert und auf die erzählerische Intention hin stilisiert sind. Die kritisch-appellative Parabel folgt dem Prinzip der Zweckgerichtetheit (vgl. Dithmar 1988, 104), das der aesopischen Fabeltradition entstammt und von Lessing vehement bestätigt wurde. Hier wie in der gesellschaftskritisch-lehrhaften Parabel des 20. Jahrhunderts wird der (auf die Funktion hin möglichst knapp konstruierte) Inhalt über die Form gestellt.

6. Rätselhafte Parabolik: Der Bruch mit der Tradition in der modernen Parabel

Eine systematische Betrachtung des parabolischen Erzählens besteht über viele Jahrhunderte lediglich in poetologischen Reflexionen der Autoren. Erst Hegel entwickelt in seinen Vorlesungen zur Ästhetik einen dem heutigen Verständnis verwandten Parabelbegriff:

> „Die Parabel hat mit der Fabel die allgemeine Verwandtschaft, daß sie Begebenheiten aus dem Kreise des gewöhnlichen Lebens aufnimmt, denen sie aber eine höhere und allgemeinere Bedeutung mit dem Zwecke unterlegt, diese Bedeutung durch jenen, für sich betrachtet, alltäglichen Vorfall verständlich und anschaulich zu machen. Zugleich unterscheidet sie sich aber von der Fabel dadurch, daß sie dergleichen Vorfallenheiten nicht in der Natur und Tierwelt, sondern im menschlichen Tun und Treiben, wie es jedem als bekannt vor Augen steht, aufsucht und den erwählten einzelnen Fall, der seiner Partikularität nach zunächst geringfügig erscheint, zu einem allgemeineren Interesse durch Hindeutung auf eine höhere Bedeutung erweitert."
>
> (Hegel 1986, 501 f.)

Demnach unterscheiden sich Fabel und Parabel nicht hinsichtlich Struktur und Funktion, sondern nur in der Gestaltung der gleichnishaft zu verstehenden Figuren und Umstände.

Eine wissenschaftliche Betrachtung parabolischer Kurzprosa (vgl. Zymner 1991; Heydebrand 2007) setzt erst im 20. Jahrhundert ein, zumeist als Auseinandersetzung mit der modernen Form der Parabel. Während die Fabelproduktion im 19. und 20. Jahrhundert zurückgeht und tradierte Texte überwiegend als didaktische Gebrauchsliteratur und Schullektüre Verwendung finden (vgl. Doderer 1970, 307), entstehen mit Beginn des 20. Jahrhunderts neue Formen und Funktionen der verzichtenden Parabel. In starkem Kontrast zu den auf einen lehrhaften Zweck hin konstruierten Texten steht die „verrätselte Welt" (Wäsche 1976) der modernen Parabel, wie sie prototypisch bei Franz Kafka zu finden ist. Sehr viel prinzipieller noch als die selbstreflexive Fabel des 20. Jahrhunderts bricht sie mit der Gattungstradition (vgl. Emrich 1960; 1981), wenngleich sie das Prinzip des antithetischen Aufbaus beibehält. Paradigmatisches Beispiel für die Veränderungen des parabolischen Erzählens ist ein von Kafka 1922 unter dem Titel *Ein Kommentar* notierter Text (Kafka 1996, 462; → Materialteil 2.10), der in Parabelsammlungen wie schon in der Erstveröffentlichung durch Max Brod meist mit „Gibs auf!" (Poser 1978, 25; Billen 2001, 113; Müller/Wolff, 1982, 71) überschrieben ist. Ein erzähltes Ich befindet sich in Aufbruchstimmung auf dem Weg zum Bahnhof. Seine anfängliche Selbstgewissheit wird durch einen Außenreiz irritiert, durch die Inkongruenz von Innen und Außen fühlt es sich plötzlich verunsichert. Nun sucht das erlebende Ich Unterstützung im menschlichen Bereich: bei einem „Schutzmann" (ebd.), einer Autoritätsfigur, die Sicherheit verbürgen soll. Anstatt die erwartete Hilfe zu leisten, stürzt er den Hilfesuchenden vollends in Verwirrung. Ohne ihm den Weg zu weisen, hinterfragt er mit den Worten „Gibs auf! Gibs auf" (Kafka 1996, 462) dessen Anliegen und wendet sich lachend ab. Die innere Orientierung kollidiert mit dem Außen, dessen Ordnungsinstanzen (Turmuhr, Polizist) stehen zu ihr in Opposition. Aus der Perspektive des erzählten Ich erscheint die Welt nicht nur fremd und unverständlich, sondern regelrecht feindlich. Insofern ist die fabeltypische Antithetik etwas, das sich erst im Laufe der Erzählung konstituiert und zur wiederkehrenden Erfahrung wird. Die Pointe, als die die Reaktion des Schutzmanns anzusehen ist, bleibt rätselhaft und unverständlich. In jedem Fall brüskiert sie die Erwartungen des erzählten Ich – zwischen erzählter Innen- und erzählter Außenwelt klafft ein unüberbrückbarer Abgrund. Textintern ist diese Inkohärenz nicht aufzulösen, durchaus aber als Signal für Parabolik (vgl. Zymner 1991, 92 ff.) mit dem entsprechenden Deutungsappell zu verstehen.

Das Handlungsmuster, das sich von ursprünglicher Zielgewissheit zu zunehmender Verunsicherung bewegt, prägt unzählige Kafka-Texte. Die Opposition von innerem Impuls und abweisender Reaktion im Außen stellt gängige Orientierungsmuster in Frage. Die damit gemeinte existenzielle Dimension wird in besonders einprägsamer Dichte in dem posthum veröffentlichten Text *Eisenbahnreisende* ausgestaltet, der als Denkbild im Sinne Walter Benjamins gelten kann:

> „Wir sind, mit dem irdisch befleckten Auge gesehn, in der Situation von Eisenbahnreisenden, die in einem langen Tunnel verunglückt sind, und zwar an einer Stelle, wo man das Licht des Anfangs nicht mehr sieht, das Licht des Endes aber nur so winzig, daß der Blick es immerfort suchen muß und immerfort verliert, wobei Anfang und Ende nicht einmal sicher sind."
>
> (Kafka 1994, 54; → Materialteil 2.11)

Wirkt das Bild der verunglückten Menschen, die das sprichwörtliche „Licht am Ende des Tunnels" kaum wahrnehmen können, schon bedrückend, so wird dieser letzte Hoffnungsschimmer seinerseits in Frage gestellt durch die Unsicherheit über Anfang und Ende, Vergangenheit und Zukunft. Möglicherweise gehört der gerade noch zu erahnende Lichtblick der Vergangenheit an. Zugleich bleibt er der einzige Hoffnungsschimmer von größtmöglicher Ambivalenz. Auch hier stehen Einfachheit und Prägnanz des zentralen Bildes in merkwürdigem Gegensatz zur erzählten Situation, die auf einen existenziellen Zwiespalt von gegenläufigen Orientierungen verweist, der jegliche Belehrungsabsicht unterläuft.

In der Parabelforschung lassen sich für die systematisch verrätselte Parabel in der Tradition Kafkas unterschiedliche literaturgeschichtliche Begründungen feststellen.

6.1 Herleitung aus dem Maschal und dem modernen Weltbild

Wenngleich Brettschneider eine Monographie zur „moderne[n] Parabel" vorlegt, vertritt auch er einen weiten Gattungsbegriff mit „einzelnen Möglichkeiten der Verwirklichung" (Brettschneider 1980, 10), zu denen er u. a. Fabel und Gleichnis zählt. Gemeinsam seien allen Untergattungen drei Merkmale:

1. „das uneigentliche, gleichnishafte Sagen"
2. die „Sprachform des Erzählens"

3. „die Notwendigkeit, das Erzählte als Beispiel aufzunehmen und aus ihm das Gemeinte herzuleiten, wobei dieser Prozeß der Übertragung vom Autor selbst durchgeführt, nur angedeutet oder ganz und gar dem Leser überlassen werden kann."
(Brettschneider 1980, 9f.)

Mit Kayser betrachtet er die Fabel als spezielle Form der Parabel, welche er folgendermaßen definiert:

> „Das griechische Wort parabole aus ballein = werfen und der Präposition para = daneben, jenseits wäre etwa mit ‚das eine für das andere setzen' zu übertragen. Es wurde zu einem Terminus der antiken Rhetorik und bedeutete dort eine Weise des Sprechens, die nicht im eigentlichen und wörtlichen Sinne verstanden werden soll, sondern in der Weise der Übertragung. Doch blieb der terminus durchaus allgemein und umfassend, Bild, Metapher, Katachrese, Vergleich, Gleichnis und Allegorie einschließend."
>
> (ebd., 10)

Als „Geschichte der deutschen Parabel" (ebd., 16) legt Brettschneider zunächst die Geschichte der Fabel bis zur Aufklärungszeit dar, um sodann deren Niedergang im 19. Jahrhundert zu konstatieren (vgl. ebd., 25). Mit Heselhaus und Miller hält er erst die moderne Parabel des 20. Jahrhunderts wieder für relevant (vgl. ebd.). Von der Parabel als „Kurzprosa mit ‚karge[m] Gerüst'" (ebd.) unterscheidet er die parabolische Dichtung. Da er das Parabolische als „‚Grundzug unserer Epoche'" (ebd., 26) betrachtet, differenziert er in der folgenden Untersuchung nicht zwischen parabolischer Kurzprosa, also der Parabel im engeren Sinne, und einer parabolischen Funktion von Novellen, Romanen oder Dramen. Diese Betrachtungsweise begründet er ausdrücklich damit, dass dem Parabolischen die äußere Form nicht wesentlich sei (vgl. ebd., 71f.).

Brettschneider unterscheidet also nicht zwischen der Gattung Parabel und parabolischen Lesarten, was zu Ungenauigkeiten, wenn nicht Widersprüchen führt. Neben dieser konzeptionellen Unschärfe findet sich eine zweite, die die behauptete literaturhistorische Kontinuität betrifft. Diese findet Brettschneider in

Kleists Essay *Über das Marionettentheater* begründet, der „als Ganzes wenn nicht eine Parabel, so doch eine parabolische Form" sei, da er „durch zwei eingefügte Parabeln das Gemeinte an konkreten Beispielen" (Brettschneider 1980, 24) darstelle. Diese wenig überzeugende Gattungszuordnung kompensiert Brettschneider mit dem Hinweis, dass diese „parabolische Form [...] das zentrale Problem im Leben und Dichten Kleists" (ebd.) zum Ausdruck bringe und damit Vorläufer der „parabolischen Formen in der Dichtung der Gegenwart, insbesondere Franz Kafkas" (ebd.) sei. Als eigentliche Gemeinsamkeit betrachtet er offenbar die existenzielle Dimension, unabhängig von der Textform. Völlig zu Recht kritisiert Durzak (vgl. Durzak 2000, 31 f.) die mangelnde Berücksichtigung formaler Merkmale. Zu fragen bleibt außerdem, welche Rolle die Geschichte der Fabel für diese Herleitung spielt.

Den literaturhistorischen Bruch zwischen lehrhafter Fabeltradition und neuer Parabolik situiert Brettschneider im 20. Jahrhundert und führt Letztere auf die Tradition des jüdischen Maschal zurück (vgl. Brettschneider 1980, 51). Bereits Grete Schneider nahm die offensichtliche Diskrepanz zwischen der lehrhaften Tradition und den verrätselnden Funktionen der modernen Parabel zum Anlass, diese im jüdischen Maschal zu fundieren (vgl. Schneider 1966, 56), das primär durch die Rätselhaftigkeit von Gottes Wort gekennzeichnet sei. Aus ihrer Perspektive dient auch die moderne Parabel der Suche nach dem verborgenen Gott als Urgrund menschlichen Lebens:

> „Warum ist die Parabel im modernen Schrifttum wieder zu Ansehen gekommen? Sollte der Grund nicht darin liegen, daß wir modernen Menschen zu begreifen anfangen, daß das menschliche Leben nicht aus sich selbst Sinn gewinnt, daß es in einem ‚Außerordentlichen, Unbegreiflichen' sich gründen muß, wenn es ertragbar werden soll? Wenn das stimmt, dann steht die Wiederentdeckung der Parabel unter der Überschrift: Auf der Suche nach dem verlorenen Gott."
>
> (Schneider 1966, 56)

Dass die Fragefunktion der modernen Parabel Gott gelte, lässt sich allerdings nicht allgemein behaupten, denn sie zeichnet sich gerade dadurch aus, dass sie ohne Gottesgewissheit auskommt und diese Leerstelle durch eine permanente Suchbewegung umkreist.

Insofern überzeugt eher Brettschneiders Zuordnung der modernen Parabel zur offenen Form im Sinne Millers:

> „Es ist evident, daß im 20. Jahrhundert die offene Form vorwiegt, daß die Erneuerung der Parabel zugleich die Umwandlung der geschlossenen Form in die offene bedeutet."
>
> (Brettschneider 1980, 56)

Diese Veränderung korreliere mit dem Wandel von einem geschlossenen zu einem offenen Weltbild, das die „totale geistige und religiöse Krise" (ebd., 72) impliziere. Entsprechend diene die moderne Parabel im engeren Sinne „nicht mehr dem, was Lessing ‚anschauendes Erkennen' nannte – sie dient anschauendem Fragen" (ebd.). Die Diskrepanz zwischen dem Erkenntnisoptimismus der Aufklärung und der Tendenz zur systematischen Verrätselung im frühen 20. Jahrhundert erklärt Brettschneider mit dem Verlust jeglicher transzendentaler Gewissheit, er begründet also den Bruch mit der Gattungstradition durch den Wandel des Weltbildes. Damit verlieren Herleitungen aus der Fabeltradition sowie Bezüge zu Kleists Essay *Über das Marionettentheater* an Relevanz.

6.2 Herleitung aus Klassik und Romantik

Elm geht in seiner großen Monographie *Die moderne Parabel* von 1982 noch einen Schritt weiter und bestimmt den Erkenntniszweifel als ihre primäre Funktion. Als wesentlichen Bezugspunkt betrachtet er nicht die Fabeltradition von der Antike bis zur Aufklärung, sondern deren Umformung durch Klassik und Romantik zum Spiegel der Naturordnung im Dienste einer Bildung der Seelenkräfte (vgl. Elm 1982, 87). Dabei teile die moderne Parabel nicht deren metaphysisch fundierte „Erkenntniszuversicht" (ebd.). Vielmehr lenke sie durch „Verständnisverweigerung" den Blick auf die „Leistung des Verstehens selbst" (ebd.). Mit diesem Konzept möchte Elm die gesellschaftskritische Parabel ebenso erfassen wie die verrätselte, sucht aber den literaturhistorischen Bezugspunkt allein in der metaphysischen Wahrheitssuche von Klassik und Romantik. Diese sieht er weiterhin wirksam

„bei gleichzeitig entschiedener Ablösung von ihr" (ebd., 5). Prototypisch zeige sich dies bei Rilke und Kafka, aber auch bei Beckett.

Vor dem Hintergrund dieser literaturhistorischen Zuordnung kritisiert Elm Brettschneiders These, „die ‚offene', ‚fragende' Parabel reflektiere ‚die Not einer glaubenslosen Zeit'" (Elm 1982, 8), da mit der Beschreibung der modernen Parabel zugleich Aussagen gemacht würden über die Wirklichkeit, auf die sie sich bezieht (vgl. ebd., 82). Dagegen schlägt Elm vor, die moderne Parabel als eine Negation der eigenen Verstehensvoraussetzungen zu interpretieren. Nicht nur die Rezeptionsansprüche der traditionellen Parabel werden negiert, sondern sehr viel allgemeiner der auf rationale Erkenntnis zielende Aufklärungsoptimismus ebenso wie die idealistisch fundierte Hermeneutik. All diese an das parabolische Erzählen gebundenen Erwartungen der Sinnfindung sind nach Elm die eigentliche Sachebene, auf die die moderne Parabel zielt. Sie thematisiere das Verstehen selbst und zeige seine Unmöglichkeit:

> „Das präparabolische Vor-Urteil als Verstehensvoraussetzung auch der modernen Parabel ist eben jene bei der Rezeption traditioneller Parabolik gewonnene Leseerfahrung und Erwartungshaltung, wovon sich nun die auf das Verstehen selbst gerichteten, allein den Weg der Reflexion des Lesers problematisierenden Parabeln unserer Zeit entfernen."
>
> (Elm 1982, 90)

Nur wer mit den traditionellen Verstehenserwartungen an moderne Parabeln herangehe, empfinde sie als rätselhaft (vgl. ebd., 89). Denn der Sinnerwartung, die das Genre provoziere, widerstehen sie.

Diese durchaus zutreffende Feststellung lässt sich allerdings kaum aus der klassisch-romantischen Fabeltradition herleiten. Zudem bleiben insbesondere religiös oder politisch fundierte Parabeln auch im 20. Jahrhundert der lehrhaften Funktion verbunden und basieren weiterhin auf geschlossenen Weltbildern (s. o. 5.3). Davon zu unterscheiden sind die systematisch polyvalenten Parabeln, für die Brettschneiders Zuordnung zur offenen Form ebenso zutrifft wie Elms Deutung als Thematisierung des Verstehens selbst. Insofern ist unter den Parabeln des 20. Jahrhunderts zu unterscheiden zwischen der geschlossenen Parabel, die auf Belehrung hin konstruiert ist, und der modernen Parabel im engeren Sinne.

6.3 Ungelöste Fragen

Offensichtlich führt eine Bestimmung der Parabelsemantik ungeachtet ihrer textuellen Repräsentation, wie Brettschneider sie vorlegt, ebenso zu Widersprüchen wie Elms Versuch, alle Parabelformen des 20. Jahrhunderts als Negation von Verstehen zu beschreiben. Eine Berücksichtigung der Textstruktur scheint daher ebenso notwendig wie eine Unterscheidung zwischen lehrhafter Funktion und systematischer Verrätselung. Zu differenzieren ist daher zwischen geschlossen-lehrhaften Parabeln, die sich aus der Fabeltradition herleiten lassen, und jener parabolischen Kurzprosa, die offen und vieldeutig ist. Verstehen wird hier nicht nur problematisiert, sondern intentional problematisch. Daher bleibt festzuhalten, dass zwischen diesen beiden Prototypen deutliche Unterschiede in den Rezeptionsanforderungen bestehen, da die Prozesse der Sinnkonstitution grundlegend verschieden sind.

7. Transfersignale zur Richtungsänderung des Bedeutens: Gattungs- und rezeptionsbezogene Aspekte

Eine Bestimmung der Parabel als Gattung mit Untergattungen lässt sich auf der Basis von Rüdiger Zymners literaturtheoretischer Studie zur Parabel als uneigentlicher Literatur vornehmen. Zymner betrachtet die Parabel (auf Textebene) analog zur Metapher (auf Satzebene) als Form der Uneigentlichkeit in dem Sinne, dass sie nicht wörtlich, sondern im übertragenen Sinn verstanden sein will. Ihre spezifischen Gattungsmerkmale versteht Zymner als Signale, die zum Bedeutungstransfer auffordern. Dabei unterscheidet er explizite von impliziten Signalen und kommt zu folgender Definition:

> „Eine *Parabel* ist ein episch-fiktionaler Text mit mindestens einem Expliziten oder Impliziten Transfersignal zur Richtungsänderung des Bedeutens. Dabei kann die Richtungsänderung ausdrücklich gelenkt werden, kann aber auch offen bleiben im Rahmen des Bedeutungspotentials des Textes."
>
> (Zymner 1991, 101)

Dieses Konzept ist besonders interessant, da es nicht nur erlaubt, Gattungsfragen auf einem höheren Abstraktionsniveau zu beantworten, sondern auch Rezeptionsprozesse zu modellieren vermag.

7.1 Zwei prototypische Untergattungen der Parabel

Zymners Unterscheidung von expliziten und impliziten Transfersignalen erlaubt es, die traditionell lehrhafte Parabelform mit ihren ausdrücklichen Hinweisen zur Belehrungsabsicht zu unterscheiden von der modernen Parabel, deren intendierte Brüche (oder Inkohärenzen) als implizite Transfersignale verstanden werden können. Auf dieser Basis lassen sich zwei prototypische Untergattungen festlegen:

(1) zum einen die traditionelle, in rhetorischen Zusammenhängen fundierte Parabel mit lehrhafter Funktion, die in der Regel

soziale Missstände kritisiert und beim Leser eine Einstellungs- bzw. Verhaltensänderung intendiert. Sie zeichnet sich aus durch
   a. explizite Transfersignale der Uneigentlichkeit des Erzählten sowie
   b. Hinweise zur Richtungsänderung des Bedeutens.

(2) zum anderen die moderne Parabel, die auf explizite Signale der Uneigentlichkeit verzichtet und dennoch eine „Richtungsänderung des Bedeutens" nahelegt, indem mehrere, am Text nachweisbare Merkmale auffordern, „eine eigene, vom Wortlaut des Textes unterschiedene Text-Semantik herzustellen" (Zymner 1991, 99). Diese Subgattung zeichnet sich aus durch
   a. implizite, aber
   b. gleichgerichtete Transfersignale,

   die im Rezeptionsprozess als solche zu erschließen sind.

7.2 Form- und Funktionswandel bei Kafka

Eine Betrachtung poetologischer Äußerungen macht die oben getroffene Unterscheidung nachvollziehbar. Während Brecht (wie bereits Lessing) in seiner Parabolik eine immer schon vorfindliche „Wahrheit" über gesellschaftliche Gesetzmäßigkeiten mit „List" (Brecht 1967.18, 231) zu verbreiten sucht, dient das bildhafte Erzählen bei Kafka der Darstellung seines „traumhaften inneren Lebens" (Kafka 1951, 420), es soll „die Axt sein für das gefrorene Meer in uns" (Kafka 1958, 28). Uneigentliches Erzählen wird zum adäquaten Mittel der Selbstexploration, da die innere Wahrheit im sprachlichen Bild erschrieben und zum Ausdruck gebracht werden kann. Insofern bringen Kafkas Parabeln prärationale und damit auch präverbale Erzählinhalte zum Ausdruck.

Aus dieser Funktionsbestimmung werden Veränderungen in der narrativen Gestaltung verständlich: Figuren oder Gegenstände stehen nicht mehr stellvertretend für soziale Gruppen oder Phänomene, sondern für innerpsychische Instanzen; Ereignisse und Handlungsabfolgen repräsentieren innere Konflikte. Strukturbildend ist dabei die Konfrontation einer erlebenden Figur mit einer verstörend undurchschaubaren Umwelt, die sich als entmutigend bis indifferent, häufig auch strafend erweist. Der Begriff der Entfremdung hat sich in der Kafka-Forschung als prägnante Umschreibung dieser Erfahrung erwiesen. In charakteristischer Weise verändert sich bei Kafka auch die Erzählhaltung: Nicht die Außensicht wird gewählt, Kafka erzählt konsequent aus dem Blickwinkel der erlebenden Figur, und zwar unabhängig von der gewählten grammatikalischen Form.

Als Spiegel der inneren Zerrissenheit des Autors werden diese literaturwissenschaftlich (vgl. Strelka 2001, 19–29) erklärt, was sie nicht weniger quälend macht und die Gefahr biographistischer Verkürzungen birgt. Da jedoch auch hermeneutische Verfahren an Grenzen stoßen, bieten Kafkas Parabeln die Chance, Grundstrukturen zu erkennen und nach deren Übertragbarkeit zu fragen. Das Prinzip der Opposition gegenläufiger Orientierungen kann auf die Widersprüchlichkeit menschlicher Sinnkonstitution verweisen, zumal die Ambiguität des Erzählten in der Kommunikation mit dem Leser wiederkehrt. Wie bereits Adorno zeigt, wird der in prägnanter Bildlichkeit erschriebene Sinn durch systematische Brüche und Inkohärenzen immer wieder zerschrieben:

> „Jeder Satz spricht: deute mich, und keiner will es dulden."
> (Adorno 1955, 304)

Wie das erzählte Ich meinen die Leser, spontan zu verstehen, und werden sogleich in ihrem Verstehen verunsichert. Insofern ist gerade die paradoxe Grundstruktur gezielter Inkohärenzen zu lesen als impliziter Hinweis auf uneigentliches Erzählen, das einerseits zur Deutung einlädt und diese andererseits unterläuft, wenn nicht komplett verweigert.

Die extreme Negativität des erzählten Lebensgefühls mit seiner konsequenten Sinnverweigerung ist zugleich die Basis einer neuen Ästhetisierung jenseits der Regelpoetik. Ziel des Schreibens ist die Transformation des Scheiterns an der Welt in künstlerischen Ausdruck. In einem Brief heißt es bei Kafka:

> „Niemand singt so rein wie die, welche in der tiefsten Hölle sind; was wir für den Gesang der Engel halten, ist ihr Gesang.“
> (zit. nach Strelka 2001, 18)

Schonungslose Authentizität des Erlebens ist Ausgangspunkt für die Schönheit des sprachlichen Kunstwerks. Kafka verwandelt Leiden in Ästhetik, die er als das eigentliche Ziel seines Schreibens begreift. Allein dem Kunstwerk als Medium gesteht er Wahrheitsanspruch zu:

> „Unsere Kunst ist ein von der Wahrheit Geblendet-Sein: Das Licht auf dem zurückweichenden Fratzengesicht ist wahr, sonst nichts.“
> (Kafka 1994, 35)

Damit hat Kafka im parabolischen Erzählen eine Ästhetik moderner Ambiguität etabliert, die ihre Poesie aus der Radikalität des Scheiterns menschlicher Sinnsuche gewinnt. Mit seinen verrätselten Parabeln hat er eine neue Untergattung dieses Genres geschaffen, die sich deutlich vom lehrhaften Gestus der Fabeltradition absetzt, wie er von Lessing über Brecht bis Frisch rekonstruiert werden konnte. Die paradoxe Verschränkung von erzählter Negativität und sprachlicher Schönheit der Kafka-Texte hat sich gattungsbildend ausgewirkt auf die Entwicklung der modernen Parabel, die lediglich implizite Transfersignale aufweist und keinerlei Hinweise auf die „Richtungsänderung des Bedeutens“ im Sinne Zymners gibt. Insofern ist sie durchaus als offene Form zu bezeichnen und hat primär poetisch-expressive Funktionen. Rezeptionsseitig fordert sie zu einer intensiven Betrachtung sprachlicher Strukturen ebenso auf wie zur Polyvalenztoleranz, d.h. zum Aushalten unterschiedlicher Lesarten in einem unabschließbaren Deutungsprozess.

7.3 Poetisch-expressive Parabeln des späten 20. Jahrhunderts

Produktiv bleibt Kafkas parabolisches Erzählen vor allem in der Hinsicht, dass das als Erzählkern gewählte Bild entsprechend einer inhärenten Eigendynamik ausgestaltet wird – ungeachtet seiner

Deutbarkeit: An die Stelle der rhetorischen Funktion der Parabel tritt die ästhetische. Suspendiert wird in der poetisch-expressiven Parabel auch das Gesetz der Wahrscheinlichkeit, sie überschreitet das Alltägliche und öffnet sich für phantastische Elemente. Prägnantestes Beispiel ist Kafkas phantastische Novelle *Die Verwandlung*, in der sich der Protagonist in einen Käfer verwandelt. Ähnlich gestaltet die Lyrikerin Christa Reinig die Geschichte eines menschlichen Skorpions (vgl. Reinig 1968, 31 f.). Thematisch geht es wie bei Max Frisch um die Problematik von Fremdbild und Selbstbild. Doch anders als der nur leicht verfremdete „andorranische Jude", dessen Geschichte ganz auf die Botschaft hin konstruiert ist, entfaltet Reinig die Pointe ihres menschlichen „Skorpion" ganz aus dem zentralen Bild: Er tut alles, um die Menschen vor seinen negativen Eigenschaften zu bewahren, unablässig bemüht er sich, bescheiden und freundlich zu sein. Aus purer Dankbarkeit will er schließlich einen Menschen berühren und tötet ihn. Je mehr er sich bemüht, seinen Stachel zu verbergen, umso unerbittlicher ist dessen Wirkung – es gilt das Gesetz von der Wiederkehr des Verdrängten. Im Unterschied zu Max Frisch schreibt Reinig konsequent aus der Innensicht der erlebenden Figur und gestaltet den Text weniger lehrhaft als verstörend. Aus didaktischer Sicht bietet sich der Vergleich beider Texte an, da sie thematisch ähnlich, aber sehr unterschiedlich gestaltet sind. So wird die Aufmerksamkeit auf die Bandbreite der parabolischen Erzählweisen gelenkt, zugleich können die beiden Subgattungen der kritisch-lehrhaften und der poetisch-expressiven Parabel exemplarisch erarbeitet werden.

Während in der westdeutschen Literatur des 20. Jahrhunderts Parabeln seit den siebziger Jahren nur eine geringe Rolle spielen, wirkt Kafkas Erzählweise der parabolischen Verrätselung in der DDR-Literatur weiter. Insbesondere der Lyriker Günter Kunert, der schon in den sechziger Jahren mit den ästhetischen Vorgaben des sozialistischen Realismus (vgl. Emmerich 1996, 40 ff.) in Konflikt geriet (vgl. ebd., 212 f.; 235), ist wohl derjenige Autor, der am gezieltesten Kafkas paradoxe Schreibstrategien aufgreift (vgl. Kunert 1974, 196–203) und Spuren intertextueller Anspielungen auslegt (vgl. ebd., 95). Seit dem Band *Kramen in Fächern* aus dem Jahre 1968 sind seine Parabeln von einer an Kafka orientierten Ästhetik (vgl. Bekes 1988, 37f.) geprägt, zunehmend düstere Visionen treten an die Stelle der sozialistischen Utopie. Doch selbst die Ästhetik, die für Kafka noch die Wahrheit und Reinheit eines Absoluten verkörperte, stellt Kunert in Frage, so gekonnt er sie auch ausführt. In seiner Parabel *Ballade vom Ofensetzer* (Kunert 1974, 51 f.) zeigt er in fein ziselierter Sprache, welch existenzielle Bedrohung die totale Hingabe an die Kunst bedeuten kann: Selbstvergessen hat der Ofensetzer Albuin sich in seinem eigenen Kunstwerk eingemauert. Der Kachelofen, der andere wärmen soll, wird ihm zum selbst geschaffenen Gefängnis – er selbst muss verbrennen, wenn er sein Kunstwerk nicht zerstören will.

Zunehmend trägt Kunert die Botschaft vom Scheitern des künstlerischen Auftrags als totale Zivilisationskritik vor. Diese inszeniert er beispielsweise in zwei Parabeln, die um den Jonas-Mythos kreisen. In *Ninive* aus dem Jahre 1968 (→ Materialteil 2.14) schildert er das biblische Ninive nach der selbstverschuldeten Zerstörung. Es scheint regrediert auf das Niveau des Steinzeitmenschen, der in Höhlen lebt und eine Kerze als Luxus betrachten muss. In einer Rückblende schildert ein auktorialer Erzähler das Ausbleiben des Propheten und Warners in biblischer Diktion:

> „Denn anders ist es geschehen, als es steht im Buch der Bücher; Jonah ist geblieben in dem ewig finsteren; dem reißenden endlosen Innern der Zeit“
>
> (Kunert 1968, 109).

Ninive, das nicht gewarnt wurde, hat versäumt, von seinen „Untaten“ (ebd.) abzulassen, und erscheint bei Kunert daher als ein gottverlassener Ort ohne Hoffnung, an dem sich nur überleben, nicht leben lässt. Seine Bewohner bleiben anonym, parabeltypisch könnten sie jedermann sein. Als Ursache ihrer zivilisatorischen Regression werden unterschiedliche angeführt von Ausbeutung der „unteren Klassen“ bis hin zu Eroberungskriegen, die teilweise an den Nationalsozialismus erinnern, insgesamt aber so heterogen montiert sind, dass das Erzählte weit über deren Verbrechen hinausweist. Der Dichter übernimmt die Aufgabe des Propheten und warnt seine Leser/innen vor dem Untergang der ihnen bekannten Zivilisation. Eine Botschaft hat er jedoch nicht. Schon in den späten sechziger Jahren nimmt Kunert die Erde als einen Ort wahr, an dem sich die Selbstzerstörung der Gattung Mensch vollzieht.

In der zehn Jahre später erschienenen Parabel *Jonas* (Kunert 1978, 99; →Materialteil 2.15) hat der prophetische Warner es sich bequem gemacht im Bauch des Wals, den Kunert als ebenso zwielichtigen wie lebensmüden Machtmenschen beschreibt. Zwar gelingt es dem Ich-Erzähler, Jonas zu einer Äußerung zu bewegen: Der Prophet gibt sich zu erkennen, doch seine Mission scheint vergessen. Symbiotisch verbunden mit dem großen Wal, bleibt er Ninive fern. Das erzählende Ich vernimmt nur einen bruchstückhaften Widerhall seiner Befindlichkeit – Bedeutsames oder gar Rettendes ist von Jonas nicht zu erwarten. Während Kunert in der Parabel *Ninive* den Walfisch als „äußeres Antlitz“ (Kunert 1968, 109) der Ewigkeit beschreibt, personifiziert er ihn in der späteren Parabel zu einem wohlhabenden Machtmenschen, der ebenso korrupt wie lebensmüde erscheint – Endzeitbewusstsein auch hier. Einziges Handlungselement ist sein Abgang in einer Luxuslimousine mit Chauffeur. Jonas entschwindet mit ihm. Offen bleibt, wie sich der Ich-Erzähler gegenüber dem Propheten positioniert: Will er Warner sein, da er den Propheten immerhin vernommen hat – oder lediglich Beobachter eines unausweichlichen Verfalls?

In poetologischen Überlegungen erklärt Kunert die paradoxe Grundstruktur seiner Kunst mit den inneren Spannungen des schreibenden Subjekts angesichts einer Welt, „die pausenlos in Nichts zerfällt“ (Kunert 1978, 99). Unerfüllt bleibt der Wunsch nach Sinnhaftigkeit, auch Kunert sieht das menschliche Subjekt als ein zutiefst entfremdetes. Unausweichlich steuert es zu auf den Weltuntergang, den der Autor durch ein Sprechen in Bildern auszudrücken versucht. In ihrer Ambiguität verweisen diese auf die Sinnlosigkeit einer gottlosen Welt (vgl. Kunert 1989). Als negative bleibt die Utopie in Kunerts Parabeln erhalten und entspricht einer negativen Ästhetik – vorgetragen mit dem Brechtschen Gestus des Wissenden, der ironisch mit den biblischen Gleichnissen spielt (vgl. Kunert 1991, 277). Dabei rettet Kunert mit seinen Untergangsszenarien einen utopischen Rest:

> „Solange man schreibt, ist der Untergang gebannt, findet Vergänglichkeit nicht statt, und darum schreibe ich: um die Welt, die pausenlos in Nichts zerfällt, zu ertragen."
>
> (Kunert 1974, 210)

Kunerts Nihilismus hindert ihn nicht, sich schreibend in biblischen Traditionen zu bewegen, die diesem eigentlich zuwiderlaufen. Das paradoxe Kunstwerk schafft für ihn einen Moment von Sinnhaftigkeit. Zugleich wird das hohe Maß an Selbstreflexivität deutlich, das die moderne Parabel zur künstlerisch-kreativen Antwort auf eine dem Untergang geweihte Welt macht: Das Uneigentliche wird zum Eigentlichen, zum letzten Hort der Utopie.

8. Didaktische Implikationen und Modelle

Wenngleich sich Fabeln und Parabeln mit guten Gründen der Parabolik zuordnen lassen, sind sie in didaktischer Hinsicht von sehr unterschiedlicher Bedeutung. Dies betrifft sowohl die Textauswahl für einzelne Jahrgangsstufen als auch die Lehr-/Lernprozesse, die für ein Verständnis der einzelnen Gattungen textseitig erforderlich und auch gängige Unterrichtspraxis sind. Grundsätzlich ist davon auszugehen, dass die Bedeutungskonstruktion ein aktiver Prozess und Ergebnis der Interaktion von Leser/innen mit Texten ist. Dieser Prozess wird nicht nur von Leseinteressen und Wissensvoraussetzungen seitens der Rezipienten bestimmt, sondern auch vom Kontext der Lektüre, etwa der Institution Schule, den Unterrichtsbedingungen und den fachlichen Anforderungen.

Im Deutschunterricht sind drei methodische Paradigmen zu unterscheiden, die von eher subjektiven Herangehensweisen mit der Handlungs- und Produktionsorientierung über hermeneutisch orientierte Gespräche hin zu objektiven Textanalysen gehen.

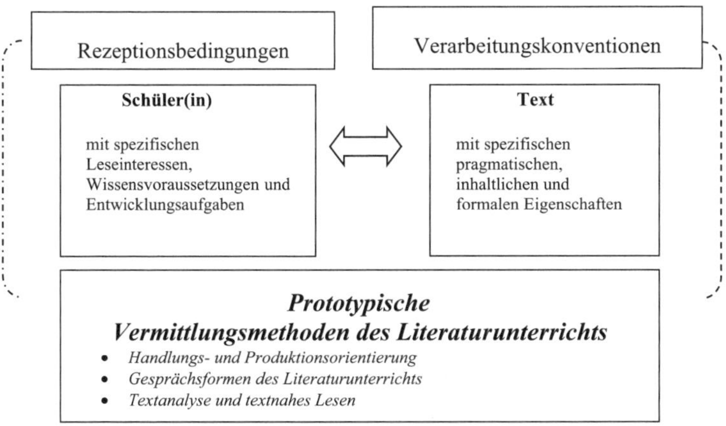

Abb. 1: Modell von Textvermittlung als Interaktion (vgl. Nickel-Bacon 2006)

8.1 Vom Leseverstehen zum Textverständnis: Prozesse der Sinnkonstitution

Die Grundannahme, dass rezeptionsseitige Voraussetzungen das Leseverstehen bestimmen, bedeutet nicht, dass es unabhängig von Texteigenschaften erfolgt. Als solche sind neben inhaltlichen und formalen Aspekten auch pragmatische zu berücksichtigen, etwa die Tatsache, dass ein Text Teil einer der zahlreichen Fabel- oder Parabelsammlungen ist. Kotext und Kontext bestimmen Rezeptionsprozesse ebenso wie textinterne Merkmale. Die unterschiedlichen Texteigenschaften, wie sie in den Kapiteln 5–7 beschrieben wurden, sind durchaus didaktisch relevant, wenn es um die Einschätzung der Textschwierigkeit und entwicklungspsychologisch fundierte Überlegungen für den Einsatz in bestimmten Jahrgangsstufen geht.

Die Lehrhaftigkeit der Fabel sowie die Verwendung von sprechenden Tieren als anthropomorphisiertes Figural machen sie interessant für den Deutschunterricht der Primar- und Orientierungsstufe. Ihr Einsatz zur Moralerziehung und Denkschulung, aber auch zur Unterhaltung reicht zurück bis Luther (vgl. Luther 2010, 159) und erfreut sich ungebrochener Beliebtheit, was allein die Tatsache zeigt, dass sich die Fachdidaktik um diese Textsorte bemüht (vgl. Doderer 1970). Dabei beschränken sich die basalen Verstehensprozesse auf das Erschließen der Eigenschaften des antagonistischen Figurals und der Pointe als Hinweis auf die Fabelmoral (vgl. Watzke 2010, 12). Sog. Fabelkarten (vgl. Jückstock-Kießling 2004, AB 3) werden bearbeitet, teilweise auch selbst illustriert, außerdem kommen Rollenspiele zum Einsatz (vgl. Payrhuber 1978, 73). Zur Vertiefung des Textverstehens wird durchaus auch die Handlungsdynamik betrachtet (vgl. ebd.; Jückstock-Kießling 2004, AB 1) und differenzierter auf verschiedene Deutungsmöglichkeiten der fabelspezifischen Lehre eingegangen (vgl. König 2007).

Der enge Zusammenhang zwischen differenzierter Textbetrachtung und unterschiedlichen Interpretationsansätzen gewinnt in der fortgeschrittenen Sekundarstufe an Bedeutung und schärft das

Bewusstsein für Mehrdeutigkeiten, aber auch die Notwendigkeit des Textbezugs zur Begründung der eigenen Lesart in Auseinandersetzung mit Anderen. Für diese Entwicklungsphase in der literarischen Sozialisation eignen sich etwa **gesellschaftskritische Parabeln** wie die Keuner-Geschichten Brechts. Auf dieser Stufe ist auch die Berücksichtigung des historischen Kontextes möglich, wie er durch den Verweischarakter des parabolischen Erzählens nahegelegt wird.

Mit dem Bezug auf relevante Kontexte ist der Übergang zur Oberstufe markiert. Hier können nochmals **Fabeln unter literaturhistorischen Perspektiven** Beachtung finden, etwa zur Einführung in die Epoche der Aufklärung anhand verschiedener Varianten desselben Motivs. Textvergleiche schärfen den Blick für unterschiedliche Auslegungen derselben Grundkonstellation in unterschiedlichen Epochen, etwa in der Auseinandersetzung zwischen Rabe und Fuchs (→Materialteil 2.1–2.2). Es lassen sich auch gegenläufige Tendenzen innerhalb einer Epoche erfassen, etwa zur „Blütezeit der Fabel im 18. Jahrhundert“ (Leibfried 1984, 72). Poetologische Äußerungen der Autoren geben Gelegenheit, deren Intentionen mit der Textgestaltung zu vergleichen und unterschiedliche Ausprägungen der Fabel zur Zeit der Aufklärung als antiabsolutistisch bzw. affirmativ (vgl. Müller/Wolff 1982, 27; 33) benennen zu können.

Den höchsten Schwierigkeitsgrad bieten schließlich **moderne Parabeln** mit ihren systematischen Brüchen, Widersprüchen und Ambiguitäten. Da sie ausschließlich implizite Transfersignale im Sinne Zymners aufweisen und keine Hinweise zur Richtungsänderung des Bedeutens geben (s. o. 7.1), stellen sie hohe Ansprüche an die literarische Lesekompetenz. Ihr didaktisches Potenzial wird gesondert zu betrachten sein (s. u. 8.3).

8.2 Methoden- und Medienintegration: Fabeln in der Primar- und Orientierungsstufe

An unterrichtsbezogenen Vorschlägen zum Einsatz von Fabeln und Parabeln im Deutschunterricht lässt sich grundsätzlich der Wandel lesebezogener Bildungsnormen ebenso beobachten wie eine Veränderung der Methoden des Literaturunterrichts. So wurden etwa Fabeln in den siebziger Jahren für eine „Erziehung zum kritischen Denken“ (Payrhuber 1978, 39) eingesetzt, nach 2000 für den kompetenzorientierten Literaturunterricht (vgl. Zabka 2006) nach PISA. Zugleich gibt es wichtige Konstanten, wie etwa den Fabelvergleich (vgl. Payrhuber 1978, 51 ff.; Nickel-Bacon 2012 a) sowie die Integration neuerer Medien, die mit dem Einsatz von Illustrationen in alten Holzschnitten oder Bilderbüchern beginnt und bis zu Hörbüchern oder Filmen reicht.

In aktuellen Unterrichtsmodellen dominiert ein methoden- und medienintegrativer Ansatz bei gleichzeitiger Beachtung von Textstrukturen.

➢ **Methodenintegrativer Deutschunterricht**

2006 legte Thomas Zabka in einem richtungsweisenden Band, der sich gegen die Verflachung des Lesekompetenz-Begriffs nach PISA wendet, ein kompetenzorientiertes Unterrichtsmodell zu Luthers Fabel *Vom Raben und Fuchs* für Jg. 5/6 vor. Die altertümlich erscheinende Sprache wird durch Texterschließungsstrategien bearbeitet, die Originalillustration nicht nur für die Unterstützung des Textverständnisses, sondern auch für die Umwandlung in einen Comic genutzt. Hier sollen die Schüler/innen Sprechblasen einfügen, in die sie die Gedanken der Antagonisten eintragen, um deren Verhalten zu erklären. In einer besonders originellen Aufgabe soll dann die Handlung vom Ende her erzählt („Der Rabe lässt den Käse fallen, weil…“) und damit textübergreifend erschlossen werden.

Die Orientierung am kognitionspsychologischen Modell von Lesekompetenz mit seiner Hierarchisierung des lokalen und globalen Textverstehens ist ganz offensichtlich hier zugrunde gelegt. Zugleich aber kommen produktionsorientierte Methoden zum Einsatz, die einen intuitiven Zugang zum Text unterstützen. Außerordentlich geschickt leitet Zabka durch Folgeaufgaben weiter zur Kognitivierung und Verbalisierung (vgl. Zabka 2006, 89 f.). Der kognitiven Erkenntnis dient auch eine Übersetzung von Luthers Promythion „Hüte dich, wenn der Fuchs lobt den Raben" in eigene Worte, der die Übertragung auf die Lebenswelt der Schüler folgt. Abschließend soll eine eigene „Geschichte" (ebd., 90) geschrieben werden, die auch auf den Originaltext bezogen und reflektiert wird.

➢ **Medienintegrativer Deutschunterricht**

Die Verknüpfung von subjektiver Involviertheit und genauer Textwahrnehmung findet auch im medienintegrativen Literaturunterricht statt. Hier kann ein aktuelles Beispiel aus der Grundschule (vgl. Nickel-Bacon 2012 a) vorgestellt werden, bei dem als Abschluss einer Unterrichtsreihe zu Fabeln zunächst die traditionelle Fassung von *Die Grille und die Ameise* (→ Materialteil 2.5) bearbeitet wird, um eine Kontrastfolie für das Fabelmärchen von Janosch zu schaffen. Zentrales Anliegen ist hier, die Illustrationen einzubeziehen, um die Empathiefähigkeit der Kinder zu fördern. Zugleich wird der Textaufbau berücksichtigt und als Grundstruktur für den Unterricht übernommen:

1. Wintereinbruch als lebensbedrohliche Notlage
2. Suche nach Unterkunft und Nahrung:
   a. beim Hirschkäfer
   b. bei der Maus
   c. beim Maulwurf
3. Ein „schönes warmes Leben zusammen" (Janosch 1985, 28)

Bei der schrittweisen Textpräsentation wechseln sich (Vor-)Lesephasen mit einem Weiterspinnen der Handlung anhand der Illustrationen ab, die als Farbfolie oder Scan gemeinsam betrachtet werden. Die Situation der Protagonistin kann ebenso wie Einstellungen ihrer Antagonisten über die Größenverhältnisse und die Körpersprache erschlossen werden. Dabei sollen die Bilder ebenso wie nachgestellte Standbilder zu differenzierten Einsichten verhelfen und ebenso differenziert verbalisiert werden. Adjektive wie „verloren" oder „verlassen" und „einsam" passen zur Notlage der Grille im Winter, sie wirkt „hilflos" und „bedürftig", wenn sie Ablehnung erfährt.

Die Lösung des Konflikts durch die freundliche Aufnahme beim Maulwurf ist weniger ein märchentypisches Happy End als eine pragmatische Lösung, wie sie Fabeln entspricht: Der Maulwurf ist ebenso einsam wie die Grille, die in der Lage ist, die Hilfsbedürftigkeit des Blinden zu kompensieren. Gezeigt wird eine Form der Kooperation, die nicht Schwächen, sondern Stärken betont. Unter der Überschrift „Und sie machten sich ein schönes warmes Leben zusammen" (Janosch 1985, 28) erzählen die Kinder eine Möglichkeit nach, das gemeinsame Leben zu genießen, und illustrieren ihre Episode selbst. Ein abschließender Vergleich mit der Variante von La Fontaine (→ Materialteil 2.5) soll die Umdeutungen durch Janosch bewusst machen. Zum Schluss könnte noch die Fabel von Helmut Arntzen mit ihrer intertextuellen Pointe (→ Materialteil 2.7) vorgelesen und überlegt werden, ob sie besser zu der Version von La Fontaine oder von Janosch passt: Das Figural entspricht La Fontaine, die Fabelmoral eher Janoschs Variante.

Ein Vergleich der beiden Modelle zeigt, dass sie beide ein Gleichgewicht zwischen subjektorientierten und textbasierten Lernprozessen anstreben. Motivationale Aspekte, wie etwa Medienintegration (Comic, Illustration), werden ergänzt durch emotionale der Empathie und des Fremdverstehens, um kognitive Einsicht und differenzierte Verbalisierung vorzubereiten.

8.3 Das didaktische Potenzial der modernen Parabel

Didaktische Modelle sind für die moderne Parabel noch nicht in dem Maße elaboriert wie für Fabeln. In der Folge einer wissenschaftlichen Objektivierung des Deutschunterrichts wurden sie zeitweise ohne Gattungsbezug als „Texte" gelesen (vgl. Zobel 1985) und analysiert. Daneben werden sie im Gefüge der Kurzprosagattungen betrachtet (vgl. Schrader 1980) oder in der Tradition der Gleichnisexegese (vgl. Bekes 1988). Dabei zieht Bekes die Begrifflichkeiten Jülichers heran, warnt aber zugleich vor einer starren Anwendung, da eine „mechanische Zuordnung von Bild- und Sachhälfte" (ebd., 6) der besonderen Ästhetik dieser Texte nicht gerecht werde. Systematisch angeleitet werden gattungsbezogene Deutungen in einem gängigen Oberstufen-Lesebuch (vgl. Biermann/Schurf 1999, 26 ff.). In der neuesten Auflage von 2009 legen die Autoren ein Analyseschema vor, das etymologisch wie generisch falsch ist: Die Graphik einer mathematischen Parabel dient als Anleitung zur Analyse, um „Gesagtes (Bildteil)“ auf „Gemeintes (Sachteil)“ zu beziehen (vgl. Schurf/Wagener 2009, 32). Der Arbeitsauftrag „Die Geschichte ist eine Parabel, in der Sie Bildteil (Gesagtes) und Sachteil (Gemeintes) aufeinander beziehen können. Füllen Sie das nebenstehende Schema in Ihrem Kursheft entsprechend aus“ (ebd.) suggeriert, es bestehe die Notwendigkeit (und Möglichkeit), das Erzählte Punkt für Punkt auf ein Gemeintes hin zu lesen. Diese Vorgehensweise vermittelt implizit ein allegorisches Parabelverständnis, das wissenschaftlich überholt und im Bereich der modernen Parabel besonders kontraproduktiv ist. Etymologisch ist der mathematisch-physikalische Parabelbegriff[3] auf eine andere Bedeutung des griechischen Verbs „paraballo“ zurückzuführen als der literaturbezogene[4]. Er ist damit nicht zur Veranschaulichung des Gattungsbegriffs geeignet.

Sinnvoller scheint hier der Ansatz von Schrader, die Parabeln als „Formen der Existenzdeutung und Modelle der Weltdarstellung“ (Schrader 1980, 151) versteht und auf die Erschließung eines Tertium comparationis setzt. Auf kleinstem Raum entwerfen moderne Parabeln in kontingenten, auf Wirklichkeit zielenden Geschichten Bilder möglicher Existenz. Dabei gewinnt die erzählte Bildlichkeit Eigenwert bis hinein in die kunstvoll gestalteten Erzählstrukturen (→ Materialteil 2.12). Sie wird nicht nur differenziert ausgestaltet, sondern auch paradox, wenn nicht systematisch rätselhaft. Damit hat die Parabel den Anschluss an die klassische Moderne gefunden, für die das Prinzip der Ambiguität (vgl. Bode 1988) generell kennzeichnend ist. So zeigen etwa die

---

3 Er bezieht sich auf die Wortbedeutung von „paraballo“ im Sinne von „ich werfe von mir weg“, denn die mathematische Parabel bezeichnet die (idealisierte, also Vakuum unterstellende) Wurfbahn beim freien Wurf: Die Parabel ist der Funktionsgraph einer quadratischen Funktion f(x): $=ax^2+bx+c$ bei a ungleich 0 (vgl. Walz 2002, 137).

4 Dieser bezieht sich auf „paraballo“ im Sinne von „ich werfe daneben, stelle nebeneinander“, nämlich zu Vergleichszwecken (vgl. Gemoll/Vretska 2012, 607; Kluge 2002, 679).

Parabeln Günter Kunerts seit dem Band *Kramen in Fächern* aus dem Jahr 1968, dass dieser DDR-Autor das Diktat des sozialistischen Realismus verlassen hat, um sich den Schreibweisen der literarischen Moderne zuzuwenden. Wie Kafka erzählt er von der Desorientierung des Menschen in einer apokalyptisch anmutenden Welt. Mit paradoxen Textstrukturen verbunden ist ein neues Verständnis der Leser/innen als aktiven Mitspielern, welches „das Bild vom belehrten und ‚erzogenen' Leser endgültig ab[löst]" (Barner 1994, 707). Wo das Uneigentliche zum Eigentlichen wird, ist es, so Kunert in einer kunsttheoretischen Reflexion, ein „Notsignal" (Kunert 1989, 904), das auf den aufmerksamen Leser angewiesen ist:

> „Ohne den Interpreten, den bemühten Handlanger des Künstlers, bliebe das Material toter Müll."
>
> (Kunert 1989, 901)

Da Kunert seine radikale Zivilisationskritik ebenso wie andere DDR-Autoren mit tradierten Mythen durchsetzt und auffallend viele biblische Gleichnisse nutzt, deren Sinnhaftigkeit er zugleich unterläuft, setzen textadäquate Rezeptionsprozesse die Kenntnis der Referenztexte und ihrer Botschaft voraus. Unter didaktischen Perspektiven bleibt daher festzuhalten, dass die poetisch-expressive Parabel adäquat nur mit Hilfe von Einsichten in ihre Poetologie zu erschließen ist, aber auch intertextuelle Bezüge erfordert. Die „kryptische Verschlüsselung der poetischen Botschaft" (Fuhrmann 2003, 95) verlangt die Rekonstruktion der Ko- und Kontexte – auch wenn ihre Deutung als prinzipiell unabschließbar gelten muss.

Die Interpretation einer poetisch-expressiven Parabel ist insofern extrem anspruchsvoll, als sie die „Grenzen des durch Worte vorgegebenen semantischen Spielraums" zu wahren und doch eine „neue Textsemantik" (Zymner 1991, 99) zu konstruieren hat: ein Tertium comparationis nämlich, das den Wortlaut des Textes als Bild für etwas Allgemeineres nimmt. Diese Bedeutungskonstruktion setzt die genaue Wahrnehmung unterschiedlichster Textaspekte ebenso voraus wie Hypothesen über deren Zusammenwirken. Angesichts der Vielgestaltigkeit moderner Parabeln erweisen sich textübergreifende Vergleichsaspekte als wichtige

Grundlage kontrastiver Parabelanalysen. Dazu zählen neben den narrativen Kategorien von Raum, Zeit, Figur und Handlung vor allem die Perspektiv- und Sprachgestaltung. Auf dieser Basis können Verfremdungen und Abwesenheiten sichtbar werden. Diese betreffen in *Ninive* neben dem Figural, das aus einem anonymen „man" und „wer" besteht (vgl. Kunert 1968, 109), die nahezu nicht vorhandene Handlung, die durch ausführliche Detailbeschreibungen der semantischen Räume kompensiert wird.

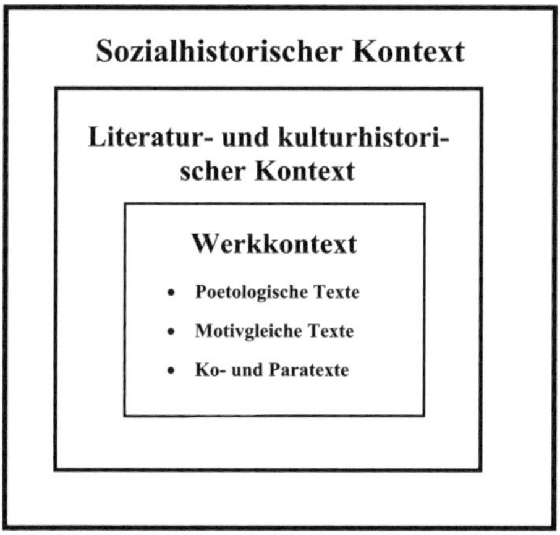

Abb. 2: Relevante Kontexte (vgl. Nickel-Bacon 2012 b)

Didaktisches Potenzial birgt die leserorientierte Poetologie der modernen Parabel insofern, als die Texte zunächst einmal als parabolische zu erkennen sind, indem „das Zusammenspiel mehrerer Elemente des Textes [...] als Signal der Mehrsinnigkeit und als Appell zum Transfer" (Zymner 1991, 93) rekonstruiert wird. Hilfreich kann dabei der Vergleich mit Referenztexten der Tradition sein, der nicht nur Parallelen sichtbar macht, sondern auch gewollte Differenzen. Dies gilt etwa für Kafkas *Heimkehr* (→ Materialteil 2.12), die häufig vergleichend zum Gleichnis vom *verlorenen Sohn* (→ Materialteil 1) gelesen wird (vgl. Bekes 1988, 10 ff.). Ähnlich kann auch für *Ninive* (→ Materialteil 2.14) das biblische Gleichnis von *Jona und dem Walfisch* als Kontrastfolie dienen, ebenso Kunerts spätere und ungleich rätselhaftere Parabel

Jonas (→Materialteil 2.15). Durch den Vergleich werden Unterschiede nicht nur der Inhalte, sondern auch der Schreib- und Erzählweisen deutlich. Insofern liegt der Schwerpunkt zunächst auf einer Rekonstruktion der ebenso widersprüchlichen wie komplexen Bildebene in ihrer narrativen Darstellung, die erst in einem zweiten Schritt auf einen allgemeineren Sachverhalt hin zu abstrahieren ist. In *Ninive* wäre neben einer Atmosphäre trostloser Regression vor allem die Abwesenheit des Propheten zu rekonstruieren, die den Verlust verlässlicher Orientierungen anzeigt.

Damit bietet die poetisch-expressive Parabel Gelegenheit, Textanalysen funktional in die Literaturinterpretation einzubinden (vgl. Nickel-Bacon 2013 a) und diese sowohl im Gegenstand als auch in den Verstehensprozessen der Lernenden zu fundieren. Spontanes Nicht-Verstehen des Erzählten hat dabei eine für den Rezeptionsprozess konstitutive und durchaus konstruktive Funktion (vgl. Nickel-Bacon 2013 b), denn es regt dazu an, Gattungswissen zu aktivieren und gleichgerichtete Inkohärenzen als Transfersignale zu erschließen, um eine parabolische Lesart zu entwickeln.

9. Zusammenschau und Desiderata

Die lehrhafte Tierfabel in der aesopischen Gattungstradition einerseits und die rätselhafte Parabolik Kafkas andererseits können als zwei Extrempole parabolischer (oder gleichnishafter) Kurzprosa betrachtet werden, die zugleich die literaturhistorischen Eckpunkte von der Antike und klassischer Moderne markieren. Zwischen diesen prototypischen Untergattungen mit eher appellativen bzw. eher expressiv-poetischen Funktionen finden sich im Laufe der Gattungsgeschichte unterschiedliche Varianten. Erwähnenswert sind im Bereich der Fabel insbesondere die Werke von La Fontaine und seinem späteren Kontrahenten Lessing sowie die Weiterführung von dessen scharfer Sozialkritik in den *Keuner*-Geschichten Bertolt Brechts. In der literaturgeschichtlichen Forschung finden sich wichtige Ansätze, die Fabel und Parabel als eine Gattung mit Untergattungen ansehen. Detailstudien fokussieren aber häufig auf den einen oder den anderen Bereich: Fabel einerseits (Leibfried, Doderer), (moderne) Parabel andererseits (Brettschneider, Schneider, Elm).

Dies gilt auch für den gattungstheoretisch interessantesten Ansatz der Transfersignale bei Zymner (1991), dem es durch die Ausdifferenzierung in explizite und implizite Signale gelingt, die lehrhafte wie die poetisch-expressive Parabel in einem Konzept zu vereinen. Besonders interessant ist Zymners Konzept für didaktische Fragestellungen, da es nicht nur Texteigenschaften beschreibt, sondern zugleich gattungsbezogene Rezeptionsprozesse modellierbar macht. Dabei eröffnet die Frage nach der Übertragbarkeit neue Forschungshorizonte für literaturwissenschaftliche und didaktische Projekte. Dies gilt für experimentelle Kurz- und Kürzestprosa (vgl. Zobel 1978; Nayhauss 1982; Hummel 2010 a) ebenso wie für die Fabel, auf die das Konzept der (expliziten und impliziten) Transfersignale bisher nicht angewendet wurde.

In der Literaturdidaktik haben Fabel und Parabel bei Weitem nicht den Stellenwert, den die Gleichnisse in der Religionspädagogik einnehmen. Dennoch spielen sie im Literaturunterricht eine wichtige Rolle. Dabei wird die Fabel vorwiegend in der Grundschule und der Orientierungsstufe eingesetzt, während die Parabel erst ab Jahrgangsstufe 10, vor allem im Übergang zur gymnasialen Oberstufe, eine Rolle spielt. In aktuellen Vorschlägen zu Fabeln im Deutschunterricht werden methodenintegrative Ansätze gewählt, die sich konsequent an den Texten sowie am Entwicklungsstand der Schüler/innen orientieren, um das Textverständnis zu unterstützen. In der Parabeldidaktik kann diese konsequente Vernetzung von Text- und Rezeptionsseite noch nicht beobachtet werden. Ein Forschungsdesiderat ist hier die Berücksichtigung des Konzepts der Transfersignale für Vermittlungsprozesse, da es die Ergänzung textanalytischer Aufgabenstellungen durch Methoden erfordert, welche die subjektive Elaboration einzelner Bilder ebenso unterstützen wie die Toleranz gegebenüber alternativen Deutungsansätzen. Nur dann wird das ästhetische Potenzial der modernen Parabel konstruktiv genutzt.

Teil III: Gleichnisse im schulischen Religionsunterricht

Anika Loose

10. Einleitung: „Wie aber werdet ihr alle diese Gleichnisse verstehen?“ (Mk 4,13 b)

Die Gleichnisse Jesu sind für die Verkündigung Jesu zentral. Ein Blick in die Lehrpläne der verschiedenen Bundesländer zeigt: Sie sind längst ein unverzichtbarer Bestandteil des schulischen Religionsunterrichts geworden, auch wenn in der Regel nur ein kleines Spektrum der Gleichnisse behandelt wird. Zu den „Klassikern“ gehören die Beispielerzählung vom Barmherzigen Samaritaner (Lk 10,25-37), die Gleichnisse vom Verlorenen (Lk 15), vom Senfkorn (Mt 13,31-35parr.) sowie von den Arbeitern im Weinberg (Mt 20,1-16). Jesu Gleichnisreden sind anspruchsvoll und provozieren heute wie damals zu weiterem Nachdenken. Nicht selten werden Gleichnisse dabei „unrichtig“ verstanden. Auch die Jünger Jesu hatten Schwierigkeiten, die Gleichnisse Jesu auf Anhieb zu verstehen. Jesus war sich dessen bewusst, und so lässt Markus Jesus fragen: „Wie aber werdet ihr alle diese Gleichnisse verstehen?“ (Mk 4,13 b) Heutigen SuS geht es nicht anders: Grundschulkinder, denen im Rahmen einer schriftlichen Umfrage das Gleichnis vom verlorenen Schaf präsentiert wurde, antworteten auf die Frage, „Was erzählt die Geschichte von Gott?“ (Müller 2003, 26), die Geschichte habe mit Gott gar nichts zu tun, obwohl sie ausdrücklich nach dem Zusammenhang gefragt wurden. Andere Kinder bringen Elemente in die Erzählung ein, die im Originaltext so nicht zu finden sind und fügen der Erzählung einen Hund hinzu, dem die Aufgabe zugedacht wird, auf die zurückbleibenden Schafe aufzupassen. Viele Kinder bemerken zudem anerkennend die Fähigkeit des Hirten, so schnell 100 Schafe zählen zu können (ebd.). Ein zehnjähriges Mädchen erkennt hingegen: „Jedes Schaf ist dem Hirten wichtig. Egal ob es dumm war oder nicht. Er hat alle Schafe stehen lassen, um das eine zu suchen. Gott würde das gleich (!) für dich tun.“ (Müller 2003, 27).

Eine der Hürden bei der Rezeption neutestamentlicher Gleichnisse stellt das Erkennen und Entschlüsseln von Metaphern dar.

Zwar geben neuere rezeptionsästhetische Ansätze die auf Jülicher zurückgehende Übertragung von Bild- und Sachhälfte auf, und das Verstehen wird ganz dem Rezipienten überlassen, der die Gleichnisse nicht einmal mehr religiös verstehen muss (Schulte → 12.4). *Doch wird dieser subjektorientierte Ansatz den Gleichnissen theologisch gerecht?* Während die Einen bei der Behandlung von Gleichnissen im Unterricht den Einbezug des historischen Kontextes der Gleichnisse Jesu für unverzichtbar halten (Johannsen → 12.5), verwerfen die Anderen den Einbezug des historischen Kontextes und postulieren, dass sich Gleichnisse unmittelbar erschließen (Baldermann → 12.3) und ziehen stattdessen erfahrungsbezogene Zugänge vor (Rupp → 12.3). Von Seiten der Kinder- und Jugendtheologie wird gefordert, die eigenständigen Deutungen von Kindern und Jugendlichen ernst zu nehmen, diese nicht vorschnell zu korrigieren und vor dem Hintergrund entwicklungsbedingter Denkmöglichkeiten zunächst nachzuvollziehen (Büttner → 12.5). Findet keinerlei Übertragungsprozess oder eine unsachgemäße Identifikation der Handlungsträger statt, können dabei auch „unrichtige“ Deutungen zu Stande kommen: So wird die Frage bezüglich Mt 20,1-16, ob die Geschichte nicht auch etwas mit Gott zu tun habe, trotz der suggestiven Hilfestellung, „Kommt auch eine Figur vor in dieser Geschichte, die wie Gott ist, ein Bild von ihm?“ (Bucher 1990, 50), mit der schlichten Begründung verneint, „Weil niemand gleich aussieht wie der liebe Gott“ (ebd.). Die Gleichnisse stellen ein Bündel aus religiösen Erfahrungen dar, die Erfahrungen mit Gott und Jesus Christus betreffen (*theologischer* und *christologischer Aspekt* der ‚Sache‘), aber auch Erfahrungen mit der Wirklichkeit und dem zielführenden, heilvollen Handeln (*eschatologischer* und *ethischer Aspekt* der ‚Sache‘) (→ 1.5, Punkt 8, 27). Diese Erfahrungen können und sollen mit den Erfahrungen der SuS verknüpft werden. Die Herausforderung des schulischen Religionsunterrichts ist es, sich auf die gemeinsame Suche nach Antwortmöglichkeiten auf die eigenen Fragen und die Fragen der SuS zu begeben. Die zentrale Frage lautet dabei: *Wie können Gleichnisse im schulischen Religionsunterricht sach- und schülergemäß behandelt werden?* Über theologisch zentrale Themen wie Gott, Himmelreich und Gottesherrschaft lässt es sich anschaulich in Bildern reden, und zu diesen haben auch heutige SuS einen Zugang, und zwar auch dann, wenn sie zu einem metaphorischen Verstehen (noch) nicht in der Lage sind. So scheinen die Gleichnisse gerade wegen ihrer Anschaulichkeit für den schulischen Religionsunterricht geeignet zu sein.

11. Gleichnisse in den Konzeptionen des schulischen Religionsunterrichts

Im Folgenden wird ein Überblick über die wichtigsten Konzeptionen des schulischen Religionsunterrichts gegeben. Dabei wird insbesondere auf die Behandlung von Gleichnissen in der jeweiligen Konzeption eingegangen.

11.1 Evangelische Unterweisung: Gleichnisse fordern zu einer Entscheidung heraus!

Die Konzeption der Evangelischen Unterweisung mit dem Ziel der Unterweisung im Glauben beeinflusste den Religionsunterricht von ca. 1929 bis in die sechziger Jahre des vergangenen Jahrhunderts. Ihren theologischen Bezugspunkt hatte die Konzeption in der Dialektischen Theologie Karl Barths.

Gerhard Bohne (1902–1981) setzt sich 1929 mit der zeitgenössischen Religionspädagogik auseinander und will angesichts gegenwärtiger Krisen die kulturkritische Kraft des Evangeliums neu zur Geltung bringen. Vor dem Hintergrund von Röm 7 sieht er den Menschen in seiner Sündhaftigkeit und der Diskrepanz zwischen Wollen und Vollbringen. Erst die christliche Verkündigung von der Sündenvergebung befähige den Menschen dazu, mit den Spannungen und Krisen auch zu leben (Bohne 1964, 36). Bohne betont die das unlösbare Spannungsverhältnis des Religionsunterrichts zum gesamten Bildungsvorgang (Bohne 1964, 66) und die lebendige Spannung zwischen der menschlichen und göttlichen Wirklichkeit (Bohne 1964, 107). Die Aufgabe des Religionsunterrichts sieht Bohne in der „Störung der Bildung von Gott her“ (Bohne 1964, 105). Bohne versucht das Ziel des Unterrichts nicht vom Menschen und seinen Bedürfnissen her zu konzipieren, sondern „pneumatisch“ zu begründen (ebd.).

In seinem Buch *Lebendiges Wort in der Evangelischen Unterweisung* grenzt Bohne zunächst die Gleichnisse Jesu von der Fabel und der Allegorie ab (Bohne 1962, 74). „Die Gleichnisse Jesu sind aus dem Leben gegriffene (wenn auch meist wohl erfundene) Geschichten, an denen Jesus irgendeinen Gedanken über das Gottesreich oder das neue Leben anschaulich machen will" (ebd.).

Bei der Auslegung der Gleichnisse soll der eine Vergleichspunkt herausgearbeitet werden. Diesen erklärt Bohne wie folgt: Weder darf der Hirt mit Jesus gleichgesetzt werden noch das Schaf mit dem Sündern, sondern Bohne erklärt: „Wie sich im Gleichnis der Hirt (a) zum Schaf (b) verhält, so verhält sich Jesus (c) zum Sünder (d)" (ebd.). Die mathematische Formel für den Vergleichspunkt lautet nach Bohne also „a:b = c:d" und eben nicht „a= c und b = d" (ebd.).

Der Unterricht soll nach Bohne in vier Schritten erfolgen: Zu Beginn steht das „Verstehen und Nacherleben der Geschichte" (ebd.). Daran anschließend geht es um das „Auffinden des Vergleichspunktes" (ebd.). Drittens geht darum, den „genauen Sinn zu erfassen", bevor dieser beim abschließenden wiederholten Lesen noch einmal rekapituliert werden kann (Bohne 1962, 75). Bohne trifft sodann Überlegungen zu den beiden Gleichnissen vom „schuftigen Knecht (Mt 18,23-35) und vom „Perlenkaufmann" (Mt 13,45-46). Dabei berücksichtigt er bereits die verschiedenen Altersstufen von der Grundschule über das Kleinkind bis hin zum Knabenalter (Bohne 1962, 74 ff.).

Helmuth Kittel (1902–1984) fordert in seiner Programmschrift *Vom Religionsunterricht zur Evangelischen Unterweisung* (1947) „Nie wieder Religionsunterricht!" und kritisiert damit den abstrakten Begriff ‚Religion'. Kittel kritisiert: „Der ev. RU ist seit langer Zeit besonders unfruchtbar. Dem Sachverständigen kam deshalb seine Katastrophe in den letzten Jahren nicht überraschend. Fragt man nach den Gründen, so ist es nicht töricht, zu sagen: das ganze Elend wurzelt im Namen ‚Religionsunterricht'. Namen sind nämlich kein Schall und Rauch, sondern pflegen geistige Mächte zu kräftiger Wirksamkeit auf die Menschen, ihr Denken, Fühlen und Handeln zu bringen (Kittel 1947, 6)."

Kittel beobachtet, es sei schon lange nicht mehr um den christlichen Glauben und den Dreieinigen Gott gegangen, sondern „um die Pflege eines allgemeinen religiösen Bewußtseins und religiösen Gefühls" (ebd.). Kittel will mit Hilfe der Bibel sowie des Gesangbuches und des Katechismus', die nur in Beziehung zur Bibel zu verstehen seien, die Unterweisung in Gottes Wort umsetzten und so den christlichen Glauben einüben (Kittel 1947, 11).

Anders als Bohne geht Kittel davon aus, dass weder Lehrer noch Schüler eine Entscheidung gegenüber dem Wort Gottes zu treffen haben, sondern dass „das Entscheidende in Christus immer schon geschehen ist“ (Lämmermann 1998, 136). Die *Entschiedenheit*, von der Kittel spricht, bezieht sich auf die Lehrpersonen „als entschiedene Christen“. Kittels Skepsis gegenüber aller Methodik resultiert aus seinem Verständnis von Gott als Subjekt der „*Heiligung*“: Der Heilige Geist bewirkt durch das Wort Gottes Heiligung (ebd.).

Ludwig Gengnagel (1881–1964), ein weiterer Vertreter der Evangelischen Unterweisung, sieht eine Behandlung von Gleichnissen ab dem vierten Schuljahr vor und schlägt die Gleichnisse vom Schatz im Acker (Mt 13,44), der kostbaren Perle (Mt 13,45) sowie die Gleichnisse vom Verlorenen (Lk 15) und die Beispielerzählung vom Barmherzigen Samaritaner (Lk 10,25-37) vor. Gengnagel deutet das Gleichnis von der verlorenen Drachme (Lk 15,8-10): In der Freude der Frau [über das wiedergefundene Geldstück] seien die Freude Jesu sowie die Freude Gottes und aller Engel zu sehen. Gengnagel hebt den Aufruf zur Mitfreude hervor, indem er V.10 wie folgt ergänzt: „Darum, ihr Pharisäer, ihr Frommen und Gerechten, murret nicht, wenn ich die Verlorenen suche, sondern freuet euch über jeden, der den Heimweg zum Vater findet! Gott und alle seine Engel freuen sich ja auch“ (Gengnagel 1960, 269). Gengnagel betont, dass die frohe Botschaft, die Jesus seinem Volk gebracht hat, allen Menschen gilt. „Und so sucht Jesus bis zum heutigen Tag alle, die von Gott weglaufen, mit so großer Liebe und Mühe, wie die Frau ihren Groschen gesucht hat“ (ebd.). Gengnagel schließt seine Überlegungen zu Lk 15,8-10 mit einem Zitat aus dem Lied *Jesus nimmt die Sünder an* (Gengnagel 1960, 270).

- ☐ Vor allem im Dritten Reich hat sich die Evangelische Überweisung bewährt, indem aufgrund der kulturkritischen Haltung eine Vereinnahmung des Religionsunterrichts abgewehrt werden konnte (Grethlein/Lück 2006, 97).
- ☐ Die Rolle der Lehrkraft als Zeuge von Gottes Wort wird in der Evangelischen Unterweisung in besonderer Weise betont. Es

besteht jedoch die Gefahr, dass diese gerade aufgrund des kerygmatischen Anspruchs überfordert wird.

11.2 Hermeneutischer Religionsunterricht: Gleichnisse existential erschließen!

Auch im Hermeneutischen Religionsunterricht (ca. 1958–1968) steht die Bibel im Mittelpunkt des Unterrichts. Das Lernziel ist nun aber nicht mehr, wie bei der Evangelischen Unterweisung, die Hinführung zum Glauben, sondern das Verstehen der biblischen Tradition. Die existenziale Bibelauslegung hilft, die biblischen Texte und ihre Botschaft als Antwort auf existenzielle Fragen des Menschen zu verstehen. Ziel ist es, sich selbst angesichts der biblischen Tradition besser zu verstehen. Wichtige Vertreter sind Martin Stallmann, Hans Stock und Gert Otto.

Stallmann (1903–1980) konstatiert 1958 einen allgemeinen Traditionsabbruch und sieht daher die Schulen in der Pflicht, die SuS in die Überlieferung einzuführen. „Das Christentum ist beispielhaft für alle Tradition“ (Stallmann 1958, 111). Stallmann verfasst in den Katechetischen Blättern *Die biblische Geschichte im Unterricht* zu den Gleichnissen vom verlorenen Schaf (Lk 15,1-7) und der verlorenen Drachme (Lk 15,8-10) zunächst eine umfangreiche Exegese. Anschließend stellt er einen ersten Versuch zur katechetischen Behandlung der beiden Gleichnisse vor (Stallmann 1963, 108). Dabei führt Stallmann ausführlich den kerygmatischen Charakter der Perikope vor Augen:

„Der Evangelist berichtet also nicht eigentlich Jesu Gleichnisse, er erzählt oder wiederholt sie nicht, er bekennt sich mit ihnen zu dem, was in der Gemeinde geschieht, in der Verlorenen ihr Kommen zur Gemeinde als ihr Wiedergefundenwerden, als ihre Umkehr zu Gott und als Anwartsschaft auf die Freude des Himmels zugesprochen wird. Dieses Bekenntnis ist nun eben Verkündigung, ist kerygmatische Rede. Weil kerygmatische Rede Bekenntnis ist, beruht ihre Wahrheit darauf, daß sie Antwort ist auf geschehene Anrede“ (Stallmann 1963, 114).

Stallmann erläutert die eigentliche Aufgabe des christlichen Unterrichts im Hinblick auf die Predigt. Letztere habe die Aufgabe, dem Unterricht sein Thema zu geben. Die Predigt stehe zwischen Exegese und Katechese. Stallmann schließt seine Überlegungen in der Konsequenz mit einer Predigt zu Lk 15,1-10 (Stallmann 1963, 121).

☐ Zwar diente auch im Hermeneutischen Religionsunterricht die Rekonstruktion der historischen Entstehungsbedingungen der biblischen Texte dazu, dass die SuS sich selbst angesichts der Tradition besser verstehen lernen. Ihre Verstehensvoraussetzungen und ihre Lebenswelt fanden jedoch kaum Berücksichtigung. Dies ändert sich mit der nachfolgenden Konzeption: dem Thematisch-problemorientierten Religionsunterricht.

11.3 Thematisch-problemorientierter Religionsunterricht: Gleichnisse situativ ausgelegt!

Eine verstärkte Hinwendung zur Lebenswelt und Situation der SuS brachte schließlich ab 1966 der Thematisch-problemorientierte Religionsunterricht, der eine *empirische Wendung* mit sich brachte. Fortan stand die Lösung von Problemen der Gegenwart sowie deren Aufdeckung, auch anhand der biblischen Tradition, im Vordergrund. Der zuvor geltende zentrale Stellenwert der Bibel für den Religionsunterricht wurde hingegen in Frage gestellt:

Hans Bernhard Kaufmann (geb. 1926) fragt 1966, „Muß die Bibel im Mittelpunkt des Religionsunterrichts stehen?“ (Kaufmann 1973), ohne dabei die konstitutive Bedeutung der Bibel für die Kirche und den Glauben in Frage stellen zu wollen. Kaufmann hinterfragt jedoch, ob der Hauptfokus auf die Bibel theologisch und didaktisch angemessen sei (Kaufmann 1973, 23). Mit dem so eingeforderten stärkeren Lebens- und Praxisbezug des schulischen Religionsunterrichts geht die Forderung nach empirischer Forschung einher. Werner Loch (1928–2010) kritisiert 1964 die „Verleugnung des Kindes in der evangelischen Pädagogik“ (Loch 1964) und Klaus Wegenast (1929–2006) postuliert 1968 „Die empirische Wendung in der Religionspädagogik“ (Wegenast 1968). Horst Gloy fordert in seinem Aufsatz *Themen statt Texte?* die Problemorientierung zum Universalprinzip zu machen und so die Bibelorientierung zu ersetzen (Gloy 1971, 67–79).

Als Aufgabe des Religionsunterrichts wird 1970 von der Religionspädagogischen Projektentwicklung formuliert, „die Frage nach Wahrheit, nach dem Sinn und nach verantwortlichem Handeln in der konkreten Situation des Schülers und seiner Welt zu thematisieren und sie in der Auseinandersetzung mit religiösen, weltanschaulichen und politischen Überzeugungen, Traditionen und Systemen aufzuarbeiten“ (Berg/Doedens 1974, 208).

Trotz der Infragestellung des zentralen Stellenwertes der Bibel wird die Bedeutung der historisch-kritischen Exegese hervorgehoben: Karlheinz Sorger betrachtet die sorgfältige Exegese biblischer Texte als Voraussetzung für den Unterricht und weist auf deren grundsätzlich kerygmatische Struktur hin (Sorger 1980, 34f.). Ferner weist Sorger auf die Spannung hin, in der der Bibelunterricht zwischen dem Text, dem Schüler und den Gesetzten des Unterrichts steht, und reflektiert die Problematik einer altersgerechten Auswahl. Er fragt: „Welche Texte sind für Glauben und Leben *dieser* Schüler wichtig und hilfreich und zugleich ihren Verstehensmöglichkeiten angepaßt (Sorger 1980, 38)?“ Der Bibelunterricht wird schließlich als „Einübung und Hilfe für das Verständnis der Erwachsenen“ konzipiert (ebd.). Grundlegend ist hier die Zielsetzung, bereits als Schüler „Eigenart und Sinn der Parabelrede“ zu begreifen, um dieser nicht als Erwachsener ratlos gegenüber zu stehen (Sorger 1980, 39). Auch kreative Methoden, wie z.B. Transformationen biblischer Texte und eine Comicreihe, werden von Sorger durchdacht (Sorger 1980, 98ff.). Exemplarisch werden die Beispielerzählung (Lk 10,25-37), die Parabel vom guten Vater (Lk 15,11-32), das Gleichnis vom Gastmahl (Lk 14,15-24/Mt 22,1-14) sowie die Parabel vom ungetreuen Verwalter (Lk 16,1-13) vorgestellt (Sorger 1980, 105ff.).

Das Gleichnis von der verlorenen Drachme (Lk 15,8-10) wird im Thematisch-problemorientierten Ansatz nicht von der Tradition her betrachtet, sondern es werden, von der Situation der jeweiligen Lerngruppe ausgehend, Anknüpfungspunkte gesucht: Gemeinsam mit den Lernenden könnte darüber nachgedacht werden, wer heute zu den Verlorenen gehört.

- ☐ Der Religionsunterricht gewann mit dem thematisch-problemorientieren Ansatz nicht nur an Lebensnähe und Aktualität, sondern führte auch in den nachfolgenden Konzeptionen zu einem steten Bemühen um die Anschlussfähigkeit von theologischen Themen an die Lebenswelt der SuS.
- ☐ Der historisch-kritische Exegese kommt insbesondere bei diesem Ansatz die Aufgabe zu, den Text vor einer Zweckentfremdung zu bewahren.
- ☐ Aufgrund des allgemeinen Religionsbegriffs stand diese Konzeption jedoch nun vor der Gefahr ein „theologisches Vakuum" zu schaffen (Rothgangel et al. 2011, 81).

11.4 Symbolhermeneutik und kritische Symbolkunde: Gleichnisse als Metapher und Spiel!

Mit dem Ansatz der Symboldidaktik tritt in den 1980er und 1990er Jahren der historische Kontext biblischer Texte in den Hintergrund. Exegetisch ist dieser Ansatz am stärksten von der metapherntheoretischen Gleichnisauslegung beeinflusst (→ 12.3). Zwei Konzeptionen sind bei der Symboldidaktik zu unterscheiden: die Symbolhermeneutik des katholischen Religionspädagogen Hubertus Halbfas (geb. 1932) und die kritische Symbolkunde des evangelischen Religionspädagogen Peter Biehl (1931–2006).

Halbfas kritisiert den Thematisch-problemorientierten Religionsunterricht (Halbfas 1982, 19f.) und beschreitet mit seinem Programm der Symbolerziehung einen neuen Weg (Halbfas 1982, 84f.). Er knüpft an die metapherntheoretische Gleichnisauslegung an und wendet sich von Jülichers Ansatz ab. Sein Programm der Symbolerziehung ist insbesondere für die Grundschule konzipiert und setzt bereits mit dem ersten Schuljahr ein:

> „Eine Unterscheidung von Bild- und Sachhälfte verlangt nämlich ein derartiges begriffliches Denkvermögen, daß sich eine solche Didaktik für den Primarbereich von selbst ausschließt. Statt dessen verlangt unsere Sicht der Gleichnisse als Metaphern, die Erzählungen Geschichten sein zu lassen, *in* ihnen zu bleiben, statt sie zu abstrahieren, sie keinerlei Übertragung auszusetzen. Damit gewinnen die Gleichnisse eine Zugänglichkeit, die zwar ihre eigenen didaktischen

> Forderungen stellt, aber ebenfalls nicht mehr eine vorrangig begriffliche Sprachfähigkeit zur Voraussetzung macht"
> (Halbfas 1994, 548).

Halbfas geht davon aus, dass der Mensch am Sinnstiftungspotenzial des Symbols teilhaben kann, indem er „sich von der tendenziellen Ganzheitsrichtung des Symbols erfassen läßt" (Halbfas 1982, 122). Didaktisch ist hierzu eine „Horizontverschmelzung zwischen dem Symbol und der Lebenssituation des Menschen" zu arrangieren (ebd.). Um die Tiefendimension der Wirklichkeit wahrzunehmen, bedürfe es eines „dritten Auges". Mit diesem könnten auch die metaphorische Sprache und der Symbolsinn der Gleichnisse erfasst werden. Die Metapher müsse nicht erklärt, sondern sinnlich erfahrbar werden (Halbfas 1994, 548). Entwicklungspsychologisch bedingte Verstehensschwierigkeiten sieht Halbfas nicht.

Bucher und Oser beanstanden insbesondere die Lehrerkommentare von Halbfas, da hier neben zahlreichen „religionswissenschaftlicher und theologischer Analysen über Symbole und metaphorische Texte" keine lern- und entwicklungspsychologischen Aspekte Berücksichtigung finden. Auch das Unterstellen eines dritten Auges bei Kindern wird von ihnen scharf kritisiert (Bucher/Oser 1987, 181).

Bereits Erstklässler werden mittels Bildbetrachtungen anhand der Beispiele Licht, Herz und Tür mit einem symbolischen Sprachverständnis vertraut gemacht (Halbfas 1983, 62 ff.), das im zweiten Schuljahr anhand der Beispiele Sonne, Brot und Wasser fortgesetzt wird. Hinzu kommen nun Metaphern und Sprichwörter (Halbfas 1984, 67 ff.). Ab der dritten Klasse sieht Halbfas die Behandlung von Gleichnissen vor und schlägt hierzu die Gleichnisse vom Senfkorn, vom Sauerteig, vom Schatz im Acker, von der verlorenen Drachme und die Parabel vom großen Gastmahl vor (Halbfas 1985, 100 ff.). Halbfas weist im Hinblick auf Lk 15,8-10 auf die Variationsmöglichkeiten des Gleichnisses hin. „Man darf auch daran denken, daß es sich um ein Finden des Verlorenen handelt, wenn Jesus den Zöllner Levi als Jünger gewinnt, oder den Zachäus, um dann mit diesen Menschen und anderen Freunden ein Festmahl zu halten" (Halbfas 1994, 559). Im vierten Schuljahr werden die

SuS mit analogischer und symbolischer Sprache konfrontiert und Paradoxa erschlossen (Halbfas 1986).

Biehls kritische Symbolkunde ist stärker an der Bibel ausgerichtet. Biehl stellt besonders die biblischen Symbole „Haus", „Weg", „Hand" (Biehl 1989) sowie „Brot", „Wasser" und „Kreuz" in den Mittelpunkt seiner Bibeldidaktik (Biehl 1993). Biehls *induktive Didaktik* setzt „bei den Lebenserfahrungen und dem gesellschaftlichen Umfeld" der SuS an (Biehl 1989, 173). Aufgabe der kritischen Symbolkunde ist die Anleitung zu einer „(ideologie) kritischen Reflexion" (Biehl 1989, 174). Neben biblisch-christlichen Symbolen und den großen Symbolgeschichten der Bibel, „wie Verlorenes Paradies, Brennender Dornbusch, Jakobs Kampf am Jabbok, Versuchung, Tischgemeinschaft und Speisung", oder der Einführung in das Sakramentsverständnis können altersabhängig auch Symbole der „Jugendkultur und der sog. Massenkultur" behandelt werden (Biehl 1989, 175). Die Bedeutung der Gleichnisse Jesu wird von Biehl besonders hervorgehoben: Im Symbol vom Reich Gottes wird ein Bezug zur Alltagswelt gesehen, der wiederum „exemplarisch für das Weltverständnis des christlichen Glaubens geworden ist" (ebd.).

Die Gesamtaufgabe der kritischen Symbolkunde sieht Biehl in der Konfrontation der biblisch-christlichen Symbole mit denen aus der Lebenswelt der SuS, um auf diese Weise „Erfahrungsmuster" erkennbar zu machen (Biehl 1989, 176). Symbole haben in diesem Sinne eine Art Brückenfunktion: Sie werden als Brücke zwischen der Lebenswelt der Kinder und Jugendlichen und der Welt der Religion verstanden. Mit Bezug auf das Symbol „Haus" schlägt Biehl als Rahmenziel für die Sekundarstufe I und II vor, dass die SuS am Beispiel der Parabel vom verlorenen Sohn (Lk 15,11-24) „Erfahrungen und neue Möglichkeiten des Nachhausekommens durchspielen" (Biehl 1989, 82). Biehl versteht die Parabel im theologischen Sinn als Metapher: „Die Gottesherrschaft kommt in ihr als ‚die sich ereignende Liebe' zur Sprache (Jüngel)" (Biehl 1989, 86). Ferner möchte Biehl „die Parabel als *Symbolgeschichte* lesen, mit deren Hilfe Generationen ihre Erfahrungen mit Auszug und Heimkehr gedeutet haben" (ebd.). Für eine 7. Gymnasialklasse sieht Biehl als kreativen Zugang zu Lk 15,11-24 den Zugang über eines der Rembrandt-Bilder zum verlorenen Sohn

vor.[1] Daran anschließend wird die Parabel vorgelesen und mit dem Bild in Verbindung gebracht. Im Rahmen einer „Interaktionellen Besprechung von Lk 15,11-32" soll sodann darüber nachgedacht werden, welche der Personen am sympathischsten erscheint (Biehl 1989, 96). Hierzu werden die Eigenschaften der einzelnen Personen (Vater, älterer Sohn, jüngerer Sohn) an der Tafel festgehalten. Abschließend wird die Geschichte mit
Hilfe der Rahmenerzählung als Gleichnis erfasst. Für das Tafelbild macht Biehl folgenden Vorschlag: „Vater = Gott; älterer Sohn = Gerechter; jüngerer Sohn = Sünder" (ebd.).

- ☐ Von der Symboldidaktik gehen wichtige Impulse für das religiöse Lernen und die Gleichnisdidaktik aus, da in diesem Ansatz wie in keinem anderen auf die Bedeutung von Symbolen für das Verständnis von Religion hingewiesen wird.
- ☐ Da die Symboldidaktik bzw. kritische Symbolkunde nicht an den Verstehensmöglichkeiten der Lernenden, sondern am Verstehen der Erwachsenen ausgerichtet ist, droht, insbesondere in der Grundschule, eine kognitive Überforderung der SuS.

11.5 Performativer Religionsunterricht: Gleichnisse probeweise in Szene gesetzt!

Vertreter der Performativen Religionsdidaktik gehen von einem „Traditionsabbruch" (Dressler 2003) aus und plädieren ab Ende der 1990er Jahre aufgrund der Erfahrung einer nicht mehr zwangsläufig vorhandenen kirchlichen und religiösen Sozialisation bei Kindern und Jugendlichen dafür, Religion im Unterricht zur Darstellung zu bringen. „Ohne konkrete Wahrnehmung von Religion, die Bewegung in ihren Räumen und den leiblichen Kontakt mit ihren Formen ist religiöses Lernen nicht darstellbar" (Leonhard/Klie 2003, 7). Religion wird vor allem als religiöse Praxis verstanden, die anhand ihrer Handlungsformen sowohl gelehrt als auch gelernt werden kann (ebd.). In der wachsenden Fremdheit der christlichen Religion werden aber auch Lernchancen gesehen:

1 Biehl bezieht sich auf den Stich von Rembrandt, Die Heimkehr des verlorenen Sohnes, aus dem Jahr 1936.

„Aber Mittels dieser probeweise (!) Ingebrauchnahme einer religiösen Sprachform können die Schüler sich für die Möglichkeit religiöser Erfahrungen öffnen, ohne dass ihnen der Weg zurück in die skeptisch-analytische Distanz verbaut wäre" (Dressler 2003, 165). Die exegetische Arbeit der Lehrerinnen und Lehrer schützt den Bibeltext davor, durch kreative Methoden als Spielanstoß instrumentalisiert zu werden (Dressler 2003, 163). Dressler betont: „Nicht der Text dient der methodischen Kreativität, sondern die kreativen Methoden stehen im Dienste der Erschließung des Textes" (ebd.). Als Methoden der performativen Textdidaktik werden die Nacherzählung, das szenische Spiel, das Zeichnen von Bilder-Strips, das Schreiben von Drehbüchern, das Schreiben von Story-boards sowie Schnitt und Montagetechniken benannt (ebd.).

Miriam Hänig begreift Lk 15,11-32 als „Bühne des menschlichen Lebens" (Hänig 2008, 176). Sie geht davon aus, dass die Erzählung beinahe alle Gefühle und Gedanken des menschlichen Daseins impliziert (ebd.). „Die Erfahrungen des jüngeren und älteren Sohnes werden in Inszenierungen individuell angenommen, probehalber durchdacht und perspektivenreich reflektiert" (ebd.). Hänig möchte SuS auf eine Erlebnisreise schicken, auf der die Reiseroute des jüngeren Sohnes nachempfunden wird (Hänig 2008, 178 ff.). Wichtig ist Hänig dabei die biblische Botschaft, dass die Zusage des Vaters in V. 31 für beide Söhne gilt und immer ein Weg nach Hause möglich ist (Hänig 2008, 176). Im Rahmen der Inszenierung einer Probehandlung lassen sich die SuS auf die biblische Erzählung ein und stellen sich selbst in Beziehung zu den beiden Söhnen. Durch die anschließende reflexive Distanz werden die Lernenden wieder zu teilnehmenden Beobachtern und können sich erneut mit dem Text auseinandersetzen und ihre eigene Glaubensüberzeugung überprüfen und vertreten (Hänig 2008, 183 f.).

☐ Das Verständnis von Religion als religiöser Praxis und das Probehandeln in ihren Erfahrungsräumen stellen eine bedeutende Weiterführung bisheriger religionspädagogischer Konzeptionen dar. Dabei werden insbesondere die Lernvoraussetzungen der SuS ernst genommen und nicht länger eine kirchliche und religiöse Sozialisation vorausgesetzt, die bei vielen Lernenden (heute) gar nicht mehr gegeben ist.

11.6 Konstruktivistische Religionsdidaktik: Die Bedeutung der Gleichnisse selbstständig konstruieren!

Die Konstruktionen von Wirklichkeit werden im Konstruktivismus vom lernenden Subjekt her beschrieben. Dabei wird zwischen einem „radikalen" und „gemäßigten" Konstruktivismus von sechs Grundannahmen ausgegangen, die nachfolgend zusammengefasst werden: Erstens wird Lernen als „aktiver Prozess des lernenden Subjekts" verstanden (Büttner et al. 2010 a, 10). Zweitens wird auf bereits vorhandenes „Vorwissen und Einstellungen" gegenüber dem zu Lernenden hingewiesen sowie die Bedeutung von Emotionen hervorgehoben (ebd.). Drittens wird auf die Schwierigkeit der Vorhersagbarkeit von Lernprozessen aufmerksam gemacht: „Lernprozesse sind nicht völlig vorhersagbar, da sie von individuellen Konstruktionen geprägt sind; auch in sozialen Lernzusammenhängen erfolgt Lernen als individueller Prozess. Gleichzeitig geschieht Lernen in der Auseinandersetzung mit den Konstruktionen Anderer. So ergeben sich sozial geprägte Konstrukte von Wirklichkeit" (ebd.). Viertens wird davon ausgegangen, dass die zu lernenden Inhalte nicht ohne weiteres auf die Lernenden zu übertragen sind. Fünftens wird von einem produktiven Lernen ausgegangen, wenn diese in bedeutsamen Kontexten dargeboten werden und ebenfalls für das Leben als bedeutsam wahrgenommen werden. Sechstens wird vor dem Hintergrund „einer gehirnphysiologischen Warte aus" argumentiert, dass „nachhaltiges Lernen durch aktive Vernetzung, Vertiefung und mehrmalige Wiederholung eines Konstrukts in neuen Kontexten [geschieht], weil nur so der Prozess der Synapsenbildung angeregt werden kann" (ebd.).

Eine ganze Reihe von religionspädagogischen Entwürfen und Perspektiven lässt sich mit der konstruktivistischen Religionsdidaktik verbinden: Nicht nur der von Jean Piaget eingeleitete strukturgenetisch-entwicklungspsychologische Ansatz (→ 13) betrachtet die „Verstehensmodalitäten von Kindern und Jugendlichen als je eigen und im Unterschied zu denen von Erwachsenen" (Büttner et al. 2010 a, 8). Auch das Elementarisierungskonzept und die Kinder- und Jugendtheologie (→ 14), die Bibeldidaktik, die Dekonstruktion, alteritätsdidaktische Entwürfe, bei denen bezweifelt wird, „dass die Horizonte verschiedener Identitäten verschmolzen werden können," (ebd.), der Performative Religionsunterricht (→ 11.5) sowie die Diskussion um Bildungsstandards und Kompetenzen lassen sich mit der konstruktivistischen Religionsdidaktik verbinden: Das Elementarisierungskonzept berücksichtigt konsequent die „entwicklungs- und lebensweltlichen Voraussetzungen der Lernenden" (ebd.). Ferner muss sich „die Dynamik einer permanenten konstruktiven Auseinandersetzung des lernenden Subjekts mit Lerngegenständen auch auf die konkreten Lernwege erstrecken" (ebd.). Die Kinder- und Jugendtheologie versteht Kinder und Jugendliche als Theologen und Philosophen, die vor dem Hintergrund ihrer Denk- und Sprachmöglichkeiten selbstständig die großen Fragen von Leben und Religion bedenken und diskutieren (ebd.). Aus konstruktivistischer Perspektive wird davon ausgegangen, dass die SuS „keine Konsumenten" sind, sondern aktiv am Lernprozess beteiligt und für ihren Lernerfolg wesentlich mit-verantwortlich sind (Büttner et al. 2010 a, 11). Damit ändert sich auch die Rolle der Lehrperson: Dieser kommt nun die Aufgabe zu, Lernprozesse anzuregen und die Lernenden zur Reflexion ihrer Lernwege und Lernstrategien zu bringen. „Wer eine konstruktivistische Perspektive auf Lehr-Lern-Prozesse der Schüler/innen einnimmt, dem zerbrechen viele Selbstverständlichkeiten" (Büttner et al. 2010 a, 12).

Das gilt auch für die Behandlung von Gleichnissen: So kann nicht länger davon ausgegangen werden, dass die von der Lehrperson vorgenommene Interpretation eines Gleichnisses auch 1:1 von den SuS übernommen werden kann. Die Lernenden haben ihr eigenes Vorwissen, ihre individuellen Lern- und Verstehensvoraussetzungen. Die Kinder- und Jugendtheologie sowie die Dimension der elementaren Wahrheit im Elementarisierungsansatz regen dazu an, verschiedene Interpretationen und Deutungsansätze miteinander ins Gespräch zu bringen. Dass die Konstruktionen der Anderen auch das eigene Verstehen bereichern und inspirieren, kann auch für die Lehrperson gelten.

Den Lernenden kann ein möglichst aktiver und selbstständiger Zugang zu Lk 15,8-10 durch eine anregende Lernumgebung ermöglicht werden. Dabei sollen vier übergreifenden Gestaltungsprinzipien für anregende Lernumgebungen berücksichtigt werden: a.) Authentizität und Anwendungsbezug, b.) Multiple Kontexte und Perspektiven, c.) Metakognition und Selbstevaluation, d.) Soziale Lernarrangements und Unterstützung durch die Lehrkraft (Freudenberger-Lötz 2006, 241 f.). In einem ersten Schritt kann der biblische Text zunächst in einer verständlichen Übersetzung präsentiert werden. Hierzu erhalten die Lernenden ein Arbeitsblatt, das neben der biblischen Geschichte in einer verständlichen Übersetzung auch Platz für mögliche Fragen der Lernenden enthält. Den Lernenden sollen bereits zu Beginn Anknüpfungspunkte an ihr Vorwissen und ihre Vorerfahrungen geboten werden. So wird das Gleichnis vom verlorenen Groschen beispielsweise gemäß dem Lehrplan Evangelische Religionslehre für die Grundschule in NRW als Schwerpunkt in den Klassen 3 und 4 unter dem Themenbereich „Gott bewahrt vor dem Verlorengehen" behandelt.[2] Dieser Zusammenhang sollte durch die Lehrkraft aufgezeigt werden. In einem zweiten Schritt können die Lernenden in einer anregenden Lernumgebung zum Gleichnis weitere Nachforschungen anstellen: Mit Hilfe eines Arbeitsblattes kann ein Bezug zu den beiden anderen Gleichnissen vom Verlorenen hergestellt werden. Das übergreifende Gestaltungsprinzip der *multiplen Kontexte und Perspektiven* erlaubt den Lernenden an dieser Stelle, die im Gleichnis thematisierte ‚Sache' aus zwei weiteren Perspektiven zu betrachten. Darüber hinaus sollte den Lernenden Kontext- und Hintergrundwissen angeboten werden, das auf das jeweilige Alter und Verstehen abzustimmen ist. Diese Informationen sollten möglichst Antwortmöglichkeiten auf die zu Beginn von den Lernenden formulierten zentralen Fragen enthalten (→ 14).

---

2 Ministerium für Schule und Weiterbildung des Landes Nordrhein-Westfalen (Hrsg.) 2008, 158.

- ☐ Wichtige Impulse für die Gleichnisdidaktik gehen aus *allen* dargestellten Konzeptionen hervor: Die *Evangelische Unterweisung* erinnert daran, dass der Religionsunterricht sich nicht stromlinienförmig in den Fächerkanon eingliedert, sondern ein besonderes Fach darstellt, bei dem der Lehrperson als „Zeuge von Gottes Wort" auch heute noch die Aufgabe zu kommt, die christliche Religion zu repräsentieren, ohne dabei „Kirche in der Schule" zu inszenieren.
- ☐ Der *Hermeneutische Religionsunterricht* mahnt dazu an, Gleichnisse exegetisch fundiert für den Unterricht vorzubereiten, der jedoch selbst nicht zum „neutestamentlichen Proseminar" werden kann und soll. Vielmehr ist mit dem Hermeneutischen Religionsunterricht darauf zu achten, dass bei der Auslegung von Gleichnissen danach gefragt wird, wie SuS angesichts der Tradition einen neuen Blick auf das eigene Leben gewinnen können. Dazu inspirieren insbesondere die Gleichnisse Jesu, die stets zu einer neuen Sichtweise einladen.
- ☐ Der *Thematisch-problemorientierte Religionsunterricht* fragt nach situativen Anknüpfungspunkten im Leben der SuS und fordert dazu auf, den SuS stets transparent zu machen, welches Gleichnis zu welchem Zweck behandelt wird.
- ☐ Eine Herausforderung stellt die *Symboldidaktik* dar, die wie keine andere Konzeption auf die Bedeutung von Symbolen für das religiöse Lernen hingewiesen hat. Das ambitionierte Programm zur Symbolerziehung von Halbfas bietet wichtige Impulse für die Gleichnisdidaktik und sensibilisiert für die zentrale Bedeutung von Symbolen für den christlichen Glauben. Auch Biehls Programm der kritischen Symbolkunde bietet wertvolle Impulse, zumal sein Ansatz wesentlich stärker an der Bibel ausgerichtet ist. Grundschulkinder dürften jedoch sehr schnell an kognitive Grenzen geraten, da ihre Verstehensbedingungen bei der Symboldidaktik kaum Berücksichtigung finden. Wenn jedoch nur solche Deutungen als *stabil* gelten, die das Kind selbstständig konstruiert hat, so sind die hohen Ansprüche der Symboldidaktik, deren Ziele am Denken der Erwachsenen ausgerichtet sind, mit Vorsicht zu genießen. Mit Halbfas können Gleichnisse daher als Metapher verstanden werden, ohne sie einer Übertragung auszusetzen.

- ☐ Christliche Religion wird in ihren religiösen Grundformen erfahrbar. Im *Performativen Religionsunterricht* wird diese Beobachtung ernst genommen und im Unterricht praktisch umgesetzt. Religiöse Grundformen sollen von den SuS probeweise in Gebrauch genommen und anschließend in kritischer Distanz reflektiert werden. So wird Lk 15,11-32 beispielsweise zur „Bühne des menschlichen Lebens“ (Hänig in → 11.5).
- ☐ Die Erkenntnisse der *konstruktivistischen (Religions-)didaktik* stellen ein wichtiges Korrektiv dar. Sie machen darauf aufmerksam, dass die Sinnkonstruktion von Gleichnissen vor allem durch die Lernenden selbst zu leisten ist.

  Aus der Perspektive der *Kinder- und Jugendtheologie* (→ 14) ist eine Gleichnisdidaktik, die ausschließlich an den Erkenntnissen der historisch-kritischen Exegese und den Denkleistungen von Erwachsenen ausgerichtet ist, kritisch zu hinterfragen.

  Kollmann kritisiert: „Eine Didaktik, die sich mit ihren Lernzielen zu stark am Denkniveau wissenschaftlicher Gleichnishermeneutik orientiert, läuft Gefahr, Kinder ihrer Kindheit zu berauben und sie zu kleinen Erwachsenen zu machen. Zumindest ist zu berücksichtigen, dass konkret-gegenständliche Denkformen, niedere Stufen des religiösen Urteils, naiver Realismus und ein archaisches Weltbild Eigentümlichkeiten des kindlichen Wirklichkeitsverständnisses sind, die zur Vermeidung späterer Fehlentwicklungen ausgelebt werden müssen“ (Kollmann 2009, 158 f.).

12. Von der Allegorese zur Rezeptionsästhetik

Bis Ende des 19. Jahrhunderts herrscht eine *allegorische Auslegungstradition* der Gleichnisse Jesu vor. Gegen den allegorisierenden Ansatz wendet sich Adolf Jülicher (→ 1.1). Die Gleichnistheorie Jülichers sowie ihre Weiterführung durch Joachim Jeremias haben jahrzehntelang den schulischen Religionsunterrichts geprägt. Eine Wende brachte schließlich der metaphern-theoretische Ansatz, der insbesondere die Symboldidaktik bzw. kritische Symbolkunde inspiriert hat. Zunächst sollen jedoch die Impulse vorgestellt werden, die von tiefenpsychologischen und sozialgeschichtlichen Zugängen ausgehen. Die Auswahl der dargestellten Ansätze zur Gleichnishermeneutik hat keinen Anspruch auf Vollständigkeit, sondern verfolgt das Ziel, einen Bogen zu spannen zwischen stärker am Text und den historischen Entstehungsbedingungen ausgerichteten Ansätzen und jüngeren Ansätzen, die die Bedeutung des Lesers bei der Sinnkonstruktion betonen.

12.1 Tiefenpsychologische Zugänge

Die Tiefenpsychologische Bibelauslegung baut auf C. G. Jungs Theorie der Archetypenlehre auf. Ziel der tiefenpsychologischen Zugänge ist eine durch Methoden angeleitete Berücksichtigung der tiefenpsychologischen Prozesse, „die beim engagierten Lesen von Bibeltexten immer mit ablaufen“ (Kassel 1980, 64). Bei der Auslegung biblischer Texte wird danach gefragt, „ob einem Text immer wiederkehrende allgemeinmenschliche Lebensprozesse und Reifungsprobleme oder typische Konfliktkonstellationen zugrunde liegen (...)“ (Johannsen 1986, 19). Menschliche Problemkonstellation, typische Lebensprozesse oder Konflikte werden mit Hilfe der Archetypenlehre erkannt und gedeutet. Das gilt auch für die Auslegung von Gleichnissen, bei der nach immer wiederkehrenden, allgemeinen Lebensprozessen, überindividuellen Grunderfahrungen und Reifungsproblemen oder typischen Konflikten gesucht wird, um für diese dann in der Gegenwart mögliche Lösungen aufzuzeigen (ebd.).

Eugen Drewermann greift die Theorie der Archetypenlehre von C. G. Jung auf und entwickelt eine tiefenpsychologische Bibelauslegung, mit der er sich von der historisch ausgerichteten Bibelexegese distanziert und sich für das Prinzip der „Gleichzeitigkeit" stark macht. Er formuliert: „Entweder es ist die Aufgabe des Theologen, möglichst viel an historischem Wissen über Jesus Christus aufzuhäufen, dann besaß ein Pharisäer zur Zeit Jesu einen unendlichen Vorsprung. Oder es ist einzig gefordert, gerade kein Pharisäer zu werden und ohne geschichtliches Vorwissen in existentiellem Sinne ein Gleichzeitiger zu sein" (Drewermann 1990, 13).

Auch Drewermann geht es um die Überwindung des „garstigen breiten Grabens" (Lessing). Er möchte die Bedeutsamkeit der biblischen Texte für die Menschen der Gegenwart aufzeigen (Theologischer Ausschuss der Arnoldshainer Konferenz 1992, 26). Drewermann geht davon aus, dass die historisch-kritische Exegese diesen Graben nicht überwindet, sondern vergrößert (Drewermann 1992, 22). Bei der Bibelauslegung müsse nach den Tiefenschichten der Seele gegraben werden, um Grunderfahrungen des Religiösen machen zu können (Theologischer Ausschuss der Arnoldshainer Konferenz 1992, 28). Drewermann begründet seine tiefenpsychologische Bibelauslegung wie folgt: Erstens bestehe diese in der „typologischen Geschichtshermeneutik", die nach dem fragt, was für die Geschichte typisch und zeitlos von Belang ist. Zweitens geht er davon aus, dass das „Typische" seine Entsprechung in dem hat, was in den Tiefenschichten der menschlichen Seele zu suchen ist (ebd.). Drewermann glaubt so den Graben zwischen Vergangenheit und Gegenwart überbrücken zu können und zugleich „das Gemeinsame zwischen Christentum und anderen Religionen gefunden zu haben" (Theologischer Ausschuss der Arnoldshainer Konferenz 1992, 29). Ferner geht er davon aus, dass nur auf der Grundlage des Archetypischen eine „hermeneutische Verbindung über die zeitliche Distanz von Jahrtausenden hinweg denkbar und möglich" sei (Drewermann 1990, 71).

Drewermann veranschaulicht seinen tiefenpsychologischen Zugang auch am Beispiel von Gleichnissen: Im Gleichnis vom Sämann (Mk 4,3-9; vgl. Mt 13,3-9; Lk 8,4-8) geht es laut Drewermann um die Frage, „wie es eigentlich um das Verhältnis zwischen Aufwand und Ertrag in unserem Leben bestellt ist und wie sich Mühe und Erfolg, Ausgabe und Einnahme zueinander verhalten. Lohnt sich unser Leben (Drewermann 1992, 741)?" Das Hauptanliegen Jesu in Bezug auf die Parabel von den unterschiedlichen Talenten (Mt 25,14-30; vgl. Lk 19,11-27) sieht Drewermann darin, „daß wir uns in unserer gesamten Lebenseinstellung vor Gott nicht immer wieder auf die Angst zurückziehen, und so beschwört er uns mit Worten, die vor Gott Angst machen sollen, daß wir vor Gott nicht länger mehr Angst haben" (Drewermann 1992, 748f.).

12.2 Sozialgeschichtliche Zugänge

Bei den sozialgeschichtlichen Zugängen wird herausgearbeitet, welche befreiende Wirkung die biblischen Texte als Glaubensaussagen für die Alltagswelt der Urgemeinde, insbesondere auf der politischen und sozialen Ebene, hatten. Um die befreiende Wirkung auch für den heutigen Alltag zu entdecken, muss sowohl die eigene Situation als auch die der Urgemeinde möglichst genau nachvollzogen werden: „Indem die konkrete Sichtweise derer eingenommen wird, die die biblische Befreiungsbotschaft aussprechen, kann die dort zu Sprache kommende verändernde Wirklichkeitserfahrung mit ihren neuen Hoffnungen und Handlungsperspektiven in Solidarität mit denen, die heute Befreiung suchen, eine neue Dimension von Erfahrung eröffnen" (Johannsen 1986, 19).

Der sozialgeschichtliche Auslegungsansatz wird vor allem von Luise Schottroff angewandt: Schottroff erschließt zunächst sieben Gleichnisse sozialgeschichtlich, nämlich das Gleichnis vom Pharisäer und Zöllner (Lk 18,9-14), das Gleichnis von den Winzern und der Gewalt (Mk 12,1-12), die geschlossene Tür (Mt 25,1-13), Politik mit Zuckerbrot und Peitsche (Mt 22,1-14), der beleidigte Gastgeber (Lk 14,12-24), eine Sprache für Hoffnung finden: Das Gleichnis vom unfruchtbaren Feigenbaum (Lk 13,1-9) und vom Hören und Tun der Tora (Mk 4,1-20) (Schottroff 2005). Um ihr Vorgehen theoretisch zu untermauern, stellt sie sodann „Überlegungen zu einer nichtdualistischen Gleichnistheorie" in Abgrenzung zu dualistischen Gleichnistheorien an: Als dualistisch begreift Schottroff solche Theorien, in denen der durch das Bild transportierte Inhalt eines Gleichnisses theologisch keine eigene Bedeutung hat. Das Bild wird in diesen Theorien nur als Mittel zum Zweck, also zur Verdeutlichung der ‚Sache' aufgefasst. Schottroff geht hingegen davon aus, dass die Gleichnisse mit ihrer unmittelbaren Botschaft in der Tat aus dem Leben der Menschen während des Römischen Reiches erzählen (Schottroff 2005, 12). Diese Botschaft „enthält (...)Verbindungen, Brücken zu einer dazugehörigen Gleichniserklärung, die vom Verhältnis des Volkes Gottes spricht, z.B. mit dem Hinweis, den Inhalt der Gleichniserzählung mit Gottes Königtum zu vergleichen" (Schottroff 2005, 12f.). Die Gleichnisse werden grundsätzlich im Zusammenhang ihres jeweiligen literarischen Kontextes im jeweiligen Evangelium verstanden (Schottroff 2005, 13). Daher deutet Schottroff abschließend die Gleichnisse in ihrem Kontext, den Evangelien. Als Ziel jeder Auslegung formuliert Schottroff eine „Deutung aus der Perspektive der eschatologischen Hoffnung auf das Kommen Gottes (‚Nähe Gottes') und die Gerechtigkeit, die allem Unrecht und aller Gewalt ein Ende setzt" (Schottroff 2005, 12).

Weitere Vertreter der sozialgeschichtlichen Bibelauslegung sind Wolfgang Stegemann, Gerd Theißen und Frank Crüsemann. Die Impulse der sozialgeschichtlichen Bibelauslegung fanden Eingang in den Religionsunterricht ab den 1980er Jahren.

12.3 Metapherntheoretische Zugänge

Der metapherntheoretisch ausgerichtete Zugang von Hubertus Halbfas wurde bereits dargestellt (Halbfas → 11.4). Nachfolgend werden daher an dieser Stelle nur die Ansätze von Ingo Baldermann und Hartmut Rupp skizziert.

Ingo Baldermann: Gleichnisse müssen sich Kindern direkt erschließen, oder sie sprechen überhaupt nicht

Ingo Baldermann geht von einer *impliziten Didaktik der Bibel* aus: „Der Text ist in diesem Lernprozeß nicht Objekt meiner Didaktik, sondern selbst ein didaktisches Subjekt; Er wurde aufgezeichnet, um mir etwas zu zeigen, etwas mitzuteilen, mich etwas lernen zu lassen. Und so muss ich mich darauf einlassen, wie er mich führt, und darf ihn nicht vergewaltigen mit einer auf Effizienz bedachten Container-Didaktik, wie sie von Paolo Freire sarkastisch beschrieben wurde“ (Baldermann 1996, 3).

Baldermann geht davon aus, dass sich Kindern, aufgrund der ihnen unmittelbar zugängigen Grunderfahrungen von Angst und Hoffnung etc., die als „Brücke des Verstehens“ fungieren, biblische Texte unmittelbar erschließen. Es muss kein garstig breiter Graben[3] mühsam überbrückt werden, um biblische Texte zu verstehen (Baldermann 2011). Dazu ist es jedoch erforderlich, die biblische Sprache zu erlernen. Baldermann empfiehlt in seiner *Didaktik der Hoffnung* vor allem die Arbeit mit Psalmen (ebd.) und Reich-Gottes-Gleichnissen (Baldermann 2005). Er grenzt sich scharf von der Gleichnishermeneutik Jülichers und Jeremias‘ ab, die an historischen Fragen und der Suche nach dem *tertium comparationis* interessiert waren. „Bei dieser Art der Gleichnisauslegung geht aber etwas verloren, und das wiegt schwer: Verloren geht die Wärme und die Farbe der Gleichnisse und die Leidenschaft des Erzählers“ (Baldermann 2005, 82). Die Suche nach dem *tertium comparationis* führe dazu, dass die Gleichnisse ihre natürliche Leidenschaft verlören und ein schaler Geschmack übrig bliebe, dem auch durch das nachträgliche Hinzufügen von emotionalen Substraten nicht abgeholfen werden könne (ebd.). Baldermann möchte die Kinder dagegen unmittelbar in das Geschehen der Gleichnisse verstricken: „Die Gleichnisse müssen sich ihnen direkt erschließen, oder sie sprechen überhaupt nicht. ‚Direkt‘ bedeutet in diesem Fall: Der Rahmen, in dem die Gleichnisse ursprünglich ihren Platz hatten, die Frage, auf die sie mit ihren Argumenten eingehen, muß für die Kinder unmittelbar zugänglich sein, in ihrer eigenen Erfahrung“ (Baldermann 2005, 85).

Entwicklungspsychologische Bedenken gegenüber einer verfrühten Behandlung von Gleichnissen weist Baldermann zurück (→ 13.4).

---

3 Lessing prägte 1777 die Formulierung „der garstige breite Graben“ und wies damit auf den Abstand zwischen der Entstehung der biblischen Texte und den späteren Lesern hin. Die Exegese decke diesen auf.

Hartmut Rupp: Gleichnisse als erzählerisch entfaltete Metaphern wider den historischen Graben

Hartmut Rupp setzt sich vor dem Hintergrund der metapherntheoretischen und literaturwissenschaftlichen Gleichnishermeneutik für eine ganzheitliche, erfahrungsbezogene Gleichnisdidaktik ein und spricht sich vehement gegen Modelle der Gleichnisse aus, die die Einbeziehung des historischen Kontextes für unumgänglich halten. Damit grenzt er sich scharf gegen die Konzeptionen von Jülicher, Jeremias oder Linnemann ab: „Es gibt nicht bloß exegetische, sondern auch unterrichtspraktische Gründe von dem kontextualisierenden bzw. ursprungsgeschichtlichen Ansatz von Jeremias und Linnemann abzurücken" (Rupp 1998, 166 f.). Solche Konzeptionen hielten das Gleichnis in der Vergangenheit fest und vertieften den historischen Graben, um ihn dann einzuebnen und mühselig eine heutige Bedeutung zu konstruieren. Rupp betrachtet die Gleichnisse in Anlehnung an Theißen als „autonome Gebilde, die ihre Botschaft in sich selber tragen und immer wieder neu zur Sprache bringen" (ebd.). Gleichnisse werden als „erzählerisch entfaltete Metaphern" verstanden, die sich leicht auslegen ließen.

Rupp stellt Vorschläge und Anregungen für einen „bewegenden Unterricht" am Beispiel von vier Gleichnissen für unterschiedliche Schulstufen vor: Das Gleichnis vom verlorenen Sohn (Lk 15, 11-32), vom Schalksknecht (Mt 18,23-35), die Arbeiter im Weinberg (Mt 20,1-16) und der barmherzige Samaritaner (Lk 10,25-37) (Rupp 1998, 165 ff.). Seine Vorschläge bestechen durch eine methodische Vielfalt und spielerisch-kreative Zugänge.

12.4 Wirkungsästhetische Zugänge

Um die Verstehensbedingungen und die Wirkungsästhetik von Gleichnissen geht es bei den rezeptionsästhetischen Zugängen von Dieter Massa und Stefanie Schulte. Die Rezeptionsästhetik geht davon aus, dass es den einen objektiven Sinn eines Textes nicht gibt, sondern dass dieser erst beim Akt des Lesens durch den Leser konstruiert wird. Dies führt zu einer prinzipiellen Offenheit und zu ganz unterschiedlichen Sinnzuschreibungen (Kollmann 2009, 152).

Dieter Massa: „Methodische Hermeneutik“ – Verstehensbedingungen von Gleichnissen
Massa konzipiert mit seiner *methodischen Hermeneutik* einen Ansatz zur Gleichnisauslegung, der an den „historischen Bedingungen des Verstehens“ ausgerichtet ist (Massa 2000, 31). Er verbindet eine interpretative Hermeneutik und eine Theorie des Verstehens, die an der Sprachverarbeitungsforschung orientiert ist. Massa grenzt sich von dem Gedanken ab, dass der Sinn eines Textes durch seine „sprachmateriale Gestalt“ festgelegt sei und konzentriert sich auf den Prozess des Verstehens selbst (ebd.). Massa fragt insbesondere danach, wie bei Gleichnissen die Erweiterung des Sinnpotentials funktioniert und welche kognitiven Prozesse bei der Rezeption stattfinden. Dabei werden auch die Voraussetzungen für das Verstehen von ihm berücksichtigt (ebd.). Massa schlussfolgert: „Die aktive Beteiligung des aktuellen Interpreten liegt darin, das eigene *Verständnis an fremde Horizonte anzunähern* und sie sich momentan anzueignen, und nicht darin, sich ein Gleichnis in unvermitteltem Verstehens (!) aus dem persönlichen Horizont heraus zu erschließen. Der am historischen Sinn von Gleichnissen interessierte moderne Leser bedarf der exegetischen Ergebnisse“ (Massa 2000, 353).

Massas *Methodische Hermeneutik* unterscheidet sich aufgrund der Ausrichtung an den historischen Verstehensbedingungen grundlegend von der späteren *Hermeneutik des Perspektivwechsels* von Schulte.

Stefanie Schulte: „Hermeneutik des Perspektivwechsels“
Schulte fasst die grundlegenden Prinzipien ihrer *wirkungsästhetischen Gleichnisdidaktik* in fünf zentralen Punkten zusammen: Erstens fordert sie: „Schülerinnen müssen in ihrer Deutungskompetenz ernst genommen werden und sollen dazu angeregt werden, die Gleichnisse eigenständig zu interpretieren, ohne dass der Lehrer sie durch eine seiner Ansicht nach angemessenere Interpretation korrigiert (Schulte 2008, 202f.).“ Zweitens plädiert sie für eine erfahrungsbezogene Didaktik, die nicht in erster Linie auf Textanalyse ausgerichtet ist (ebd.). Drittens konzipiert sie eine „Hermeneutik des Perspektivwechsels“, bei der die Lernenden „den Erzählverlauf und den Konflikt zwischen den Figuren nachvoll-

ziehen" (ebd.). Viertens sollen die Schülerinnen die Gleichnisse Jesu mit ihrer eigenen individuellen Lebens- und Erfahrungswelt verknüpfen. Fünftens sollen sie „eigene Sinnpotentiale der Gleichnisse finden und benennen" (ebd.).

Schulte lässt neben religiös-metaphorischen auch wörtliche und moralische Aktualisierungen der Gleichnisse Jesu zu. Diese müssen nicht zwangsläufig als Gleichnisse verstanden werden. Welchen Sinn der Rezipient dem Text in der Interaktion zuschreibt, ist nicht vorhersehbar. Das Bedeutungsspektrum ist daher unendlich groß: Lk 15,11-32 kann daher beispielsweise auch einen völlig unreligiösen Sinn „als moralische Beispielgeschichte für ein gelungenes Familienleben" erhalten (Schulte 2008, 131). „[Die Lehrkraft] ist als bekennende Christin Zeugin für den Glauben, die aber als Theologin und wissenschaftlich ausgebildete Exegetin jede eigene Aktualisierung der Gleichnisse durch die Schülerinnen als gleichwertig aufnimmt und im Dialog mit den Jugendlichen offen bleibt" (Schulte 2008, 216).

Schultes wirkungsästhetische Hermeneutik und Didaktik ist ein erfahrungsbezogener Ansatz, der die Interaktion zwischen Text und Leser in den Mittelpunkt rückt und eigenständige Deutungen der Lernenden fordert. Der Ansatz weist damit eine Nähe zur Kindertheologie auf, unterscheidet sich aber deutlich von Büttner (Büttner → 12.5) aufgrund der ausdrücklichen Zurückweisung einer Korrektur der Deutungen der SuS (Schulte 2008, 202).

12.5 Integrative Zugänge

Friedrich Johannsen: „Entdeckung neuer Lebensperspektiven"
Der Schwerpunkt von Friedrich Johannsens Anregungen und Modellen zu Gleichnissen liegt auf der Grundschule. Johannsen knüpft an die metapherntheoretische Gleichnisauslegung an und berücksichtigt darüber hinausgehend die sozialgeschichtliche und tiefenpsychologische Exegese. Auch Johannsen gibt zunächst einen Überblick über die Auslegungsgeschichte von Gleichnissen und schließt sodann Schlussfolgerungen für die Arbeit mit Gleichnissen im Religionsunterricht an. Sein Entwurf zur Gleichnisdidaktik zielt

auf die Entdeckung neuer Lebensperspektiven. Die Gleichnisse Jesu sollen dabei als „erfahrungsfördernde Lerngeschichten" dienen (Johannsen 1986, 27). Hierzu sieht Johannsen das Einüben metaphorischen Denkens vor. Bedenken, was eine mögliche Überforderung der SuS aufgrund einer zu frühen Behandlung von Gleichnissen betrifft, hat Johannsen nicht. Die Vermittlung von historischem Hintergrundwissen hält er hingegen für unverzichtbar. Johannsen veranschaulicht seinen Ansatz, der durch eine große Methodenvariation besticht, am Beispiel der Gleichnisse vom barmherzigen Samaritaner (Lk 10,25-37), den Arbeitern im Weinberg (Mt 20,1-16), dem verlorenen Sohn (Lk 15,11-32), dem vom großen Festmahl (Lk 14,16-24) sowie den beiden Wachstumsgleichnissen von der Saat und vom Senf (Mk 4,3-8.30–32; Lk 13, 6-9) (Johannsen 1986).

Gerhard Büttner: Wissenschaftliche Theologie als Korrektiv kindertheologischer Vorstellungen
Die entwicklungspsychologischen Voraussetzungen für die Gleichnisinterpretation werden insbesondere von Gerhard Büttner berücksichtigt. Sein Ansatz ist zugleich dem Programm der Kindertheologie verpflichtet, die wiederum in Anschluss an eine konstruktivistische Sichtweise und den rezeptionsästhetischen Verfahren von einer Sinnkonstruktion durch die Leser ausgeht.

Büttner zieht vor dem Hintergrund von Piagets Erklärungen, „warum Kinder in bestimmten Altersstufen manche Probleme in einer spezifischen weise 'falsch' verstehen" (Büttner 1998, 154), drei Konsequenzen für die Gleichnisdidaktik: Erstens habe man das Gleichnisverständnis, das alters- und entwicklungsstufenbedingt ist, jeweils als das „derzeit bestmögliche" anzuerkennen und „auch theologisch zu würdigen" (ebd.). Zweitens sei es die Aufgabe der Religionspädagogik, die Logik der Rezeptionsprozesse möglichst genau nachzuvollziehen und damit zu rechnen „dass in diesen Verstehensmodi die hermeneutischen Zugangsweisen wissenschaftlicher Theologie zumindest punktuell bereits aufscheinen" (Büttner 1998, 155). Drittens folgt daraus für die neutestamentliche Gleichnisauslegung die Aufgabe, „die theologische Angemessenheit als die formale Richtigkeit einer jenen Interpretation zu beurteilen", und zu prüfen, ob diese „Christum treibet" (ebd.).

Kurzum: Der Theologie kommt so die Funktion des kritischen Korrektivs zu. Darüber hinaus weist Büttner auf die Rolle der Lebensthemen und -erfahrungen hin, die eine wichtige Rolle bei der Gleichnisrezeption durch Kinder und Jugendliche spielen, und fragt, ob nicht die Anschlussfähigkeit an die Lebenswelt als Kriterium für die Gleichnisanalyse herangezogen werden sollte. Abschließend plädiert Büttner dafür, Kindern und Jugendlichen keine „theologisch 'richtigen' Sichtweisen überzustülpen" und bereits früh mit theologisch brillanten Deutungen zu rechnen (Büttner 1998, 164).

Ruben Zimmermann: Die mimetische Didaktik der Gleichnisse/Parabeln
Ruben Zimmermann zielt mit seiner mimetischen Didaktik darauf ab, neben den Inhalten „die Sprachform bzw. Medialität der Gleichnisse" fruchtbar zu machen (Zimmermann 2013 a, 200). Er benennt fünf zentrale Aspekte dieses Zugangs, der sich mit der Perspektive der Kinder- und Jugendtheologie (→ 14), aber auch mit literaturwissenschaftlich und sozialgeschichtlich ausgerichteten Zugängen verbinden lässt: Gleichnisse sind *„Erzähltexte"*. Daher sollte die Erzähldidaktik umfassend Berücksichtigung finden. Die gemeinsame literarische Wirkungsgeschichte kann zudem als Anlass für fächerübergreifenden Unterricht genommen werden. Die *„Fiktionalität"* der Gleichnisse provoziert weiteres kreatives Arbeiten. Die *„Metaphorizität bzw. Bildlichkeit"* legt über den Einbezug von Bildern auch die Möglichkeit eigener Visualisierungen nahe. Der *„Realitäts- und Kontextbezug"* regt dazu an, sozialgeschichtliche Hintergründe der Gleichnisse einzubeziehen (Schottroff → 12.2). Dabei sollen auch die Erfahrungen der heutigen Rezipienten Berücksichtigung finden (ebd.; Schulte → 12.4). Die *„Apellstruktur"* mahnt dazu an, den theologischen und ethischen Aspekt der Gleichnisse wahrzunehmen. SuS sollen als Rezipienten anerkannt und zu eigenständigen Interpretationen angeleitet werden (Zimmermann 2013 a, 201; Schulte → 12.4; Perspektive der Kinder- und Jugendtheologie → 14).

☐ Der *tiefenpsychologischen Zugang*, der insbesondere von Drewermann vertreten wird, ist aufgrund seiner Orientierung an den Archetypen und überindividuellen Grunderfahrungen allenfalls für die gymnasiale Oberstufe als *eine mögliche Lesart* der Gleichnisse Jesu geeignet, die mit anderen Lesarten verglichen werden kann. Insbesondere Grundschulkinder dürften aufgrund ihres Lebensalters noch nicht in der Lage sein, sich, über die eigene Subjektivität hinausgehend, in menschliche Grunderfahrungen, die (noch) keine Relevanz für das eigene Leben haben, hineinzuversetzen. Kritisch zu beurteilen ist vor allem die einseitige Ausrichtung von Drewermanns Ansatz auf die inneren Zugänge der Leserinnen und Leser, in deren Folge ein historischer Zugang gänzlich überflüssig zu werden scheint. Dass aber gerade der Einbezug von historischem Hintergrundwissen aufschlussreich und bereichernd sein kann, wird von Drewermann nicht gewürdigt.

- ☐ Welche befreiende Wirkung die Gleichnisse Jesu für die Urgemeinde hatten, wird von den *sozialgeschichtlichen Zugängen* betont. Ohne historisch-kritisches Hintergrundwissen kann dies jedoch kaum von den SuS selbst erschlossen werden. Dieser Ansatz ist daher allenfalls für lernstarke SuS der gymnasialen Oberstufe geeignet, die aufgrund von Hintergrundwissen die Perspektive der Urgemeinde einnehmen können.
- ☐ Wichtige Impulse für die Gleichnisdidaktik gehen von den *metapherntheoretischen Ansätzen* aus: Kindern wird zugetraut, dass sich ihnen aufgrund ihrer Grunderfahrungen biblische Geschichten unmittelbar erschließen. Ob dies zutrifft, ist fraglich. Insbesondere Grundschulkindern dürfte in der Regel Hintergrundwissen fehlen, das für das Verstehen vieler Gleichnisse notwendig ist. Häufig gilt dies auch für Erwachsene. Gleichnisse müssen nicht zwangsläufig der Übertragung ausgesetzt werden, so Halbfas. Ob Gleichnisse tatsächlich nicht der Übertragung ausgesetzt werden müssen bzw. ob nicht stattdessen auf eine zu frühe Behandlung zu verzichten ist, muss im Einzelfall abgewägt werden. Der dramatische Sinnverlust soll am Beispiel von zwei Parabeln aufgezeigt werden: Selbstverständlich kann Lk 15,11-32 auch ohne „doppelten Boden" und theologische Botschaft gelesen werden. Die Parabel verblasst so allerdings zu einer „unterhaltsamen" Geschichte von der Heimkehr eines Sohnes, der ziemlich viel „angestellt hat" und der trotzdem zu Hause wieder herzlich aufgenommen wird. Dras-

tischer erscheinen jedoch der Verzicht auf die Übertragung und der Verlust der theologischen Botschaft am Beispiel der Parabel von den Arbeitern im Weinberg. Diese ist dann als Geschichte einer unfair erscheinenden Bezahlung der Arbeiter durch einen willkürlichen „Chef" zu lesen.
Rupps Verständnis von Gleichnissen als „erzählerisch entfaltete Metaphern", die gänzlich ohne den Einbezug von historischem Hintergrundwissen zugänglich sind, ist differenziert zu betrachten: Wenn Rupp von erfahrenen Gleichnisleserinnen und –lesern ausgeht, die über ein umfangreiches Bereichspezifisches Wissen im Bereich der christlichen Religion verfügen, die in der Rezeption von Gleichnissen geübt und zugleich zu einem übertragenden Verstehen in der Lage sind, so ist seiner Einschätzung zuzustimmen. Wenn jedoch von *Novizen* im Bereich der christlichen Religion die Rede ist, die möglicherweise aufgrund ihrer kognitiven Entwicklung noch nicht zu einem übertragenden Verstehen in der Lage sind, so überfordert das Verständnis von Gleichnissen als erzählerisch entfalte Metaphern mit großer Wahrscheinlichkeit junge Leserinnen und Leser. Denn gerade sie würden von dem Einbezug historischen Hintergrundwissens sowie einer gezielten Anbahnung eines übertragenden Verstehens enorm profitieren.

- ☐ Die *wirkungsästhetischen Zugänge*, die die aktive Bedeutung des Lesers an der Sinnkonstruktion betonen, sind kritisch zu hinterfragen, wenn biblische Texte nur noch zur „Projektionsfläche" von Schülererfahrungen herangezogen werden. SuS haben ein Recht darauf, dass ihnen ein theologisches Verständnis von Gleichnissen zumindest *angeboten* wird. Die Kinder- und Jugendtheologie, die nicht ohne eine konstruktivistische Sichtweise der Lernenden zu denken ist, wird mit ihren drei Dimensionen des Theologisierens von, mit und für Kinder(n)/Jugendliche(n) diesem Anspruch gerecht (→ 14).
- ☐ Zu denen in der vorliegenden Darstellung *als integrativ bezeichneten Zugängen*, bei denen die Impulse aus verschiedenen Ansätzen miteinander kombiniert werden bzw. verschiedene Sichtweisen zugleich berücksichtigt werden, zählen die Ansätze von Johannsen, Büttner und Zimmermann:

Johannsen knüpft an die metapherntheoretische Gleichnisauslegung an und berücksichtigt die sozialgeschichtliche und tiefenpsychologische Exegese. Im Gegensatz zu Rupp hält Johannsen den Einbezug von historischem Hintergrundwissen für unverzichtbar.

Mit der Forderung, den Unterricht an den jeweiligen Denkmöglichkeiten der SuS auszurichten, wird Büttner insbesondere jungen Rezipientinnen und Rezipienten von Gleichnissen gerecht, die mit ihren jeweiligen Verstehensmöglichkeiten bereits ernst genommen und gewürdigt werden. Dabei kommt der wissenschaftlichen Theologie die Funktion des kritischen Korrektivs zu. Die Perspektive der Kinder- und Jugendtheologie wird auch bei der Behandlung des Fallbeispiels (→ 14) berücksichtigt, da sie (auch) für die Behandlung von Gleichnissen im schulischen Religionsunterricht wichtige Impulse bereit hält.

Zimmermanns Ansatz einer *mimetischen Didaktik* findet nicht nur Anschluss an die Kinder- und Jugendtheologie, sondern weiß auch literaturwissenschaftlich und sozialgeschichtlich ausgerichtete Zugänge miteinander zu verbinden.

13. Und: Wie werdet ihr alle diese Gleichnisse verstehen?

Kinder und Jugendliche denken und verstehen anders als Erwachsene. Das gilt auch für die Rezeption von Gleichnissen. Schwierigkeiten mit einem symbolisch-metaphorischen Verstehen werden mit Kenntnis der Entwicklungsstufenmodelle von Jean Piaget und James W. Fowler und Studien zur Rezeption von Gleichnissen besser nachvollziehbar. Diese helfen, Verstehens- und Rezeptionsprozesse von SuS besser einzuschätzen und sie im Unterricht nicht zu über- oder zu unterfordern.

13.1 Stadien des Gleichnisverständnisses

Dem kognitiven Entwicklungspsychologen Jean Piaget (1896–1980) zufolge vollzieht sich das menschliche Erkennen in Form eines operativen Prozesses. Das erkennende Subjekt setzt sich aktiv konstruierend mit seiner Umwelt auseinander (Grethlein/Lück 2006, 41). So kann erklärt werden, warum sich Menschen im Laufe ihres Lebens die Wirklichkeit anders konstruieren. Die veränderte Konstruktion von Wirklichkeit wird mit dem Beschreiten von qualitativ unterschiedlichen, aufeinander aufbauenden Entwicklungsstufen erklärt. Piaget geht davon aus, dass sich die beschriebene Stufenentwicklung auf alle Denkbereiche bezieht. Grundschüler denken den Theorien Piagets zufolge vorwiegend konkret-operatorisch, d. h. ihr Denken ist auf die konkrete Anschauung angewiesen. Ihr Symbolverständnis ist eindimensional (Piaget 1974).

Bild und gemeinte Sache eines Gleichnisses können noch nicht miteinander in Bezug gesetzt werden. Gleichnisse werden demnach von Grundschulkindern vorwiegend als Geschichten verstanden. Mit formal-operatorischem Denken rechnet Piaget nicht vor dem zwölften Lebensjahr (ebd.). Erst ab dann könnten Gleichnisse auch als solche erfasst werden (→ Bucher 13.1).

☐ Die piagetschen Grundannahmen, insbesondere die Annahme einer Stufenentwicklung sowie der Bezug auf alle Denkbereiche, sind heute zu modifizieren. Die kindliche Entwicklung schreitet außerdem schneller voran als dies von Piaget angenommen wurde.

- ☐ Büttner und Dieterich halten jedoch an der Vorstellung der Äquilibrierung und der Entwicklung in Stufen fest. Sie gehen davon aus, dass die Entwicklung in einzelnen Wissensbereichen nicht zeitlich parallel stattfindet und in unterschiedlicher Weise vollzogen wird (Büttner/Dieterich 2013, 17).

Anton A. Bucher greift die Erkenntnisse von Piaget und Fritz Oser auf.[4] Zugleich knüpft er an Jülichers Gleichnisverständnis an (→ 1.1). Bucher untersucht das Gleichnisverständnis von 28 Kindern und Erwachsenen im Alter von sieben bis fünfzig Jahren in Bezug auf die Parabel von den anvertrauten Talenten, die Beispielerzählung vom Reichen Mann und Armen Lazarus und die Parabel von den Arbeitern im Weinberg näher.

Bucher fragt u. a. danach, ob die Geschichte wirklich passiert ist und bittet um eine Begründung (Bucher 1990, 46). Des Weiteren fragt er, „Kommt in dieser Geschichte eine Figur vor, die für Gott dasteht, die eigentlich ihn meint, ein Bild für ihn ist?“, und fragt sowohl nach einer Begründung sowie nach einer Zuordnung des Bildes (ebd.). Bucher interessiert sich auch für einen möglichen Zusammenhang zwischen Gleichnis und Reich Gottes. So fragt er: „Hat die Geschichte etwas mit dem Reich Gottes zu tun (Bucher 1990, 47)?“

Der empirischen Studie zufolge ist es für Grundschulkinder schwierig, Gleichnisse als solche zu erfassen. Bucher beschreibt vier Entwicklungsstadien des Gleichnis- bzw. Parabelverständnisses, das von ihm an die Entwicklungstheorie von Piaget rückgebunden wird: Ab dem Stadium 1, das im frühen Grundschulalter anzutreffen ist, wird lediglich das Bild erfasst. Ab dem zehnten

4 Die beiden Schweizer Fritz Oser und Paul Gmünder haben Kinder, Jugendliche und Erwachsene auf der Grundlage von Dilemma-Geschichten befragt und so *die Entwicklung* des *religiösen Urteils* erforscht und beschrieben. Auch Lawrence Kohlberg knüpft an die Untersuchungen von Piaget zum moralischen Urteil beim Kind an und entwickelt selbst Theorien zur *Entwicklung des moralischen Urteils*. Kohlberg ist daran interessiert, wie moralische Normen begründet werden. Auch er arbeitet bei seiner Studie mit Dilemma-Geschichten. Eine ausführliche Darstellung bietet Schweitzer 2010, 112 ff.

Lebensjahr und dem Stadium 2 findet ansatzweise ein Übertragen vom Bild auf die Sache statt. Erst ab dem 12. Lebensjahr wird mit dem Stadium 3 die übertragende Bedeutung zum Hauptkriterium der Rezeption und Interpretation gemacht (Bucher 1990, 42 ff.).

Bucher und Oser ziehen aufgrund der Studienergebnisse folgende Konsequenzen: Erstens soll durch die Textarbeit die nächste höhere Stufe der religiösen Entwicklung angebahnt werden. Dazu soll die Lehrkraft die Lernenden anregen (Bucher/Oser 1987, 178). Zweitens soll die „adaptive Tätigkeit an Texten unterstrichen werden“ (ebd.). Drittens wird dafür plädiert, „daß die Hermeneutik der Bibeltexte im allgemeinen und der Gleichnisse im besonderen durch den Schüler zu leisten ist“ (Bucher/Oser 1987, 179). Anstatt die in einem Bibelkommentar gefundene Deutung auf die Lernenden zu übertragen, „muß [der Unterrichtende] die vom Kinde geleistete und ihm optimal mögliche Deutung als Wert akzeptieren, entspricht sie doch seiner religiösen Entwicklungsstufe, ist sie ihm doch gemäß. Erst in einem zweiten Anlauf kann er versuchen, neue Interpretationselemente einzubringen. Und auch hier muss er auf die rekonstruktive Reaktion der Schüler Rücksicht nehmen (ebd.).“ Die Deutung des Kindes soll auch dann gewürdigt werden, wenn sie der „normativen theologischen Auslegung widerspricht“, und nicht sogleich korrigiert oder verworfen werden, um das Kind nicht zu entmutigen, sondern zu einer selbstständigen und interpretierenden Lektüre der Bibel ermutigen(ebd.). Bereits 1987 kritisieren Bucher und Oser: „Noch immer (...) hat die religionspädagogische kopernikanische Wende nicht stattgefunden, die das Kind und sein religiöses Handeln und Deuten in den Mittelpunkt rückt und ihm unterstellt, *selber* interpretierend und „exegetisch“ tätig sein zu können (Bucher/Oser 1987, 181).

- ☐ Buchers Studie ist stark an der Gleichnishermeneutik Jülichers orientiert. Vor dem Hintergrund des metapherntheoretischen Ansatzes, der den Transfer von Bild zur Sache aufgibt, verliert seine Studie daher an Aussagekraft.
- ☐ Büttner und Dieterich halten die Studie von Bucher jedoch für keinesfalls überholt, sondern sehen ihren Nutzen vor allem in der Warnung, „dass Kinder nicht ohne weiteres Dinge in derselben Weise perzipieren und so zu denselben Ergebnissen kommen wie Erwachsene. Es ist vielmehr erst auf der Basis

genaueren Wissens möglich, Unterrichtsinhalte wie neutestamentliche Gleichnisse dann so zu präsentieren, dass die Schwierigkeiten des Verstehens umgangen, zumindest stark eingeschränkt werden können" (Büttner/Dieterich 2013, 22).

- ☐ Die Frage nach einem angemessenen Verstehensniveau von Gleichnissen werde viel zu sehr am formal-operatorischen Denken gemessen, so auch Müller. Er betont: „Es stellt jedoch keine Verkürzung dar, wenn ein Gleichnis als Geschichte verstanden und mit eigenen Erfahrungen verknüpft wird. Denn damit ist ein bestimmter Aspekt des Wirklichkeitsverständnisses von Gleichnissen ja tatsächlich angesprochen" (Müller 2007, 84 f.).

13.2 Stufen des Glaubens und des Symbolverständnisses

Der Amerikaner James W. Fowler hat in den 1970er Jahren auf der Grundlage von einigen hundert biographischen Interviews mit Kindern und Erwachsenen im Alter von 4–84 Jahren ein sechsstufiges Stufenmodell des Glaubens entwickelt. Es handelt sich um ein komplexes Stufenmodell, das neben den Formen der Logik nach Piaget und des moralischen Urteils nach Kohlberg, die Theorien zur Rollenübernahme (soziale Kognition) nach Selman berücksichtigt. Auch die psychosozialen Krisen nach Erikson sowie die Entwicklung des Selbst nach Kegan werden von Fowler berücksichtigt (Fowler 1991, 288 f.). Dabei hat Fowler über Piaget und Ricœur hinausgehend Stufen der „Symbolfunktion" entwickelt und so Symbolfähigkeit und -verständnis zusammengefasst. Diese werden nachfolgend im Zusammenhang mit der Darstellung der Entwicklung des Glaubens in Stufen vorgestellt. Fowler versteht Glauben wie folgt:

> „Glauben (faith), viel mehr als Glaubensinhalt (belief) oder Religion, ist die grundlegendste Kategorie bei der Suche des Menschen nach einer Beziehung zur Transzendenz. Glaube, so wird deutlich, gehört zum Menschen, er ist ein universales Merkmal des menschlichen Lebens, überall erkennbar ähnlich, trotz der bemerkenswerten Vielfalt

> der Formen und Inhalte der religiösen Praxis und der Glaubensinhalte. (…) Glaube in klassischem Verständnis ist keine abgesonderte Dimension des Lebens, keine abgegrenzte Besonderheit. Glaube ist eine Orientierung der ganzen Person, die ihren Hoffnungen und Bestrebungen, Gedanken und Handlungen Sinn und Ziel gibt“
> (Fowler 1991, 35 f.).

Für den schulischen Religionsunterricht und die Behandlung von Gleichnissen sind insbesondere die Stufen 1–3 sowie bei wenigen Jugendlichen die Stufe 4 von Bedeutung:

Auf den *intuitiv-projektiven Glauben (Stufe 1)* im Vorschulalter mit einem *magisch-numinosen Symbolverstehen* folgt im Grundschulalter von 7–12 Jahren der *mythisch-wörtliche Glaube (Stufe 2)*. Auf dieser Stufe, die dem konkret-operationalen Denken bei Piaget entspricht, besteht ein großes Interesse an Geschichten und Mythen, wobei noch kein Symbolverständnis, sondern *ein eindimensionales wörtliches Verstehen* vorherrscht (Fowler 1991, 151 ff.). Kinder diesen Alters gehen von einer reziproken Fairness und einer immanenten Gerechtigkeit aus (Fowler 1991, 167). Das gilt auch für die Rezeption von Gleichnissen, die in diesem Alter überwiegend wörtlich verstanden werden.

Vom 13.–20. Lebensjahr ist bei etwa einem Drittel der Jugendlichen der *synthetisch-konventionelle Glaube (Stufe 3)* anzutreffen. Auch die Stufe 2 und eine Zwischenstufe zwischen 2 und 3 kommen bei dieser Altersgruppe weiterhin vor. Viele Erwachsene verbleiben auf dieser Glaubensstufe. Anstatt einer eigenständigen und unabhängigen Glaubensperspektive herrscht auf Stufe 3 eine Orientierung an den jeweiligen Bezugsgruppen vor (konventionell). Eine Reflexion oder Überprüfung der eigenen Glaubensinhalte findet in der Regel noch nicht statt. Der Glaube ist synthetisch (Fowler 1991, 191). Fowler spricht auf dieser Stufe von frühen formalen Operationen (Fowler 1991, 261). Dieser Glaubensstufe entspricht ein *mehrdimensional-symbolisches Verstehen*. Den Symbolen wohnt eine evokative Kraft inne (Fowler 1991, 263).

Büttner und Dieterich weisen bei ihrem Vergleich der beiden Modelle von Fowler und Oser/Gmünder auf Unterschiede bezüglich der dritten Stufe hin. Während sich beide bezüglich der vorausgehenden Stufen bestätigen oder ergänzen, scheinen im Jugendalter weitere Faktoren eine entscheidende Rolle zu spielen, nämlich soziale, kulturelle, gesellschaftliche und geschichtliche (Büttner/Dieterich 2013, 82).

Im frühen Erwachsenenalter, oft aber auch erst im Alter von Mitte 30 Jahren oder noch später, wird der *individuierend-reflektierende Glaube (Stufe 4)* konstituiert. Von vielen Erwachsenen wird diese Stufe, die durch formale Operationen gekennzeichnet ist, ein Leben lang nicht erreicht. Fowler beschreibt für diese Stufe eine doppelte Entwicklung, nämlich die Beanspruchung einer eigenen Identität (das Selbst) und die Schaffung eines eigenen Sinnrahmens, der wiederum als eigene Weltanschauung erkannt wird. Sowohl „das Selbst“ als auch „die Weltanschauung“ werden von denen der anderen differenziert. Symbole werden nun begrifflich übersetzt. Stufe 4 ist eine „entmythologisierende“ Stufe (Fowler 1991, 200 f.). Symbole werden vom Symbolisierten getrennt und in ideelle Vorstellungen übersetzt. Die evokative Kraft wohnt nun der Bedeutung inne, die von den Symbolen übersetzt wird (Fowler 1991, 263).

Schweitzer nennt diese Stufe „symbolkritisches Verstehen“ und möchte damit den Aspekt der Entmythologisierung aufgreifen (Schweitzer 2010, 207). Für Biehl hat die kritische Symbolkunde (→ 11.4) die Aufgabe, möglichst zu einem kritischen Symbolverständnis, das der Stufe 4 bei Fowler entspricht, anzuleiten.

Die Überprüfung der Stufenfolge Fowlers sieht er ebenso als Desiderat wie eine differenziertere Beschreibung der Stufen. Für Biehl ist die Unterscheidung der Stufen 3 und 4 vor dem Hintergrund der Untersuchungen von Fetz in Frage zu stellen. „Nach unseren Beobachtungen ist *das mehrdimensional-symbolische Verstehen* nicht notwendig an einen konventionellen Umgang mit religiösen Symbolen gebunden“ (→ Biehl 1989, 160).

- ☐ Magisch-numinoses Verstehen der Stufe 1 und das eindimensional-wörtliche Verstehen der Stufe 2 werden von allen Menschen durchlaufen. Über Stufe 2 kommen jedoch viele Menschen ein Leben lang nicht hinaus. Daher sind die Zielsetzungen der kritischen Symbolkunde kritisch zu beurteilen.
- ☐ Im Grundschulalter ist vor allem mit mythisch-wörtlichem Glaube (Stufe 2) zu rechnen. Das Interesse an Geschichten und Mythen ist groß. Es herrscht in der Regel noch kein

Symbolverständnis, sondern ein wörtliches Verstehen vor. Auf dieses wörtliche Verstehen sollte sich die Lehrperson bei der Behandlung von Gleichnissen einstellen.

- ☐ Es ist nicht nur mit einem unterschiedlichen Verstehen von Kindern und Jugendlichen desselben Alters zu rechnen, sondern auch mit einer Gleichzeitigkeit von wörtlichem und symbolischem Verstehen bei einzelnen Kindern. Oberthür empfiehlt ein wörtliches Verstehen grundsätzlich gelten zu lassen und zugleich zu einem metaphorischen Verstehen zu animieren. Er vertraut darauf, dass die Kinder am besten auch voneinander lernen und sich gegenseitig in ihrer religiösen Entwicklung fördern (Oberthür 1995, 155 f.).
- ☐ Etwa ab dem 13. Lebensjahr ist mit dem synthetisch-konventionelle Glauben (Stufe 3) und einem mehrdimensionalen Symbolverständnis zu rechnen.
- ☐ Problematisch wird die Ausrichtung an den Stufenmodellen, wenn Lehrende versuchen die Lernenden anhand der Stufenmodelle eindeutig einzuordnen. Eine Bewertung der religiösen Denk- und Argumentationsmuster nach dem Prinzip „je höher, desto besser" ist zu unterlassen.
- ☐ Die Stufenmodelle sind einseitig auf die kognitive Entwicklung ausgerichtet. Eine Entwicklung des ganzheitlichen Lernens wird von den Stufenmodellen nicht erfasst.

13.3 Lernende werden zu Experten (auch) im Bereich der Religion

Der von Piaget angenommene Bezug auf alle Denkbereiche steht in Spannung zu den Theorien zum Bereichsspezifischen Wissen. Gemäß den Theorien zum *Bereichsspezifischen Wissen* gibt es drei Kernbereiche (*core domains*) intuitiven Wissens. Erstens eine naive Psychologie, z. B. über Wünsche oder Absichten, zweitens eine naive Physik, z. B. in Bezug auf die Schwerkraft, sowie eine naive Biologie, um z. B. Belebtes von Unbelebtem zu unterscheiden. Das Vorwissen bestimmt demzufolge das Niveau der Operationen: So kann eine sechsjährige Schach- oder Saurierexpertin einer fünfzehnjährigen Novizin in diesem Bereich aufgrund ihres Wissens überlegen sein und folglich auch differenziertere gedankliche Operationen vornehmen. Büttner betont, dass die Theorien zum Bereichsspezifischen Wissen auch für den Bereich der Religion gelten müssen, sodass schließlich von vier Wissensdomänen (inklusive der Religion) ausgegangen werden muss (Büttner 2010 b, 210). Er betont insbesondere die Bedeutung der vorhandenen Wissensbasis im Bereich der Religion für weitere Denkoperationen:

> „Wenn die Entwicklung von Novizen zum Experten zwar nicht unabhängig ist von der Altersentwicklung, aber maßgeblich bestimmt wird vom angebotenen und verarbeiteten Wissen, dann kann man erschließen, was das für den Bereich Religion bedeutet. Wer in diesem Bereich keine Instruktion erfahren hat, der mag zwar im Sinne Piagets etwa von der konkreten zur formalen Operation vorangeschritten sein, er wird dennoch ein religiöser ‚Novize' bleiben. Wenn eine Wissensbasis fehlt, wird es auch schwer sein, komplexere Denkoperationen in diesem Feld vorzunehmen" (ebd.).

☐ Je mehr Vorwissen im religiösen Bereich bei den Lernenden vorhanden ist, desto leichter können gedankliche Operationen in diesem Bereich vorgenommen werden. Das gilt selbstverständlich auch für Gleichnisse: Wenn SuS die Parabel vom verlorenen Sohn bereits bekannt ist und sie gelernt haben, den Vater mit Gott zu identifizieren, so wird es ihnen sehr viel leichter fallen auch die suchende Frau im Gleichnis von der verlorenen Drachme mit Gott zu identifizieren. Dabei stellt die Darstellung von Gott als Frau unter Umständen eine weitere Hürde dar.

13.4 Ab wann ist es sinnvoll Gleichnisse im Religionsunterricht zu behandeln?

Der geeignete Zeitpunkt für die Behandlung von Gleichnissen im Religionsunterricht ist nicht unumstritten. Soll die „erste Naivität" des Kindes respektiert werden oder bereits im ersten Schuljahr mit einer gezielten Symbolerziehung zur Einübung in das bildliche Verstehen begonnen werden, wie es beispielsweise Halbfas vorschlägt? Halbfas möchte Gleichnisse bereits ab dem ersten Schuljahr thematisieren. Dies sei dann möglich, wenn auf jegliche Form der Übertragung verzichtet werde und die Gleichnisse als Metaphern verstanden würden. Diese seien als Geschichten wahrzunehmen und nicht zu übertragen (Halbfas 1994, 548).

Für eine möglichst frühe Behandlung von Gleichnissen spricht sich auch Baldermann aus. Er will auf Erklärungen zum historischen Kontext verzichten. Baldermann geht aufgrund von den Erfahrungen der Kinder von einer unmittelbaren Erschließung der Gleichnisse Jesu durch die Kinder aus und möchte diese spätestens ab dem dritten Schuljahr erarbeiten (→ 11.4).

Büttner empfiehlt hingegen die Gleichnisse vor dem dritten Schuljahr lediglich als Geschichten zu erzählen und nicht zu versuchen, diese zu übertragen. Mit Hilfe von ersten Parallelisierungen kann dann ein weitergehendes Verstehen angebahnt werden: „Schau mal, wie es in dieser Geschichte ist, und wie in jener!" Bis in die Sekundarstufe sei es jedoch wichtig, „das metaphorische Verstehen extra anzusprechen und zu üben" (Büttner 2013, 9).

Anke Pfeifer, die ihm Rahmen ihrer *Semiotischen Studien zur Rezeption biblischer Texte im Religionsunterricht der Grundschule* das Metaphernverständnis von Grundschulkindern untersuchte (Pfeifer 2002), äußert große Skepsis gegenüber einer allzu frühen Behandlung von Gleichnissen im Religionsunterricht. Sie empfiehlt eine Behandlung von Gleichnissen im schulischen Religionsunterricht nicht vor dem dritten oder vierten Schuljahr und kritisiert:

> „Die Geschichte der Gleichnisdidaktik zeigt sich überwiegend als reine Deduktionsdidaktik theologischer, exegetischer, literarischer Überzeugungen. Der Blick auf das Schulkind und seine Rezeptionspotenziale blieb dabei aber über eine lange Zeit hinweg weitgehend ausgeklammert. Notwendig ist dagegen eine integrative Sichtweise, die Fragen nach den Sachstrukturen biblischer Gleichnisse und pädagogische Fragen nach den Konstruktionsprozessen individuellen Lernens miteinander verbindet" (Pfeifer 2009, 340).

Diesem Spagat gerecht zu werden, versucht insbesondere Büttner (Büttner → 12.5).

Bereits Kurt Frör (1905–1980), ein weiterer Vertreter der Evangelischen Unterweisung (→ 11.1), warnt ausdrücklich vor einer verfrühten Behandlung von Parabeln, um die SuS nicht zu überfordern. Gleichnisse sollen in der Unterstufe der Volksschule zunächst nur als Erzählungen und erst ab dem 12. Lebensjahr als Gleichnisse behandelt werden, wenn die Abstraktionsfähigkeit entwickelt worden ist (Frör 1961, 313).

Auf der Grundlage des rezeptionsästhetischen Ansatzes plädiert schließlich Bucher dafür, dass „Gleichnisse erst dann als Gleichnisse im Unterricht behandelt werden können und sollen, wenn die dafür erforderlichen kognitiven Strukturen bei den Heranwachsenden formiert sind“ (Bucher 1987, 201). SuS sollen nicht überfordert werden. „Stabil [seien] nur solche Deutungen, die das Kind selber rekonstruiert (und nicht bloß übernimmt und kurze Zeit speichert), und die es wirklich – kognitiv und affektiv – nachvollziehen kann (…)“ (ebd.). Bucher schlägt vor, bei der Behandlung von Gleichnissen auf die Übertragung in die Sachhälfte zu verzichten und stattdessen in der Bildebene zu verbleiben. Er gibt zudem Anregungen, welche Perikopen sich hierzu eignen, z. B. die Beispielerzählungen vom Armen Lazarus (Lk 16,19-31) und vom Reichen Pharisäer (Lk 18,9-14) (ebd.).

Anita Müller-Friese schätzt die Fähigkeiten der Kinder aufgrund einer Befragung von 730 Grundschulkindern zu Lk 15,1-7 optimistischer ein als Bucher. Vor dem Hintergrund der Befragung widerspricht sie der These Buchers, „dass Kinder unter 12 Jahren ein Gleichnis nicht adäquat erfassen können“ (Müller-Friese 2002, 19). Sie schlussfolgert, dass sich Kinder Gleichnisse verstehend aneignen und diese „weitgehend“ mit Gott in Verbindung bringen. Anstatt nach einer exegetisch korrekten Vermittlung zu fragen, plädiert sie dafür, die Lernenden auf ihrem Verstehensweg zu begleiten (ebd.).

Müller et al. bestätigen dagegen die Beobachtung, dass Gleichnisse von SuS in der Grundschule vor allem als Geschichten verstanden werden (Müller et al. 2002, 61). Sie plädieren dafür, bereits in der Grundschule mit einer Förderung des Verstehens der Gleichnissprache zu beginnen und auf Deutungen mit Hilfe von Bild- und Sachhälfte sowie die Suche nach dem tertium comparationis zu verzichten (ebd.). Sie betonen, dass das, „(…) was in den Gleichnissen zur Sprache kommt, nur im Gleichnis, nur in Erzählung und Bild zur Sprache kommen kann“ (ebd.).

13.5 Kriterien für die Auswahl von Gleichnissen

Im Anschluss an die Darstellung der Theorien zur Entwicklungspsychologie und der Diskussion um den geeigneten Zeitpunkt für die Behandlung von Gleichnissen stellt sich die Frage nach geeigneten Auswahlkriterien.

Büttner geht zunächst auf die „altersmässigen Voraussetzungen“ ein und empfiehlt gar nicht erst zu versuchen, die Gleichnisse vor dem dritten Schuljahr zu übertragen (Büttner 2013, 9; → 13.4). Bevor über mögliche Aktualisierungen nachgedacht werden kann, muss zweitens der sachliche Hintergrund des Gleichnisses beleuchtet werden (ebd.). Drittens weist er darauf hin, dass die Komplexität des Gleichnisses zu bedenken ist und mahnt damit an, sowohl die Länge des Gleichnisses als auch dessen Erzählperspektive, die leichter oder schwieriger zu durchschauen ist, zu berücksichtigen (ebd.). Viertens erinnert Büttner daran, stets die Nähe zur Lebenswelt der Lernenden im Blick zu haben: „Verlorensein, Ungerechtigkeit erfahren, Kleinsein und Grosswerden (!) sind grundlegende Erfahrungen, die bereits früh angesprochen werden können“ (ebd.).

Büttner unterscheidet aufgrund dieser Vorüberlegungen zu passenden Gleichnissen vier verschiedene Gruppen: Er differenziert einfache Gleichnisse, die „nah an der heutigen Lebens- und Erfahrungswelt“ sind, z.B. die beiden Gleichnisse vom verlorenen Schaf und Groschen (Lk 15,14-7.8–10), und solche, die „die Erfahrungen überschreiten, gleichwohl aber an unmittelbare Vorstellungen anknüpfen“ (Büttner 2013, 10). Als Beispiel nennt er das Gleichnis vom Senfkorn (Mk 4,30-32) (ebd.). Parabeln differenziert er u.a. in Bezug auf deren Komplexivität: Zu den „Parabeln mit größerer Komplexität, die zu neuen Erfahrungen herausfordern“ zählt Büttner folgende Texte: den barmherzigen Samaritaner (Lk 10,29-37), den verlorenen Sohn (Lk 15,11-32), die Arbeiter im Weinberg (Mt 20,1-16) (ebd.). Als Beispiele für „Parabeln mit sehr komplexer Handlung und/oder mit paradoxen Verhaltensmodellen" benennt Büttner die Texte vom gerissenen Verwalter (Lk 16, 1-9) und der hartnäckigen Witwe (Lk 18,1-8). Büttner rechnet hier auch bei Studierenden mit Verständnisschwierigkeiten und warnt vor einer Behandlung vor der Sekundarstufe II (ebd.).

- ☐ Es ist wenig aussichtsreich, Kindern und Jugendlichen Deutungen von Gleichnissen „überzustülpen", die sie nicht nachvollziehen können und an deren Konstruktion sie nicht aktiv beteiligt sind.
- ☐ Neuere Ansätze nehmen die Erkenntnis ernst, dass die Rezipienten den Sinn eines Gleichnisses bei der Lektüre konstruieren. Jedoch fallen diese subjekt- und leserorientierten Ansätze in ein anderes Extrem: Die Sinnkonstruktion durch den Leser sowie das subjektive Erleben werden übermäßig betont, sodass Gleichnisse nicht einmal mehr religiös (Schulte → 12.4) bzw. theologisch verstanden werden müssen.
- ☐ Eine einseitige Ausrichtung auf das kognitive Verstehen ist kritisch zu hinterfragen. Kinder, die zu einem übertragenden Verstehen von Gleichnissen (noch) nicht in der Lage sind, deuten diese jedoch vor dem Hintergrund ihrer Lebens- und Erfahrungswelt und kommen bereits zu Deutungen, die für sie adäquat sind. Diese gilt es zumindest nachzuvollziehen. Der Theologie kommt dabei die Funktion des kritischen Korrektivs zu. Alternative Deutungen können angeboten werden, sollten aber nicht aufgezwungen werden.
- ☐ Vor dem Hintergrund der Theorien zum Bereichsspezifischen Wissen ist der Einbezug des Vorwissens sorgfältiger als bisher zu bedenken und in die Unterrichtsplanung zu integrieren. Sicherlich ist es sinnvoll, sich nicht auf zu erwartende Wissensstandards zu verlassen, sondern die individuellen Lerngruppen konkret nach ihrem Vorwissen zu einem neuen Thema, einem neuen Gleichnis, zu befragen.
- ☐ Es bedarf neuerer Studien, bei denen, insbesondere in Bezug auf das Jugendalter, weitere Faktoren der Bibelrezeption Berücksichtigung finden. Joachim Theis geht in seiner bibeldidaktischen Studie mit einer empirischen Untersuchung zum Gleichnis vom barmherzigen Samariter der Untersuchungsfrage nach: „Welchen Einfluss haben demographische, soziokulturelle

sowie kognitive und affektive Faktoren auf das Verstehen eines Bibeltextes?“ (Theis 2005, 117). Theis führt eine Erhebung mit über 1000 Oberstufenschülern durch und kommt zu dem Schluss, dass die Rezeption maßgeblich von der Voreinstellung der SuS bestimmt ist (Theis 2005, 221–240).

- ☐ Auch die Frage nach dem Milieu kann bei der Frage nach dem Bibelverständnis Berücksichtigung finden. Ulrich Riegel bezieht die klassische Milieuforschung auf das Bibelverständnis (Riegel 2013).

14. Neutestamentliches Fallbeispiel: Lk 15,8-10 in der Perspektive der Kinder- und Jugendtheologie

Die Verbindung des Elementarisierungsansatzes mit der Perspektive der Kinder- und Jugendtheologie ist *eine* Antwortmöglichkeit auf die zahlreichen Probleme und Schwächen in den zuvor aufgezeigten Konzeptionen von schulischem Religionsunterricht und der nicht selten einseitig ausgerichteten Gleichnishermeneutik.

Kindertheologie und Elementarisierung stellen eine Herausforderung für einander da und können einander bereichern: Die Kindertheologie bereichert den Elementarisierungsansatz, indem sie die Rolle der *Kinder als Subjekte religiösen Lernens* herausstellt: „Religiöses Lernen soll sich im Dialog zwischen Kindern und Erwachsenen so vollziehen, dass Kinder nicht zu Objekten der Belehrung gemacht, sondern dass sie als Subjekte des Lernens anerkannt und unterstützt werden“ (Schweitzer 2011, 32). Schweitzer sieht damit die Kinder vor allem durch die Kindertheologie vertreten. Für die 'Sache' tritt hingegen der Elementarisierungsansatz stärker ein (Schweitzer 2011, 35).

Daher dürfte eine Kombination beider Ansätze sicherstellen, dass die Kinder mit ihren Verstehens- und Zugangsmöglichkeiten und die Anforderungen von schulischer Seite ebenso Berücksichtigung finden wie die wissenschaftliche Theologie. Das bedeutendste Argument für diese Verbindung wird darin gesehen, dass wechselseitige Impulse für Kindertheologie und Elementarisierung entstehen (Schweitzer 2011, 77). Der Elementarisierungsansatz schafft für die Kindertheologie eine „religionsdidaktische Grundlegung und Einbettung“ für eigene Ortsbestimmung innerhalb der Religionspädagogik (Schweitzer 2011, 78). „Die Frage nach Elementarisierungsmöglichkeiten hält für die Kindertheologie die Frage bewusst, was Kindertheologie für Lernen und Bildung zu leisten vermag“ (ebd.). Die Kindertheologie bietet wiederum dem Elementarisierungsansatz mit seinen fünf Dimensionen eine Profilierung, indem sie Kinder ausdrücklich als aktive Subjekte ihrer eigenen Lernprozesse begreift. So stellt sie dem Elementarisierungsansatz die Aufgabe, Kinder als solche Subjekte anzuerkennen und diese in ihren Lernprozessen zu unterstützen (ebd.).

Vertreter der Kindertheologie plädieren seit Ende der 1980er Jahre dafür, kindertheologische Deutungen ernst zu nehmen und die Kinder nicht länger nur als zu belehrende Objekte von Theologie aufzufassen. Kinder seien ihrem jeweiligen Entwicklungsstand entsprechend bereits als *Subjekte* theologischer Inhalte ernst zu nehmen. Sie werden vor dem Hintergrund konstruktivistischer Theorien als Konstrukteure ihrer Lern- und Verstehensprozesse ernst genommen. Die Kindertheologie und Kinderphilosophie, die beide auf den Erkenntnissen der Entwicklungspsychologie fußen, zeigen sich diesen wiederum kritisch gegenüber, wenn aufgrund von Entwicklungsstufenmodellen kindliches Denken, gemessen am Erwachsenen, als defizitär betrachtet wird. Nicht nur der „Abschied von Piaget" wird proklamiert, sondern auch die Entwicklungsstufenmodelle werden abgelehnt. So bestreiten Freese und Matthews nicht nur den Wert der piagetschen Theorien für das „Philosophieren" mit Kindern, sondern warnen vor einer Betrachtung kindlichen Denkens als defizitär aufgrund dieser Entwicklungstheorien. Stattdessen werden Theorien zum *Bereichsspezifischen Wissen* favorisiert (→ 13.3).

Die Kindertheologie lässt sich näher anhand der drei Perspektiven beschreiben: „*Theologie von Kindern* als eigene theologische Reflexion der Kinder, *Theologie mit Kindern* als religionspädagogische Praxis theologischen Fragens und Antwortens gemeinsam mit Kindern, *Theologie für Kinder* als ein jenseits der bloßen Ableitung aus der akademischen Theologie angesetztes Angebot, auch als Aufklärung durch Theologie" (Schweitzer 2011, 49). Um von Kindertheologie sprechen zu können, setzt Schweitzer ein *selbstreflexives religiöses Denken* bei den Kindern voraus. Ferner sollen Kinder über ihr eigenes Gottesbild und Gottesverständnis nachdenken und selbstständig Antworten entwickeln können. Darüber hinausgehend, wird erwartet dass die vor diesem Hintergrund entfaltete Kindertheologie auch die Erwachsenen herauszufordern vermag (Schweitzer 2003, 10).

Die Denkmöglichkeiten der Jugendlichen, die das „Theologisieren" mit Jugendlichen mit bestimmen, gehen weit über die Möglichkeiten der der Kinder hinaus: Der Übergang zum formaloperatorischen Denken vollzieht sich im frühen Jugendalter. Piaget gibt hierfür den Beginn des 12. Lebensjahres an (→ 13.1): Während Kinder sich in ihrem Denken vor allem nach der konkreten Anschauung richten, können Jugendliche sich von dieser Anschauung lösen. Sie können „der Wirklichkeit im Modus einer rein hypothetisch-deduktiven Haltung begegnen. Den Denkraum bestimmt nun nicht mehr, was der Fall ist, sondern der volle Umkreis aller denkbaren Möglichkeiten, die der Fall sein könnten" (Schweitzer 2005, 48). Die Wirklichkeit kann mit der Möglichkeit konfrontiert werden und verliert ihre das Denken begrenzende Macht (ebd.).

Auch die Jugendtheologie wird mit Hilfe von drei Perspektiven, nämlich der Theologie der, mit und für Jugendliche(n) beschrieben. Darüber hinaus werden fünf Dimensionen, nämlich *die implizite, persönliche, explizite, theologische Dimension* sowie ausdrücklich *theologisches Argumentieren* differenziert (Schlag/Schweitzer 2012, 10–11)[5].

Ob und wie sich der Elementarisierungsansatz und die Kinder- und Jugendtheologie bei der Behandlung von Gleichnissen gegenseitig ergänzen und bereichern können, soll nachfolgend anhand von dem Gleichnis von der verlorenen Drachme (Lk 15,8-10) aufgezeigt werden. Gemäß der von Büttner aufgestellten Kriterien gehört dieses zu den *einfacheren Gleichnissen*, da es eine Nähe zur heutigen Lebens- und Erfahrungswelt aufweist (→ 13.5). Abschließend werden die Chancen und Grenzen dieses verbindenden Ansatzes kritisch diskutiert.

Den Überlegungen zum neutestamentlichen Fallbeispiel aus exegetischer Sicht (→ 4) stehen die *elementaren Strukturen* am nächsten. Daher wird die Elementarisierung von Lk 15,8-10 mit dieser Dimension begonnen. Normalerweise wird beim Prozess der Ele-

5 Weiterführend Zimmermann (2010), Schweitzer und Schlag (2012), Freudenberger-Lötz (2012).

mentarisierung eine konkrete Lerngruppe in den Blick genommen. Die nachfolgenden Elementarisierungen fallen hingegen allgemeiner aus, da sie sich auf keine konkrete Lerngruppe, sondern auf mehrere Jahrgangsstufen beziehen.

14.1 Elementare Strukturen

Im Rahmen der elementaren Strukturen werden die Aussagelinien des Textes, das innere Gefälle, die Handlungsfelder und Themenfelder identifiziert (Müller et al. 2002, 73). Da nicht alle inhaltlichen Aspekte für jede Lerngruppe in gleicher Weise bedeutsam sind, bieten die nachfolgenden Vorschläge die Möglichkeit zu einer gezielten Auswahl.

Die Ermittlung bzw. Thematisierung der erzählinternen Pointe (→ 4.1) erscheint für alle Jahrgangstufen ein probates Mittel, um das eigene und/oder gemeinsame Verstehen des Gleichnisses in Worte zu fassen. Vor dem Hintergrund der Erzählstruktur des Gleichnisses könnte eine mögliche Pointe wie folgt klingen: „Der Verlust selbst eines einzigen Geldstücks ist für die Frau so schmerzhaft, dass das Wiederfinden übergroße Freude auslöst" (→ 4.1). Auf die Funktion der Illustration des schmerzhaften Verlustes reduziert, bleibt die sorgsame Suche in der Pointe unberücksichtigt (→ 4.1).

- In der Grundschule kann den SuS diese eine oder weitere Pointen zum Gleichnis angeboten werden, die sie dann mit ihrem eigenen Verständnis abgleichen, um sich dann (wenn möglich) eine der Pointen zu eigen zu machen.
- In höheren Jahrgangstufen sollten die Pointen selbstständig formuliert werden.

Das Formulieren der Pointen sollte nicht durch die Anleitung der Lehrperson beeinflusst werden. Vielmehr kommt der Lehrperson die Aufgabe zu, durch gezieltes Nachfragen den SuS ihr bereits vorhandenes Verständnis bewusst zu machen. Welche Richtung die selbstständig formulierten Pointen dabei nehmen werden, ist nicht vorhersehbar, auch wenn der Fokus auf dem schmerzhaften Verlust und der Freude über das Wiederfinden im Gleichnis vom verlorenen Schaf auf der Hand zu liegen scheint. Möglicherweise beziehen die SuS ihre Pointe gerade auf den Suchprozess oder formulieren Pointen, die an der Aussageabsicht des Gleichnisses vorbeigehen, z.B. „Wenn du etwas verloren hast, dann musst du solange suchen, bis du es wiederfindest.“* Dabei wäre diese „unrichtige“ Deutung der SuS sogar annähernd *traditionell.* So das Ergebnis des religionsgeschichtlichen Vergleichs: „Außerdem sprechen die rabbinischen Gleichnisse nicht von der Freude des Wiederfindens, sondern vom Lohn des Suchens“ (→ 4.5). Für die Lehrperson wird es dann hilfreich sein, aufgrund von eigenen exegetischen Vorüberlegungen bereits eigene Pointen formuliert zu haben, um die von den SuS formulierten Pointen besser einschätzen und einordnen zu können.

Die Bestimmung von Lk 15,8-10 als gleichnishafte Gattung (→ 4.2) ist in der gymnasialen Oberstufe unter fachkundiger Anleitung durchaus möglich. Im Gleichnis wird die Freude der Frau über die wiedergefundene Drachme mit der Freude der Engel Gottes über einen Sünder, der Buße tut, verglichen (Lk 15,10). Dabei sollte die Analyse der Gattung über die Erkenntnis, dass „der beschriebene Vorgang mit der himmlischen Freude über einen einzigen bekehrungswilligen Sünder“ verglichen wird, inhaltlich hinausführen, indem danach gefragt wird, was dies theologisch bedeutet. Das unermüdliche und außergewöhnliche Bemühen Gottes um die Verlorenen sowie die überschwängliche Freude Gottes über das Finden wird als innovatives Potenzial im Rahmen des religionsgeschichtlichen Vergleichs formuliert: „Gottes innerstes Interesse gilt der Rückgewinnung der „Verlorenen“ (→ 4.4). Die Erkenntnis der gleichnishaften Gattung sowie der implizierte Vergleich können zur Grundlage für ein gemeinsames „Theologisieren“ (genauer: Theologisieren *mit* Jugendlichen) über das Thema „Gott sucht die Verlorenen“ werden.

Um den SuS der gymnasialen Oberstufe innerbiblische Zusammenhänge aufzuzeigen und zunehmend ein kohärentes Bibelwissen zu vermitteln, kann in die Arbeit mit einer Konkordanz eingeführt werden: Die SuS erhalten hierzu die Aufgabe, in einer Konkordanz die nachfolgenden Begriffe zu suchen, die entsprechenden Bibelstellen zu lesen und wenn nötig, deren Bedeutung mit Hilfe eines biblischen Lexikons zu recherchieren: Zöllner, Sünder, Pharisäer, Schriftgelehrte, Drachme (gegebenenfalls auch: Schaf, Sohn), verloren, suchen und finden und Freude (über das Wiederfinden). Anschließend sollen sie selbst entscheiden und argumentieren, welche der Begriffe für sie von zentraler Bedeutung sind. Auf diese Weise werden sie sich nicht nur ihres eigenen Rezeptionsprozesses bewusst, sondern es wird auch die Grundlage für ein gemeinsames „Theologisieren“ geschaffen.

Als kontextuelles Thema des Gleichnisses wird explizit die himmlische Freude benannt: „So, sage ich euch, wird Freude sein vor den Engeln Gottes über einen Sünder, der Buße tut“ (Lk 15,10). Auf die himmlische Freude sind auch das vorausgehende Gleichnis vom verlorenen Schaf (Lk 15,1-7) und die nachfolgende Parabel vom verlorenen Sohn (Lk 15,11-32) bezogen. Jesu Gegner sind über sein Verhalten verärgert: „Dieser nimmt die Sünder an und isst mit ihnen“ (Lk 15,1). Die drei Gleichnisse vom Verlorenen können daher als Antwort auf diesen Ärger gelesen werden, indem sie Jesu Verhalten gegenüber den Sündern bzw. Verlorenen rechtfertigen (weitere Redaktionskritik → 4.6). Die Verärgerung der Gegner Jesu wird mit der Betonung der himmlischen Freude über das Wiederfinden der Verlorenen als unangemessenen entlarvt.

Bereits ab der Mittelstufe kann auch über das Gleichnis hinausgehend die Rolle der Pharisäer und Schriftgelehrten vertieft werden. Wer waren diese? Was waren ihre Motive, und warum kommen sie trotz ihres religiösen Engagements in der Darstellung der Evangelisten bei Jesus so schlecht weg? Gemeinsam mit der Klasse kann weit über das Gleichnis hinausgehend darüber „theologisiert“ werden, was die Verse, „Als das die Pharisäer sahen, sprachen sie zu seinen Jüngern. Warum isst euer Meister mit den Zöllnern und Sündern? Als das Jesus hörte, sprach er: Die Starken bedürfen des Arztes nicht, sondern die Kranken. (...) Ich bin gekommen, die Sünder zu rufen und nicht die Gerechten“ (Mt 9,11-12 u. 13 b), bedeuten.

Im Rahmen der *weiteren Redaktionskritik* werden *der theologische, der christologische, der eschatologische und der ethische*

Aspekt der ‚Sache' explizit benannt (→ 4.6). Eine Auseinandersetzung mit allen *vier Ebenen* ist im Rahmen der Unterrichtsvorbereitung wichtig, um sich als Lehrperson über das eigene Vorverständnis hinausgehend der verschiedenen Bedeutungsdimensionen bewusst zu werden. Nur so können diese im Unterrichtsgeschehen von der Lehrperson identifiziert bzw. ins Gespräch gebracht werden (→ elementare Wahrheit). Neben der textinternen Pointe kann abschließend eine *„kontextbezogene, textübergreifende Pointe"* angeboten oder sogar gemeinsam gefunden werden. Eine mögliche Pointe könnte wie folgt lauten: „Es ist Gottes höchstes Ziel, jeden einzelnen Sünder wiederzugewinnen. Wenn es gelingt, ist seine Freude so groß, dass sie den ganzen Himmel ausfüllt" (→ 4.6). Diese Pointe berücksichtigt auch den Suchvorgang und nicht nur das Ergebnis der himmlischen Freude in V. 10. (→ 4.6). Das Formulieren der kontextbezogenen, textübergreifenden Pointe sollte anders als bei der textinternen Pointe im Unterrichtsgespräch geschehen, da die Lehrperson so gezielt auf den Kontext des Gleichnisses, auf bereits bekannte Gleichnisse oder auf das Thema der Unterrichtsreihe gezielt verweisen kann, wenn dies für das Verstehen des kontextübergreifenden Zusammenhangs hilfreich sein sollte. Die Vorschläge der SuS sollten an der Tafel notiert und gemeinsam bedacht werden. Diese sollten begründet und (sofern dies nötig erscheint) auch ergänzt oder korrigiert werden. *In den Sekundarstufen* wird dabei der Schwerpunkt beim gemeinsamen „Theologisieren" auf der Argumentation liegen.

14.2 Elementare Zugänge

Bei den elementaren Zugängen geht es um die Zugangsweisen, Deutungsmöglichkeiten und Lebenslagen der SuS – auch im Unterschied zu den Erwachsenen. Empirische Untersuchungen sowie Theorien der Entwicklungspsychologie (→ 13), des Konstruktivismus und Gespräche aus der Kindertheologie bilden hierzu eine solide Grundlage (Schweitzer 2011, 47). Im Zusammenhang mit Gleichnissen sind vor allem die Überlegungen zur „Dekodierung von Metaphern" in der Vorbereitung auf den Religionsunterricht zu bedenken (→ 4.4).

Wenn der Bezug, der am Ende der Rahmenerzählung ausdrücklich hergestellt wird, „So, sage ich euch, wird Freude sein vor den Engeln Gottes über einen Sünder, der Buße tut." (Lk 15, 10), nicht mit-gedacht werden kann, bleibt das Gleichnis vom verlorenen Drachme eine Suchgeschichte mit erfolgreichem Ausgang, aber ohne doppelten Boden. Die Voraussetzungen für ein tiefergehendes Verstehen hängen von den elementaren Zugängen der Lernenden ab. Auch das Gespräch über die *textinterne* und die *kontextübergreifende* Pointe bezieht sich auf elementare Wahrheiten des Gleichnisses und des Kontextes, in dem es verstanden werden will (→ elementare Strukturen).

In der *Grundschule* werden Gleichnisse in der Regel noch nicht religiös interpretiert. Daher dürfte beim Gleichnis von der verlorenen Drachme der theo-logische Aspekt der ‚Sache', nämlich die Deutung, dass Gott sich über jeden Menschen, der zu ihm findet, überschwänglich freut, lediglich ein Deutungs*angebot* darstellen, dass vermutlich nur von wenigen Grundschulkindern mit entsprechendem Vorwissen sofort verstanden werden kann. Es ist kaum davon auszugehen, dass Grundschulkinder diese Deutung bereits selbstständig konstruieren. Der in diesem Alter vorherrschende Übergangsanthropomorphismus und Artifizialismus führen dazu, dass Kinder Schwierigkeiten haben werden, sich von der konkreten Vorstellung zu lösen. Die Frau im Gleichnis wird zunächst einmal als suchende Frau verstanden, und es wird kein Zusammenhang zwischen der Frau und Gott gesehen. In der suchenden Frau wird schon gar nicht „Gott als Frau" gesehen (→ 4.4). Eine Behandlung des Gleichnisses vor dem dritten Schuljahr erscheint daher wenig sinnvoll zu sein, zumal die Identifikation mit der Frau noch geringer sein wird als mit dem verlorenen Schaf, in dessen Lage sich die SuS deutlich besser versetzen können. Dass ändert sich jedoch in der *Sekundarstufe I*. Kinder können nun mehrere Perspektiven gleichzeitig wahrnehmen, und es ist ein objektiverer Zugang möglich (→ 13). Das Gleichnis wird nicht mehr ausschließlich auf der Erzählebene wahrgenommen. Der theo-logische Aspekt der ‚Sache' kann nun von den Jugendlichen nachvollzogen werden. Zugleich ist damit zu rechnen, dass sich die Jugendlichen im Sinne des synthetisch-konventionellen Glaubens

(→ 13.2) bei ihrem Urteil, ob sie mit dieser Botschaft auch etwas anfangen können, stark an der Meinung ihrer Mitschülerinnen und Mitschülern orientieren werden. Ob das Gleichnis nun „christlich" verstanden wird, ist eine ganz andere Frage. Es ist genauso möglich, dass das Gleichnis von der suchenden Frau bereits „entmythologisiert" wird.

In der gymnasialen Oberstufe steigt die Wahrscheinlichkeit, dass das Gleichnis von der verlorenen Drachme religiös interpretiert werden kann. Das Gleichnis sollte nun im Unterrichtsgespräch in einen größeren Kontext gestellt werden können. Hierbei hilft die Orientierung an den vier Aspekten der ‚Sache' (→ elementare Wahrheit).

14.3 Elementare Erfahrungen

Bei den *elementaren Erfahrungen* wird sowohl nach den Erfahrungen gefragt, die in die Textwelt eingegangen sind, als auch nach den Erfahrungen der Lernenden. Dabei sind vor allem die Erfahrungen wichtig, die zu beiden Bereichen einen Bezug aufweisen (Müller et al. 2002, 73). Wichtige Hinweise bieten beispielsweise die Sozialisationsforschung und die Kinderforschung (Schweitzer 2011, 48). Schweitzer geht noch einen Schritt weiter und spricht vor dem Hintergrund der Kindertheologie ausdrücklich von „Kindern als Interpreten von Erfahrungen" und meint damit auch die Erfahrungen der Kinder selbst, über die sie als Interpreten nachdenken (Schweitzer 2011, 62). Zentrale Ergebnisse der „Ermittlung des Spiels mit konkurrierenden Erfahrungen" (→ 4.3) können aufgegriffen und mit den *elementaren Erfahrungen* der Lernenden in Verbindung gebracht werden.

Im Gleichnis von der verlorenen Drachme sind die Erfahrung eines schmerzhaften Verlustes, eine verzweifelten Suche, die überschwänglichen Freude über das Wieder-Finden sowie das gemeinsame Feiern anlässlich des Wiederfindens geschildert. „Extravagant wirkt dagegen die überbordende, die Öffentlichkeit suchende Freude über die eine Drachme. Sie wird allerdings durch den vorausgehenden Identifikationsprozess vorbereitet" (→ 4.3).

„Das Bildfeld von Haus und Frau" ist auch heutigen SuS aus ihrem Alltag vertraut, obgleich sich Grundschulkinder eher mit der Situation des verlorenen Schafes identifizieren können als mit der Frau, die verzweifelt ihr Geldstück sucht. Trotzdem bietet das Gleichnis zahlreiche Anknüpfungspunkte. Etwas zu verlieren und sich über das Wiederfinden überaus zu freuen, ist eine menschliche Grunderfahrung. Bei Grundschulkindern kann dies z. B. die Erfahrung sein, dass ein geliebtes Haustier weggelaufen ist und wiedergefunden wurde. Ob trotz der Konterdetermination („Das Bildfeld ist so gewählt, dass es nicht von vornherein auf religiöse Zusammenhänge schließen lässt", 4.3) ein religiöser Zusammenhang von den Lernenden hergestellt wird, hängt vom Vorwissen ab. Sollten die SuS bereits das Gleichnis vom verlorenen Schaf oder die Parabel vom verlorenen Sohn kennen, so ist dieser Zusammenhang leicht hergestellt. Von zentraler Bedeutung für die Behandlung des Gleichnisses von der verlorenen Drachme ist schließlich der theologisches Aspekt der ‚Sache': Jeder Einzelne, der verloren war, und von Gott gefunden wird, bietet Grund für überschwängliche Freude, Grund für eine „Party im Himmel". Mit den SuS sollte daher diskutiert werden, wer heute zu den Verlorenen gehört, nach denen Gott sucht, und für die wir uns als Nächste einsetzen können. Vor einer enggeführten moralisierenden-ethischen Interpretation, die einseitig einzelne Menschengruppen in den Blick nimmt, ist an dieser Stelle ausdrücklich zu warnen. Für Gott gehören alle Menschen zur „Gruppe der Verlorenen", nach denen er sucht. Zu ihnen gehören die Flüchtlinge vor Lampedusa ebenso wie die Nachbarin von nebenan.

14.4 Elementare Wahrheit

Bei den elementaren Wahrheiten geht es darum, existenzielle Bezüge oder Gewissheiten zu identifizieren, die aufgrund eines Themas oder eines Bibeltextes als Glaubensfragen angesprochen werden (Schweitzer 2011, 48). Müller et al. definieren diese wie folgt: „Elementare Wahrheit ist nicht zu verstehen im Sinne einer einzigen, festliegenden und dogmatisch vertretenen Wahrheit, sondern im Sinne eines suchenden Gesprächs über grundlegende, elementare Fragen menschlichen Lebens. In dieses Gespräch bringt die Theologie ihre Kenntnisse, Erfahrungen und Traditionen ein" (Müller et al. 2002, 73). Über den Anspruch der elementaren Wahrheit soll das Gespräch gesucht werden, z. B. in Form eines kindertheologischen Gesprächs (Schweitzer 2011, 47).

Die elementare Wahrheit des Gleichnisses hängt ebenfalls an der ‚Sache' des Gleichnisses und der Möglichkeit einen Zusammenhang zwischen der Erzählung und der theologischen Botschaft sehen zu können. Die Ermittlung des theo-logischen, christologischen, eschatologischen und ethischen Aspekts der ‚Sache' hilft dabei elementare Wahrheiten zu ermitteln (→ 4.6): Welche der vier Aspekte der ‚Sache' mit einer Lerngruppe anhand des Gleichnisses vom verlorenen Groschen thematisiert werden können, hängt von der jeweiligen Gruppe ab.

Der *theo-logische* ‚Aspekt' der ‚Sache' ist aufgrund von V. 10 am einfachsten zugänglich und z. T. auch schon in der Grundschule thematisierbar.

In lernstarken Gruppen ab der Mittelstufe können darüber hinausgehend auch der *christologische*, der *eschatologische* und der *ethische* ‚Aspekt' der ‚Sache' thematisiert werden: Das Gleichnis von der verlorenen Drachme kann, nachdem der *theo-logische* ‚Aspekt' erschlossen worden ist, auch mit der „christologischen Brille" gelesen werden. Eine mögliche Leitfrage für diese erneute Lektüre des Gleichnisses könnte dabei wie folgt lauten: *Inwiefern wird in Jesu Verhalten die Freude Gottes über die Umkehr der Sünde sichtbar?*

Eine mögliche Leitfrage für die Lektüre des Gleichnisses mit der „eschatologischen Brille", dem für die SuS anspruchsvollsten Aspekt, könnte dagegen wie folgt klingen: *Was erzählt das Gleichnis von der messianischen Zeit, in der sich Gott in Gestalt seines Messias den Verlorenen zuwendet?* Beziehen Sie den Vers, *„Denn der Menschensohn ist gekommen, zu suchen und selig zu machen, was verloren ist." (Lk 19,10),* in Ihre Überlegungen mit ein. Weitere Verse, die hinzugezogen werden könnten, sind Lk 1,52 f.

Unmittelbarer zugänglich scheint die Lektüre mit der „ethischen Brille" zu sein: Da der Aufruf zur Mitfreude in allen drei Gleichnissen vom Verlorenen in Lk 15 betont wird, sollte diese auch beim Gleichnis von der verlorenen Drachme herausgestellt werden und diese Gemeinsamkeit auch mit den beiden anderen Gleichnissen hergestellt werden, sofern diese den SuS bereits bekannt sind. Der ethische Aspekt impliziert sodann zweierlei, was wiederum anhand von zwei Leitfragen angedeutet werden soll: *Inwiefern wird im Gleichnis die Mitfreude über die Rettung des verloren Geglaubten gefordert? Inwiefern lohnt sich intensives Warten und Suchen?* Und über das Gleichnis hinausführend kann sodann gefragt werden: *Wie wird dies in den beiden anderen Gleichnissen vom verlorenen Schaf (Lk 15,1-7) und vom verlorenen Sohn (Lk 15,11-32) veranschaulicht?* Die SuS können auch eigene Beispiele finden und so Aktualisierungen der Gleichnisse vom Verlorenen vornehmen (→ elementare Lernformen). Die beiden Verse Lk 15,24.30 können in die Lektüre mit der „ethischen Brille“ mit einbezogen werden:

- „Denn dieser mein Sohn war tot und ist wieder lebendig geworden; er war verloren und ist gefunden worden. Und sie fingen an, fröhlich zu sein.“ (Lk 15,24)
- „Nun aber, da dieser dein Sohn gekommen ist, der dein Hab und Gut mit Huren verprasst hat, hast du ihm das gemästete Kalb geschlachtet.“ (Lk 15,30)

In allen Leitfragen sind bereits theologische Antwortmöglichkeiten enthalten, um den SuS Sinnangebote zu machen, die sie jedoch selbstständig begründen und erörtern müssen.

14.5 Elementare Lernformen

Die elementaren Lernformen richten sich nach dem Thema. Kognitive, affektive, handlungsorientierte Aspekte finden ebenso Berücksichtigung wie kreative Gestaltungsmöglichkeiten (Schweitzer 2011, 48).

Bei der Behandlung von Gleichnissen sollte auf Formen von Textarbeit nicht verzichtet werden. Die SuS können hierzu eine Gliederung des Gleichnisses vornehmen, das Gleichnis als Bildgeschichte wiedergeben, eine Aktualisierung des Gleichnisses vornehmen oder sogar ein eigenes neues Gleichnis schreiben, das dem eigenen Verstehen Ausdruck verleiht.

Eine *spielerische, handlungsorientierte Lehr- und Lernformen* zum Gleichnis von der verlorenen Drachme ist die Präsentation als szenisches Spiel, bei dem die Lehrperson den *Grundschulkindern* den Suchvorgang und die Freude über das Finden der Drachme nachstellt. *In den Sekundarstufen* können die SuS diesen Suchvorgang vor dem Hintergrund ihrer Lebenswelt selbst „aktualisieren". Hier können Alternativen zu einem verlorenen Schaf, Groschen oder dem Sohn gefunden werden. Dabei sollte die ermittelte ‚Sache' des Gleichnisses nicht aus dem Blick geraten. Im Anschluss an die Behandlung der Gleichnisse vom Verlorenen in Lk 15 kann tabellarisch festgehalten werden, was jeweils verloren geht (Schaf, Drachme, Sohn) und wie die Reaktion auf das Wiederfinden ausfällt (Freude). Das ist bereits *in der Grundschule* möglich. Grundschulkinder können daran anschließend eine Einladung an Freunde und Nachbarn verfassen, in der der Hirte seiner Freude über das wiedergefundene Schaf bzw. die Frau ihrer Freude über die wiedergefundene Drachme Ausdruck verleiht.

15. Rückblick und Ausblick

„Ein Blick auf die jüngere Geschichte der Gleichnisdidaktik lehrt, dass sich für eine auf die eigene Existenz bezogene Aneignung der Gleichnisbotschaft die Orientierung an der metapherntheoretischen oder literaturwissenschaftlichen Konzeption als sinnvoll erweist und ganzheitlichen Methoden gegenüber rein kognitiven Zugängen zu biblischen Texten eindeutig der Vorzug zu geben ist", so resümiert Kollmann (Kollmann 2009, 165).

Ob sich so jedoch entwicklungspsychologische Probleme relativieren lassen, ist fraglich. Ebenso ist es problematisch, den historischen Hintergrund der Gleichnisse Jesu völlig außer Acht zu lassen. Die „Einspeisung geschichtlichen Hintergrundwissens [kann zwar] auf ein Mindestmaß" beschränkt werden (ebd.). Gleichnisse sollten aber nicht als Projektionsfläche für Schülererfahrungen missbraucht werden. Der Theologie muss die Funktion des kritischen Korrektivs vorbehalten bleiben.

Bei der Behandlung des Fallbeispiels hat sich eine Kombination der verschiedenen Impulse als fruchtbar erwiesen: Die Entwicklungspsychologie (→ 13), auf der Elementarisierung und Kinder- und Jugendtheologie fußen (→ 14), schärft den Blick für die zu erwartenden Denkprozesse der Lernenden. Die konstruktivistische Didaktik (→ 11.6) und die Rezeptionsästhetik (→ 12.4) mahnen, dass diese aktiv an den Lernprozessen beteiligt sind und nicht zuletzt auch für diese verantwortlich sind. Die Lehrperson erhält so die Aufgabe, Lernangebote zu arrangieren und als Religionslehrkraft auch theologische Deutungsangebote *anzubieten*. Kinder und Jugendliche haben nicht nur ein Recht auf Religion, sondern auch ein Recht auf Theologie (Perspektive der Kinder und Jugendtheologie: Theologie *für* Kinder/Jugendliche). Die doppelte Begründungspflicht des Religionsunterrichts aus theologischen *und* pädagogischen Gesichtspunkten mahnt dazu an, *beiden* Seiten gerecht zu werden.

Die Orientierung an der individuellen Lerngruppe im Rahmen der *elementaren Strukturen* führt zu einer deutlichen Reduzierung der Themen, die im Rahmen der Exegese zunächst aufgezeigt worden sind. Dies entspricht auch der Alltagserfahrung im schulischen Unterricht, dass niemals alle Inhalte, die ein Thema oder einen Text betreffen, mit jeder Lerngruppe gleichermaßen zu thematisieren sind. Insbesondere bei Gleichnissen ist es jedoch wichtig, dass sich die Lehrperson bei der Unterrichtsvorbereitung mit den elementaren Strukturen eines Gleichnisses befasst. Denn je genauer die Lehrperson das Gleichnis durchdrungen hat, desto leichter wird es fallen, die verschiedenartigen und oft überraschenden Interpretationen der Lernenden nachzuvollziehen und auf diese eingehen zu können.

Gleichnisse sollten erst dann als solche im Unterricht behandelt werden, wenn die dafür erforderlichen kognitiven Strukturen bei den Heranwachsenden formiert sind, so Bucher. Dies kann dazu führen, dass Gleichnisse erst sehr spät im Unterricht behandelt werden können. Bucher geht davon aus, dass nur Deutungen nachhaltig haften bleiben, die von den Lernenden selbstständig konstruiert wurden. Als stabil gelten vor allem Deutungen, die sowohl kognitiv als auch affektiv nachvollzogen werden können. Dieser sehr kritischen Einschätzung Buchers ist jedoch entgegen zu halten, dass auch das Verständnis eines Gleichnisses als Geschichte vor allem in der Grundschule ein erster sinnvoller Zugang ist, wenn die kognitiven Strukturen noch nicht vorhanden sind, die ein Übertragen ermöglichen (→ 13).

Der doppelte Erfahrungsbezug des Elementarisierungskonzeptes führt dazu, dass sowohl die Erfahrungen der Menschen zur Zeit Jesu, die in den Text eingegangen sind, als auch die Erfahrungen heutiger Leser Berücksichtigung finden. Es wird insbesondere nach Erfahrungen gefragt, die einen Bezug zu beiden Seiten aufweisen. Die Kinder- und Jugendtheologie nimmt darüber hinausgehend Kinder und Jugendliche als *Interpreten* ihrer eigenen Erfahrungen wahr und ernst.

Da die Kindertheologie stillschweigend gesetzte Hierarchien in Frage stellt (Büttner 2012, 15), stellt sich insbesondere bei der Elementarisierung der *elementaren Wahrheit* die Frage nach der „Deutungshoheit". Wer entscheidet darüber, was die elementare Wahrheit einer biblischen Erzählung ist? Kann überhaupt von der

Wahrheit eines biblischen Textes gesprochen werden? Die Kinder- und Jugendtheologie der SuS wird die von der Lehrperson ermittelte „Wahrheit" unter Umständen in Frage stellen. Darauf weist auch Kollmann hin:

> „Umstritten bleibt im Horizont der Kindertheologie und Rezeptionsästhetik die Frage, wer im Unterrichtsgeschehen letztlich die Deutungshoheit über die Gleichnisse besitzt. Dass Schülerdeutungen ernst genommen und nicht vorschnell korrigiert oder abgewertet werden dürfen, steht außer Zweifel. Dies bedeutet aber nicht zwangsläufig, dass alle Aktualisierungen qualitativ gleichwertig sind und die Interpretation der Gleichnisse vollständig im Belieben der Rezipienten steht. Vielmehr geht es darum, bei der gemeinsamen Suche nach Antworten die eigene theologische Kompetenz kritisch in den Dialog mit den Lernenden einzubringen, um eine lebendige Begegnung mit den Gleichnissen zu fördern und die Kraft der Bilder zur Entfaltung zu bringen" (Kollmann 2009, 165).

Kollmann macht ferner auf die Affinität der rezeptions- und wirkungsästhetischen Modelle zur Kindertheologie aufmerksam und geht vor dem Hintergrund rezeptionsästhetischer Modelle davon aus, dass die Unterscheidung zwischen theologisch richtigen und falschen Deutungen hinfällig werde (Kollmann 2009, 153). Etwas vorsichtiger haben Vater und Sohn Wegenast gefragt: „Dürfen biblische Geschichten auch 'unrichtig' verstanden werden?" (Wegenast/Wegenast 1999). Die Zuspitzung von Kollmann erscheint zu steil: Aufgabe der wissenschaftlichen Theologie bzw. der Lehrperson wird es neben aller Würdigung von kindlichen und jugendlichen Deutungen sein, diese Deutungen auch zu korrigieren, wenn sie z.B. einem christlichen Gottesbild widersprechen oder einer positiven Glaubensentwicklung maßgeblich schaden. Auch Büttner plädiert dafür, die wissenschaftliche Theologie als Korrektiv kindlicher Äußerungen zu betrachten (Büttner → 12.5). Die Perspektive der Theologie *für* Kinder/Jugendliche scheint hier ein wichtiges Korrektiv zu sein.

Sowohl das Elementarisierungskonzept als auch die Perspektive der Kinder- und Jugendtheologie werden darum bemüht sein, ein einseitiges kopflastiges Arbeiten zu vermeiden und eine methodische Vielfalt anzubieten, die verschiedene Lerntypen anspricht. Der Vorwurf, die Kindertheologie führe mit ihrem „gesprächsorientierten Ansatz zu einer verbal-kognitiven Engführung des Unterrichts" (Grethlein/Lück 2006, 56), sollte hier durch spielerische und kindgemäße Angebote entkräftet werden. Christhard Lück plädiert „für eine Kombination aus einer entwicklungsorientierten kindertheologischen Bibeldidaktik, die Kinder als Subjekte des exegetischen Lernprozesses würdigt und ein (eher) kognitives Erarbeiten von Bibeltexten präferiert, und einer an christlicher Praxis orientierten Bibeldidaktik, die (eher) auf affektiv-erfahrungsbezogene Textannäherungen insistiert" (Lück 2008, 439). Die Bedeutung von *affektiven Momenten* beim Theologisieren betont auch Petra Freudenberger-Lötz (Freudenberger-Lötz 2007, 35).

Auf eine selbstständige Auseinandersetzung mit dem biblischen Text in einer verständlichen Übersetzung sollte nicht verzichtet werden, da nur so die SuS zu mündigen und selbstständigen Rezipienten der Bibel angeleitet werden können. Diese kann um erfahrungsorientierte Lernformen ergänzt, aber nicht durch diese ersetzt werden (→ elementare Zugänge).

Aktuelle Diskussionen um Bildungsstandards und Kompetenzen[6] stellen vor die nicht unproblematische Aufgabe, vom erwünschten und nicht vom zu erwartenden Output der SuS her zu denken. Auch Gleichnisse sollen nun kompetenzorientiert behandelt werden.

Diese Trendwende wird durch einen Vergleich der beiden Lehrpläne für die Hauptschule in NRW von 1982 und 2013 besonders drastisch deutlich: Während 1982 noch eine Vielzahl von Gleichnissen für *alle* Jahrgangsstufen vorgeschlagen wurde, wird 2013 zu

---

6 Bildungsstandards werden verstanden als „Anforderungen an das Lehren und Lernen in der Schule. Sie benennen Ziele für die pädagogische Arbeit, ausgedrückt als erwünschte Lernergebnisse der Schülerinnen und Schüler" (Kieme zitiert nach Mendl 2006, 48). Diese werden wiederum als Kompetenzen benannt und sollen beschreiben, was die Lernenden zu einem festgelegten Zeitpunkt „können" oder „wissen" sollen (ebd.).
Mendl definiert Kompetenz in Bezug auf das Lernen von Religion aufbauend auf der Definition von Rudolf Englert wie folgt: „Lernende werden ‚in Sachen Religion' kompetent, wenn sie in Auseinandersetzung mit den religiösen Konstruktionen anderer und unterstützt vom Deutungsangebot christlicher Tradition ein ‚selbstständiges und vor der Vernunft verantwortetes Urteil in Fragen der Religion' sowie je eigene religiöse Spuren entwickeln (Deutungs- und Partizipationskompetenz);" (Mendl 2006, 57).

Gunsten der Kompetenzorientierung gänzlich auf die Angabe konkreter Bibelstellen verzichtet. Stattdessen ist unspezifisch von „Wundererzählungen und Gleichnissen als Möglichkeiten der Rede vom Reich Gottes" die Rede. Diese sollen als Hoffnungsbotschaft beschrieben und beurteilt werden.[7]

Ob die Orientierung an Kompetenzen angesichts der vorausgehenden Überlegungen gelingt, ist fraglich. Auch Hans Mendl weist auf die Spannung hin, die zwischen „dynamischen Bildungsprozessen" auf der einen Seite und dem Bemühen um „fixierte Bildungsstandards" auf der anderen Seite besteht. Als konstruktivistisch orientierter Religionspädagoge plädiert er dafür der „Versuchung der Gewissheit" zu widerstehen (Maturana/Varela zitiert nach Mendl 2006, 57).

Auch wenn die Frage, „Wie aber werdet ihr alle diese Gleichnisse verstehen?" (Mk 4,13 b), stets neu zu stellen ist, so mögen doch die vorausgehenden Überlegungen zu einer möglichst eigenständigen Rezeption der Gleichnisse Jesu beitragen!

---

7 Ministerium für Schule und Weiterbildung des Landes Nordrhein-Westfalen 2013, 35.

Materialteil

1. Religionsgeschichtliche Vergleichstexte zu biblischen Gleichnissen

Die folgende kleine Auswahl an Vergleichstexten ist Erlemann 1999, 261–302, entnommen. Dort findet sich eine vollständigere Textauswahl. Die Texte sind ohne Kommentar aus den angegebenen Publikationen übernommen. Auswahlkriterium ist die Verwendung in den Lehrplänen Nordrhein-Westfalen für Evangelische Religionslehre. Die Sammlung ist nach den neutestamentlichen Bezugstexten geordnet, anfangend mit dem Matthäusevangelium.

Zu Mt 13,1-9 (Vom Sämann)
(1) 4. Esra (4 Esr) 9,30-37 (1. Jh. n. Chr.)

Berger/Colpe (1987), S. 41.

(30) Du, Israel, höre auf mich, und Samen Jakobs, achte auf meine Worte! (31) Denn seht, ich säe in euch mein Gesetz, und es wird in euch Frucht bringen, und ihr werdet dadurch verherrlicht werden in Ewigkeit. (32) Denn unsere Väter haben das Gesetz empfangen und es nicht bewahrt, und deine Satzungen haben sie nicht gehalten. Die Frucht des Gesetzes ging nicht verloren, denn das konnte nicht geschehen, denn es war dein. (33) Denn die es empfangen hatten, gingen zugrunde, weil sie nicht bewahrten, was in sie gesät war. (34) Und seht, es gilt die Regel: Wenn die Erde Samen aufnimmt oder das Meer ein Schiff oder ein Gefäß Speise oder Trank, und es geschieht dann, daß zugrundegeht das, was gesät, oder daß das, was hineingefüllt oder hineingetan wurde, (35) zerstört wird, dann bleiben diese Behältnisse doch bestehen. Aber bei uns ist es nicht so geschehen. (36) Denn wir, die wir das Gesetz empfangen haben, werden als Sünder zugrundegehen und so auch unser Herz, denn (dieses ist es, welches) es (d. h. das Gesetz eigentlich) empfangen hat. (37) Denn das Gesetz ist nicht zugrunde gegangen, sondern es ist geblieben in seiner Herrlichkeit.

(2) Brief des Jakobus (EpJac, NHC I) 8,16-23

Hennecke/Schneemelcher (1989 I), S. 241.

Denn das Wort gleicht einem Weizenkorn. Als es jemand gesät hatte, schenkte er ihm seinen Glauben. Als es wuchs, liebte er es, da er statt eines viele Körner sah. Und als er das Werk vollbracht hatte, wurde er erlöst, nachdem er Speise zubereitet hatte. Wiederum ließ er etwas zur Aussaat übrig. So könnt ihr das Himmelreich empfangen. Wenn ihr es nicht durch Gnosis empfangt, könnt ihr es nicht finden.

Zu Mt 13,31-33 (Senfkorn und Sauerteig)
(3) Seneca (4–65 n. Chr.), Briefe an Lucilius, 4. Buch, ep. 38 § 2

Berger/Colpe (1987), S. 43.

(Über die philosophischen Worte) „In der Art des Samens müssen sie ausgestreut werden. Denn dieser entfaltet, obwohl er klein ist, wenn er einen geeigneten Ort findet, seine Kräfte, und aus einem sehr Kleinen verzweigt er sich durch Wachstum zu einem sehr Großen. Dasselbe macht die Vernunft: Nicht weit erstreckt sie sich, wenn du sie anschaust; durch die Beschäftigung wächst sie. Weniges ist es, was man nennen kann, aber wenn die Seele jene (sc. Samen) gut aufnimmt, so gewinnen sie Kraft und erheben sich. Dieselbe Lage besteht, sage ich, hinsichtlich der (philosophischen) Lehren wie der Samen: Viel bewirken sie, auch wenn sie klein sind.

Zu Mt 13,44-46 (Schatz und Perle)
(4) Aggadat Bereschit (AgBer) 68 (R. Levi)

Flusser (1981), S. 131.

Rabbi Levi sagte: Warum wird beim Propheten Jesaja von einem Ruf in der Wüste (Jes 40,3) gesprochen? So ist es ja in der Welt üblich: Wenn jemand eine Perle in der Hand hatte und sie verlor – wo wird er sie dann suchen, wenn nicht an dem Ort, an dem er sie verloren hatte? So hat der Heilige Israel in der Wüste verloren. Es heisst ja:‚Hier in der Wüste sollen sie aufgeschrieben werden, und hier sollen sie sterben' (Num 14,35). Und dorthin geht er – die Stimme ruft in der Wüste.

(5) Aesop, Der Bauer und seine Söhne

Schnur (1978), S. 78 f.

Kurz vor seinem Tode wollte ein Bauer seine Söhne zum Landbau geschickt machen; so rief er sie zusammen und sprach: „Kinder, in einem meiner Weinberge liegt ein Schatz." Nach seinem Tode ergriffen sie Hacken und Spaten und gruben ihr ganzes Gut um; zwar fanden sie keinen Schatz, aber der Weinberg schenkte ihnen ein Vielfaches seines früheren Ertrages. – Die Fabel zeigt, daß harte Arbeit den Menschen ein Schatz ist.

Zu Mt 18,23-35 (Schalksknecht)
(6) bRosch Haschana (bRH) I 2, 17b (Tradition Ende 1. Jh. n. Chr.?)

Berger/Colpe (1987), S. 123 f.

Valeria die Proselytin fragte Rabbi Gamaliel: In eurer Tora heißt es: ‚der das Gesicht nicht zuwendet' (Dtn 10,17), und dagegen heißt es: ‚Gott möge dir sein Gesicht zuwenden' (Nu 6,26)!? Da gesellte sich ihnen Rabbi Jose der Priester zu und sprach zu ihr (sc. zur Proselytin Valeria): Ich will hier ein Gleichnis sagen. Dies ist ebenso, als wenn jemand von seinem Nächsten eine Mine zu fordern hat und dieser ihm in Gegenwart des Königs eine Zahlungsfrist angibt und es auch beim Leben des Königs beschwört. Wenn er, wenn die Zeit heranreicht und er nicht bezahlt, den König um Verzeihung bitten geht, erwidert ihm dieser: Meine Beleidigung (sc. die du mir zugefügt hast) sei dir verziehen, geh und bitte auch deinen Genossen um Verzeihung. Ebenso auch hierbei; das eine gilt von Sünden, die man gegen Gott begeht, und das andere gilt von Sünden, die man gegen seinen Nächsten begeht.

(7) Midrasch Schemot Rabba (ExR) 31 (Auszug)

Wünsche (1967), S. 234.

[Ex] Cap. XXII. V. 25. Wenn du meinem Volke Geld leihest. Das will auch der Psalmist sagen s. Ps. 112,5: „Wohl dem Manne, der schenkt und leihet, seine Worte behauptet im Gericht." Es giebt kein Geschöpf, das Gott nicht schuldig wäre, er ist aber gnädig und barmherzig und erlässt alles Frühere, wie es heisst Ps. 79,8: „Du gedenkst nicht unserer früherer Vergehungen." Gleich einem, der sich von einem Geldverleiher lieh und es vergass. Nach einiger Zeit stellte sich derselbe bei ihm ein, und der Schuldner sprach zu ihm: Ich weiss, dass ich dir schuldig bin. Warum, entgegnete dieser, erwähnst du die erste Schuld (Forderung), sie ist bereits aus meinem Herzen getilgt. Ebenso der Herr der Welt, die Menschen sündigen vor ihm und er sieht, dass sie keine Busse thun, und er erlässt ihnen die alte Schuld, und wenn sie nun kommen und die frühere Schuld erwähnen, so spricht er zu ihnen: Denkt nicht mehr daran. [...]

(8) Tanchuma emur (Tan) 178 a

Bietenhard (1982), S. 140 f.

Wem gleicht die Sache? (Die Sache gleicht) einer Stadt, die dem Könige einen Steuerrückstand schuldete. Und der König sandte hin, um ihn von ihr zu erheben. Aber sie gab ihn nicht, weil der Betrag groß war. So sandte er einmal und ein zweites Mal hin, aber sie gaben ihn nicht. Was machte der König? Er sagte zu seinen Hauptleuten des Schlosses: Auf, wir ziehen gegen sie aus! Als sie auf dem Marsch waren, hörten (es) die Leute der Stadt. Was machten sie? Zuerst gingen die Grossen der Stadt hinaus dem König entgegen. Er sagte zu ihnen: Wer seid ihr? Sie sagten zu ihm: Wir sind Einwohner der Stadt N. N., in die du gesandt hast, um von uns die Steuern zu erheben. Er sagte zu ihnen: Was ist euer Begehr? Sie sagten zu ihm: Bitte (, erlass uns die Steuer), denn wir haben nichts, was wir dir geben (könnten). Er sagte zu ihnen: Nun, um euretwillen erlasse ich euch die Hälfte. Als er weiterging, gingen auch die Bürger der Stadt hinaus ihm entgegen, (und zwar) zehn Mil. Er sagte zu ihnen: Wer seid ihr? Sie sagten zu ihm: Wir sind Einwohner der Stadt N. N., und du hast zu uns gesandt, um von uns die Steuern zu erheben, aber wir haben nichts, was wir dir geben (könnten). Jedoch, erbarme dich unser! Er sagte zu ihnen: Ich habe schon die Hälfte erlassen, aber um euretwillen erlasse ich (noch) die Hälfte der Hälfte. Und als er weiterging, kamen alle Einwohner der Stadt hinaus. Er sagte zu ihnen: Was wollt ihr? Sie sagten zu ihm: Wir vermögen dir nicht zu geben, was wir dir schulden! Er sagte zu ihnen: Ich habe schon die Hälfte und die Hälfte der Hälfte erlassen, aber um euretwillen erlasse ich euch alles. Allein, von jetzt an beginnt eine neue Rechnung. So (verfuhr) dieser König – das ist der König der Grosskönige, der Heilige, g. s. er! Wer sind die Einwohner der Stadt: Das sind die Israeliten, die während allen Tagen des Jahres Sünden aufhäufen. Was sagt der Heilige, g. s. er! zu ihnen? Tut am Neujahrstag Buße! Und sie demütigen sich und sie kommen am Versöhnungstag; da kasteien sie sich und tun Buße. Und der Heilige, g. s. er! verzeiht ihnen."

Zu Mt 20,1-16 (Arbeiter im Weinberg)
(9) Tanchuma (Tan) Ki teze 110a (Tradition um 300 n. Chr.?)

Berger/Colpe (1987), S. 124.

‚Süß ist der Schlaf des Arbeiters, ob er wenig oder viel essen mag ...' – Rabbi Levi hat ein Gleichnis gesagt. Womit läßt sich das vergleichen? Mit einem König, der Arbeiter für seine Arbeit mietete. Während sie tätig waren, nahm der König einen von ihnen und erging sich mit ihm. Am Abend kamen die Arbeiter, um ihren Lohn zu empfangen. Es kam jeder Arbeiter, der sich mit dem König ergangen hatte, um mit ihnen seinen Lohn zu empfangen. Kann der König etwa zu ihm sagen: Du hast mit ihnen nur zwei Stunden gearbeitet, empfange gemäß dem, was du gearbeitet hast? Auch er kann zum König sagen: Wenn du mich nicht hättest feiern und mich mit dir ergehen lassen, würde mein Lohn größer sein! So auch Gott, gepriesen sei sein Name! Der König ist Gott; die Arbeiter sind die, welche sich mit der Tora mühen. Wer sich mit der Tora fünfzig Jahre beschäftigt und wer sich mit der Tora zwanzig oder dreißig Jahre beschäftigt, kann sagen: Wenn du mich nicht hinweggenommen hättest, würde ich mich (noch weiter) mit der Tora beschäftigt haben. Deshalb hat auch Salomo gesagt: Ob er viel oder wenig essen mag, ihr Lohn ist gleich.

(10) pBerakhot (pBer) 2,5c,15

Horowitz (1975), S. 75.

Der Heilige, er sei gepriesen, weiß, wann es für die Gerechten Zeit ist, diese Welt zu verlassen und nimmt sie (zu der von ihm bestimmten Zeit von dieser Welt) fort. Als R. Bun b. Chijja starb, ging R. Zeira hinauf und hielt in bezug auf ihn die Trauerrede (indem er zitierte): Süß ist der Schlaf des Arbeiters (Eccl 5,11). Es heißt hier nicht: „ob er (wenig oder lange) schlief", sondern: ob er wenig oder viel gegessen hat. Mit wem ist R. Bun b. Chijja zu vergleichen? Mit einem König, der mehrere Arbeiter einstellte. Unter ihnen befand sich ein Arbeiter, der besonders eifrig war. Was tat der König? Er nahm diesen (Arbeiter) und machte mit ihm lange und kurze Spaziergänge. Am Abend kamen die Arbeiter, um ihren Lohn zu empfangen, und der König gab auch diesem (Arbeiter) wie den anderen den vollen (Tages-) Lohn. Da murrten die Arbeiter und sagten: Wir haben den ganzen Tag schwer gearbeitet, und er arbeitete nur zwei Stunden und bekam (trotzdem) denselben vollen Lohn wie wir. Darauf entgegnete ihnen der König: Dieser (Arbeiter) hat in den zwei Stunden mehr geleistet als ihr mit der schweren Arbeit den ganzen Tag lang. So hat R. Bun hinsichtlich des Torahstudiums in 28 Jahren mehr geleistet als ein (anderer) bewährter Schüler in hundert Jahren hätte erlernen können.

(11) Midrasch Tehillim (MidrPss) zu Ps 37

Berger/Colpe (1987), S. 125.

Mit wem war David zu vergleichen? Mit einem Arbeiter, welcher alle Tage bei dem König arbeitete, ohne daß er von ihm seinen Lohn erhielt, und er grämte sich darüber und dachte: Vielleicht trage ich nichts davon. Darauf dingte der König einen anderen Arbeiter, als dieser nur einen Tag bei ihm gearbeitet hatte, so reichte ihm der König Speise und Trank und gab ihm seinen vollen Lohn. Da dachte der Arbeiter, der alle seine Tage bei ihm gearbeitet hatte: Wenn schon dieser, der nur einen Tag bei ihm gearbeitet hat, so bedacht wird, um wie viel mehr ich, der ich alle Tage meines Lebens bei ihm gearbeitet habe. Jener Arbeiter ging hinweg, der aber, der alle Tage bei ihm gearbeitet, fing in seinem Herzen an sich zu freuen.

(12) Hallel-Midrasch

Ziegler (1903), S. 260.

Ein König dingte viele Arbeiter, unter denen ein Fauler und ein Vorsichtiger war. Als er kam ihnen ihren Lohn zu geben, gab er ihnen den gleichen. Der Heilige jedoch, gelobt sei er, ist nicht so, sondern nach den Thaten des Menschen bezahlt er ihm seinen Lohn.

(13) Midrasch Tehillim (MidrPss) zu Ps 26,2

Ziegler (1903), S. 259.

Und ebenso (wie David) sprach Salomo vor dem Heiligen, gelobt sei er: Herr der Welt, wenn ein König gute Arbeiter dingt, und sie ihre Arbeit gut machen und der König guten Lohn gibt, welches Lob verdient da der König? Wann wird er gerühmt? Wenn er schlechte Arbeit nimmt und ihnen guten Lohn gibt. So arbeiteten auch die Väter und nahmen guten Lohn, dabei ist kein Ruhm; wir aber sind schlechte Arbeiter, gib uns guten Lohn, das ist dann eine grosse Gnade. Und so heisst es auch: „der Herr unser Gott sei mit uns, wie er mit unseren Vätern gewesen ist (I. Reg. 8. 57)."

Zu Mt 25,14-30par Lk 19,11-27 (Talente)
(14) Jalqut 267a (undatierbar)

Berger/Colpe (1987), S. 112.

Ein König hatte zwei Minister, von denen einer ihn liebte und der andere ihn fürchtete. Der König entfernte sich auf lange Zeit vom Reiche. In seiner langen Abwesenheit beschäftigte sich der Minister, der ihn liebte, immer mit Eifer, ihm die Gärten und den Palast zu besorgen, ihm köstliche Sache vorzubereiten. Der Minister, der ihn fürchtete, aber nicht liebte, dachte nicht mehr an seinen König. Endlich kehrte der König zurück und lächelt dem ersten Minister freundlich zu wegen der zarten Sorge, die er für seine Sache hatte; und der Minister jubelte über die Freude des Königs. Dieser geht dann drohend auf den zweiten Minister zu, der zittert und erblaßt. – Dies ist der Unterschied zu einem, den Gott liebt, und einem, der ihn fürchtet; der Teil dessen, der Gott liebt, ist doppelt.

(15) Tanna debbe Elijahu (SE), S. 53

Levi/Seligmann (1980), S. 69f.

Der Prophet Elia erzählt von sich selbst: Auf meinen Wanderungen hatte ich eine lange Unterredung mit einem Manne, der das heilige

Gesetz studierte, aber um das überlieferte Gesetz sich nicht kümmerte. Dieser sagte zu mir mit finsterem Blicke: „Das heilige Gesetz wurde auf dem Sinai verkündigt, und ich nehme es an; aber das überlieferte Gesetz wurde durchaus nicht auf dem Sinai verkündigt." „Mein Sohn", antwortete ich ihm. „Ein Herr hatte zwei gute Freunde, die er gleich sehr liebte. Einmal, ehe er eine kurze Fahrt antrat, nahm er Abschied von den Freunden und liess einem jeden als Geschenk ein Mass Getreide und ein Bünden Wolle. Der eine dieser Freunde liess alsbald das Getreide mahlen, bekam Mehr daraus, machte einen Teig, bereitete Brot zu. Auch liess er Wolle spinnen und ein Tischtuch daraus weben. Der andere dagegen liess die Geschenke des Herrn unberührt, wie er sie erhalten hatte. Der Herr kehrt zurück und verlangt Rechenschaft von den Freunden über seine Geschenke. Der erste ladet ihn an seinen Tisch und zeigt ihm das Tischtuch, das den geringen Tisch bedeckt, verfertigt aus der geschenkten Wolle; und er überreicht ihm das Brot, gebacken aus dem ihm geschenkten Getreide. Der andere hingegen weiss ihm nichts darzubieten als Getreide und Wolle. Der reiche Herr lobte laut die Weisheit des ersten Freundes und tadelte den zweiten. So wurden sowohl das heilige Gesetz, als auch die Tradition auf dem Sinai übergeben. Jenes ist das Getreide, aus welchem wir das Mehl zu ziehen haben, dies ist die Wolle, aus welcher wir die Kleider zu verfertigen haben."

Zu Lk 15,3-10 (Verlorenes Schaf und verlorene Drachme)
(16) Midrasch Schir Ha-Schirim (HldR) 1,9 (6.-8. Jh.)

Berger/Colpe (1987), S. 136 f.

Wie bei einem König, der ein Goldstück aus seinem Hause verloren hatte oder eine schöne Perle – findet er sie nicht durch einen Docht im Werte eines Assarius (kl. röm. Münze)? So sei dieses Gleichnis nicht gering in deinen Augen. Denn durch das Gleichnis gelangt ein Mensch zu den Worten der Tora. Und dies ist dir ein Zeugnis, daß es so ist: Salomo gelangte durch dieses Gleichnis zu den genauen Einzelheiten der Tora... Rabbi Pinchas ben Jair begann (sc. zu sprechen:) (Prov 2,9) ‚Wenn du suchst wie Silbergeld usw.' Wenn du suchst nach den Worten der Tora wie nach diesen Schätzen, wird der Heilige, gesegnet sei er, nicht deinen Lohn vorenthalten. Wie ein

Mensch, wenn er einen Selah oder einen Obolus verloren hat mitten in seinem Haus, Lichter um Lichter anzündet und Dochte um Dochte, bis er sie findet (zu ihnen gelangt). Und siehe, die Dinge (verhalten sich) nach dem Schluß vom Geringeren auf das Größere: Wenn schon für das, was das Leben einer Stunde dieser Welt bietet, ein Mensch Lichter auf Lichter anzündet und Dochte auf Dochte, bis er zu ihnen gelangt und sie findet – müßtest du nicht nach den Worten der Tora, die das Leben dieser Welt sind und das Leben der zukünftigen Welt, suchen wie nach diesen Schätzen?‘

(17) Joseph und Aseneth (JosAs) 15,7f.

Burchard (1983), S. 675 ff.

7 Und dein Name wird nicht mehr gerufen werden Aseneth, sondern es wird sein dein Name Stadt (der) Zuflucht, denn in dir werden Zuflucht nehmen viele Völker zu Herr dem Gott dem Höchsten, und unter deine Fittiche werden gedeckt werden viele Nationen, (die) vertrauen auf Herr den Gott, und in deiner Mauer werden behütet werden, die (da) sich anschließen Gott dem Höchsten in (dem) Namen der Umkehr. Denn die Umkehr ist in den Himmeln eine Tochter des Höchsten schön und gut sehr, und sie (selbst) fleht an Gott den Höchsten für die alle Stunde und für alle, die (da) umkehren in (dem) Namen Gottes des Höchsten, weil doch er Vater ist der Umkehr, und sie (selbst) ist Bischof all der Jungfrauen und liebt euch sehr, und für euch ersucht sie alle Stunde den Höchsten, und allen, die (da) umkehren, einen Ort (der) Ruhe bereitete sie in den Himmeln, und sie wird wiedererneuern alle, die (da) umkehren, und sie (selbst) wird aufwarten ihnen in die Ewigkeit-Zeit. 8 Und es ist die Umkehr schön sehr, eine Jungfrau rein und lachend allezeit, und ist gelinde und sanftmütig. Und deswegen der Vater der Höchste liebt sie, und all die Engel scheuen sie (ehrfürchtig), und ich (selbst) liebe sie sehr, denn meine Schwester ist auch sie, und (dem)gemäß daß sie euch die Jungfrauen liebt, liebe auch ich (selbst) euch.

Zu Lk 15,11-32 (Verlorener Sohn)

(18) Philo von Alexandrien (ca. 15 v. – 50 n. Chr.), Über die Tugend (Virt) § 179

Berger/Colpe (1987), S. 137.

(Zur Situation der Proselyten) Alle nun, die den Schöpfer und Vater des Alls, wenn nicht von Anfang an verehren wollten, aber die doch später die Einherrschaft statt der Vielherrschaft liebten, die muß man aufnehmen wie enge Freunde und Verwandte, da sie das für Freundschaft und Verwandtschaft Wichtigste bieten können: ein gottliebendes Wesen. Mit ihnen muß man sich auch mitfreuen, gleichwie wenn sie zuvor blind waren und nun aufgeblickt haben, indem sie aus tiefster Finsternis heraus hellstrahlendes Licht sehen.

(19) Sedrach-Apokalypse (ApkSedr) 6 (1. Jh. n. Chr.?)

Berger/Colpe (1987), S. 139.

Welcher Vater sage mir, gibt seinem Sohn das Erbe, und er nahm die Habe und verließ den Vater und ging fort und wurde ein Fremder und diente einem anderen. Und der Vater sah, daß ihn verlassen hatte der Sohn, und schnaubte Wut in seinem Herzen. Und der Vater geht hin und nimmt seine Habe und jagt ihn fort aus seiner Herrlichkeit, weil er seinen Vater verlassen hat. Wie aber habe ich, der wunderbare und eifersüchtige Gott, alles ihm gegeben, und er nahm es und wurde Ehebrecher und Sünder?

(20) Mekilta (Mek), Traktat Beschallach § 3, 1. Hälfte (Datierung?)

Berger/Colpe (1987), S. 139.

Rabbi Abschalom, der Alte, sagte: Ein Maschal. Wem geht die Sache? Einem Menschen, der seinem Sohn zürnte und ihn aus seinem Hause vertrieb. Da ging sein (d. h. des Vaters) Freund hinein, um ihn von ihm (d. h. dem Vater) zu erbitten, daß er ihn (d. h. den Sohn) in sein Haus zurückführen solle. Da sagte er (d. h. der Vater) zu ihm:,Willst du irgend sonst etwas erbitten von mir außer betreffs meines Sohnes? Schon längst bin ich meinem Sohne wieder gut.‘

(21) Joseph und Aseneth (JosAs) 12,5ff.

Burchard (1983), S. 665ff.

5 [...] Ich sündigte, Herr,
vor dir viele (Male) sündigte ich in Unwissenheit
und ehrte (Götzen)bilder tot und stumm.
Und jetzt, nicht bin ich wert, auf(zu)tun meinen Mund zu dir, Herr.
Und ich (selbst), Aseneth, Tochter Pentephres' des Priesters, die Jungfrau und Königin,
die vormals prunkende und hoffärtige und prangende in meinem Reichtum über alle Menschen (hinaus),
jetzo aber stelle ich dar eine Waise und einsame und zurückgelassene von allen Menschen.
6 (Zu) dir fliehe ich (her)zu, Herr,
und dir bringe ich dar meine Bitte,
und zu dir werde ich schreien.
7 Erlöse mich, bevor ich ergriffen werde von den(en, die da) verfolgen mich.
8 Wie nämlich ein unmündiges Kindchen, sich fürchend, flieht zu seinem Vater, und der Vater, ausstreckend seine Hände, reißt es (weg) von der Erde und umarmt es an seiner Brust, und das Kindchen schlingt seine Hände um den Nacken seines Vaters und atmet auf von seiner Furcht und ruht aus an der Brust seines Vaters, der Vater aber lächelt über die Bestürzung seiner Unmündigkeit, so auch du (selbst), Herr, strecke aus seine Hände auf mich wie ein kinderlieber Vater und reiß mich (weg) von der Erde. [...]
13 [...] und andere Hoffnung nicht ist mir, wenn nicht auf dich, Herr [...] denn du (selbst) bist der Vater der Waisen [...]
14 [...] Denn du (selbst) bist, Herr, ein Vater süß und gut und gelinde.

2. Fabeln und Parabeln in Literaturwissenschaft und -didaktik[1]

2.1 *Martin Luther, Vom Raben und Fuchse*

Ejn Rab hatte einen Kese gestohlen und satzte sich auffeinen hohen Baum und wollte zeren. Als er aber seiner art nach nicht schweigen kann, wenn er isset, höret jn ein Fuchs uber dem Kese kecken und lieff zu und sprach, O Rab, nu hab ich mein lebtag nicht schöner Vogel gesehen von Feddern und Gestalt denn du bist. Und wenn du auch so eine schöne Stimme hettest zu singen, so solt man dich zum Könige krönen über alle Vögel.

Den Raben kützelt solch Lob und Schmeicheln, fing an, wolt sein schönen Gesang hören lassen, und als der den Schnabel aufthet, empfiel im der Kese, den nam der Fuchs behend, fras jn und lachet des törichten Rabens.

Hüt dich, wenn der Fuchs den Raben lobt.

Hüt dich für schmeichlern, so schinden und schaben etc.

[1557]

Martin Luther: Fabeln und Sprichwörter. Mit Holzschnitten von Lukas Cranach. Hrsg. von Reinhard Dithmar. 3. Aufl., Darmstadt: WBG 2010, S. 53.

2.2 *Gotthold Ephraim Lessing, Der Rabe und der Fuchs (Fab. Aesop. 205 [204]. Phaedrus lib. I. Fab. 13)*

Ein Rabe trug ein Stück vergiftetes Fleisch, das der erzürnte Gärtner für die Katzen seines Nachbarn hingeworfen hatte, in seinen Klauen fort.

Und eben wollte er es auf einer alten Eiche verzehren, als sich ein Fuchs herbeischlich und ihm zurief: Sei mir gesegnet, Vogel des Jupiters! – Für wen siehst du mich an? fragte der Rabe. – Für wen

1 Die Jahreszahl der jeweiligen Erstausgabe erscheint in eckigen Klammern nach dem Text.

ich dich ansehe? erwiderte der Fuchs. Bist du nicht der rüstige Adler, der täglich von der Rechten des Zeus auf diese Eiche herabkömmt, mich Armen zu speisen? Warum verstellst du dich? Sehe ich denn nicht in der siegreichen Klaue die erflehte Gabe, die mir dein Gott durch dich zu schicken noch fortfährt?

Der Rabe erstaunte und freuete sich innig, für einen Adler gehalten zu werden. Ich muß, dachte er, den Fuchs aus diesem Irrtume nicht bringen. – Großmütig dumm ließ er ihm also seinen Raub herabfallen und flog stolz davon.

Der Fuchs fing das Fleisch lachend auf und fraß es mit boshafter Freude. Doch bald verkehrte sich die Freude in ein schmerzhaftes Gefühl; das Gift fing an zu wirken, und er verreckte.

Möchtet ihr euch nie etwas anders als Gift erloben, verdammte Schmeichler! [1759]

Gotthold Ephraim Lessing: Fabeln. Abhandlungen über die Fabel. Hrsg. von Heinz Rölleke. Stuttgart: Reclam 1967, S. 34 f.

2.3 Gotthold Ephraim Lessing, Der Besitzer des Bogens

Ein Mann hatte einen trefflichen Bogen von Ebenholz, mit dem er sehr weit und sehr sicher schoss, und den er ungemein wert hielt. Einst aber, als er ihn aufmerksam betrachtete, sprach er: Ein wenig plump bist du doch! Alle deine Zierde ist die Glätte. Schade! – Doch dem ist abzuhelfen, fiel ihm ein. Ich will hingehen und den besten Künstler Bilder in den Bogen schnitzen lassen. – Er ging hin; und der Künstler schnitzte eine ganze Jagd auf den Bogen; und was hätte sich besser auf einen Bogen geschickt, als eine Jagd?

Der Mann war voller Freuden. ‚Du verdienst diese Zierarten, mein lieber Bogen!' – Indem will er ihn versuchen; er spannt, und der Bogen – zerbricht. [1759]

Gotthold Ephraim Lessing: Fabeln. Abhandlungen über die Fabel. Hrsg. von Heinz Rölleke. Stuttgart: Reclam 1967, S. 44.

2.4 Bertolt Brecht, Form und Stoff

Herr K. betrachtete ein Gemälde, das einigen Gegenständen eine sehr eigenwillige Form verlieh. Er sagte: „Einigen Künstlern geht es, wenn sie die Welt betrachten, wie vielen Philosophen. Bei der Bemühung um die Form geht der Stoff verloren. Ich arbeitete einmal bei einem Gärtner. Er händigte mir eine Gartenschere aus und hieß mich einen Lorbeerbaum beschneiden. Der Baum stand in einem Topf und wurde zu Festlichkeiten ausgeliehen. Dazu mußte er die Form einer Kugel haben. Ich begann sogleich mit dem Abschneiden der wilden Triebe, aber wie sehr ich mich auch mühte, die Kugelform zu erreichen, es wollte mir lange nicht gelingen. Einmal hatte ich auf der einen, einmal auf der anderen Seite zu viel weggestutzt. Als es endlich eine Kugel geworden war, war die Kugel sehr klein. Der Gärtner sagte enttäuscht: ‚Gut, das ist die Kugel, aber wo ist der Lorbeer?'" [1949]

Bertolt Brecht: Geschichten vom Herrn Keuner. Erste vollständige Ausgabe aller 121 Geschichten. Frankfurt am Main: Suhrkamp 2006, S. 101.

2.5 Jean de La Fontaine, Die Grille und die Ameise

Grillchen, das den Sommer lang zirpt' und sang,
Litt, da nun der Winter droht',
Harte Zeit und bittre Not;
Nicht das kleinste Würmchen nur,
Und von Fliegen keine Spur!
Und vor Hunger weinend leise
Schlich's zur Nachbarin Ameise;
Fleht' sie an, in ihrer Not
Ihr zu leihn ein Körnlein Brot,
Bis der Sommer wiederkehre.
„Glaub mir" – sprach's – „auf Grillen-Ehre,
Vor dem Erntemond noch zahl
Zins ich dir und Kapital." –
Ämschen, die, wie manche lieben
Leute, das Verleihen haßt,
Fragt die Borgerin: „Was hast
Du im Sommer denn getrieben?" –

„Tag und Nacht hab ich ergetzt
Durch mein Singen alle Leut." –
„Durch dein Singen? – Sehr erfreut!
Weißt du was? Dann – tanze jetzt!" [1668]

Jean de La Fontaine. Sämtliche Fabeln. Übers. von E. Dohm/G. Fabricius. München: Winkler 1978, S. 13.

2.6 *Georg Born, Sie tanzte nur einen Winter*

Es war Sommer. Auf einer Wiese, wo sich die Blumen im weichen Winde wiegten, saß eine Grille. Sie sang. Am nahen Waldrand eilte geschäftig eine Ameise hin und her. Sie trug Nahrung für den Winter zusammen. So reihte sich Tag an Tag. Der Winter kam. Die Ameise zog sich in ihre Wohnung zurück und lebte von dem, was sie sich gesammelt hatte. Die sorglose Grille aber hatte nichts zu nagen und zu beißen. In ihrer Not entsann sie sich der fleißigen Ameise. Sie ging zu ihr, klopfte an und bat bescheiden um ein bisschen Nahrung. „Was hast du im Sommer getan?" fragte die Ameise hintergründig, denn sie liebte die Tüchtigkeit über alles. „Ich habe gesungen", antwortete die Grille wahrheitsgetreu. „Nun gut, dann tanze!" antwortete die Ameise boshaft und verschloss die Tür. Die Grille begann zu tanzen. Da sie es gut machte, wurde sie beim Ballett engagiert. Sie tanzte nur einen Winter und konnte sich dann ein Haus im Süden kaufen, wo sie das ganze Jahr singen konnte.

Moral: Ein guter Rat ist oft mehr wert als eine Scheibe Brot.

[1955]

Therese Poser (Hrsg.): Fabeln. Arbeitstexte für den Unterricht. Stuttgart: Reclam 1978, S. 47.

2.7 *Helmut Arntzen*

Was Singen und Arbeiten betrifft, so habe ich schon deiner Mutter gute Ratschläge gegeben, sagte die Ameise zur Grille im Oktober. Ich weiß, zirpte die, aber Ratschläge für Ameisen. [1966]

Reinhard Dithmar (Hrsg.): Fabeln, Parabeln und Gleichnisse. Paderborn: Schöningh 1995, S. 332.

2.8 *Janosch, Die Fiedelgrille und der Maulwurf*

Eine Grille hatte den ganzen Sommer über
nichts anderes getan, als auf ihrer Geige gefiedelt.
Sich selbst zur Freude und für die kleinen Tiere
auf dem Feld zum Tanzvergnügen.

Aber dann kam der Herbst und dann der Winter,
und sie hatte nichts zu essen.
Denn sie hatte das Feld nicht bestellt,
also auch keine Ente,
hatte keine Vorräte gesammelt,
hatte sich kein Winterhaus gebaut und keine warmen Handschuhe gestrickt,
hatte also auch keine Winterkleidung,
und der kalte Wind wehte durch ihr dünnes Kleidchen.
Oh Gott, war das kalt.
Da ging sie zum Hirschkäfer.

„Sie sind doch der Förster im Wald“, sagte sie, „denn Sie haben ein Geweih.
Der Förster muss zu allen Tieren im Wald gut sein, könnte ich bitte bei Ihnen wohnen? Nur den Winter über, denn ich habe kein Haus. Kostenlos.“
„Kostenlos?“ rief der Hirschkäfer, „kein Haus und kostenlos!!
Das höre ich gern.
Nein, nein, Mariechen, da kann ich nicht dienen.
Erst den ganzen Sommer herumfiedeln und dann auf anderer Leute Kosten...“
... und er warf sie hinaus. Drohte mit der Faust hinter ihr her:
„...kostenlos... kein Haus gebaut ... herumgefiedelt wie eine Sirene ... nein, nein!!“
Und draußen war es bitter kalt.

Da ging die Grille zu der Maus.
Die Maus wohnte in einer Gießkanne mit allem Komfort.
Hatte viele Vorräte gesammelt, so dass fünf kleinere Leute davon hätten leben können,
und zwar gut und drei Jahre lang.
„Ob ich hier ein wenig wohnen könnte?“ fragte die Grille mit ihrer kleinen Geige
unter dem Kleidchen. „Nur einen Winter lang, denn ich habe kein Haus...“

„Kein waas?“ schrie die Maus, „kein Haus?“
Und wohl auch keine Nahrung und auch kein Geld!
Nein, nein, meine Liebe, da kann ich nicht dienen.“
Und die Grille musste weiterstapfen.
Mit ihrem dünnen Kleidchen und ihrer kleinen Geige,
und es war so bitter kalt.

Da ging sie zum Maulwurf.
Der Maulwurf wohnte in einer Kellerwohnung.
Mit Ofen.
Viel Platz unter der Erde und warm.
„Oh, Besuch!“ rief der Maulwurf. „Kommen Sie doch mal näher, damit ich Sie befühlen kann,
denn ich bin ein wenig kurzsichtig auf den Augen, weil ich blind bin.
Kommt von der Finsternis unter der Erde, macht nix.“
Und er befühlte die Grille und ihre kleine Geige und erkannte sie. Was für eine Freude.
„Ob ich hier wohnen kann?“ fragte die Grille, „einen Winter lang nur … mit meiner kleinen Fiedel?“
„Oh ja“, rief der Maulwurf, „wie gern sag ich da Ja!“
Und die Grille blieb.
„Spiel doch mal was“, sagte der Maulwurf.
Da fiedelte und geigte die Grille, und der Maulwurf lauschte.
Denn wer nicht gut sieht, der hört umso lieber mit den Ohren Musik.

Und sie machten sich ein schönes warmes Leben zusammen.
Gute Speisen wurden gekocht, Krautsuppe oder süße Erbsen, für jeden oft eine ganze.
Draußen war es bitter kalt, wie am Nordpol, aber hier war es warm, und der Ofen bollerte.
Es roch nach guter Suppe, und nach dem Essen wurde gefiedelt.
Sie lasen zusammen in der Waldzeitung,
das Sofa war schön weich,
und sie labten sich an Blaubeerwein.

Manchmal an den Sonntagen und Feiertagen
wurde der Maulwurf von der Grille sauber frisiert, sein Pelz wurde gebürstet,
und dann gab es ein gutes Festessen.
Vielleicht Heidelbeerkaltschale vorneweg, Erbschen paniert, Mandelkerne in Honigteig gewendet
und als Nachtisch Speiseeis. Von draußen. Aus der Kälte.

Gefrorene Kürbismelone mit Schneepuderzucker garniert.
Mein Gott, war das eine schöne Zeit.

Wohl die schönste Zeit ihres Lebens. [1985]

Janosch: Die Fiedelgrille und der Maulwurf. Zürich: Diogenes 1985, S. 5–36. Neu in: *Janoschs Tierische Parade*. Die schönsten Vorlesegeschichten. Weinheim-Basel: Beltz & Gelberg 2011, S. 5–24.

2.9 Bertolt Brecht, Der hilflose Knabe

Herr K. sprach über die Unart, erlittenes Unrecht stillschweigend in sich hineinzufressen, und erzählte folgende Geschichte: „Einen vor sich hin weinenden Jungen fragte ein Vorübergehender nach dem Grund seines Kummers. ‚Ich hatte zwei Groschen für das Kino beisammen‘, sagte der Knabe, ‚da kam ein Junge und riß mir einen aus der Hand‘, und er zeigte auf einen Jungen, der in einiger Entfernung zu sehen war. ‚Hast du denn nicht um Hilfe geschrien?‘ fragte der Mann. ‚Doch‘, sagte der Junge und schluchzte ein wenig stärker. ‚Hat dich niemand gehört?‘, fragte ihn der Mann weiter, ihn liebevoll streichelnd. ‚Nein‘, schluchzte der Junge. ‚Kannst du denn nicht lauter schreien?‘, fragte der Mann. ‚Nein‘, sagte der Junge und blickte ihn mit neuer Hoffnung an. Denn der Mann lächelte. ‚Dann gib auch den her‘, sagte er, nahm ihm den letzten Groschen aus der Hand und ging unbekümmert weiter.“ [1932]

Bertolt Brecht: Gesammelte Werke. Bd. 12. Frankfurt am Main: Suhrkamp 1967, S. 381.

2.10 Franz Kafka, Ein Kommentar

Es war sehr früh am Morgen, die Straßen rein und leer, ich ging zum Bahnhof. Als ich eine Turmuhr mit meiner Uhr verglich, sah ich, daß es schon viel später war, als ich geglaubt hatte, ich mußte mich sehr beeilen, der Schrecken über diese Entdeckung ließ mich im Weg unsicher werden, ich kannte mich in dieser Stadt noch nicht sehr gut aus, glücklicherweise war ein Schutzmann in der Nähe, ich lief zu ihm und fragte ihn atemlos nach dem Weg. Er lächelte und sagte: „Von mir willst du den Weg erfahren?“ „Ja“, sagte ich, „da ich ihn selbst nicht finden kann.“ „Gibs auf, gibs auf“, sagte er und wandte sich mit einem großen Schwunge ab, so wie Leute, die mit ihrem Lachen allein sein wollen. [1933]

Franz Kafka: Die Erzählungen und andere ausgewählte Prosa. Hrsg. von Roger Hermes. Frankfurt am Main: Fischer 1996, S. 162 f.

2.11 Franz Kafka, [Eisenbahnreisende]

Wir sind, mit dem irdisch befleckten Auge gesehn, in der Situation von Eisenbahnreisenden, die in einem langen Tunnel verunglückt sind, und zwar an einer Stelle, wo man das Licht des Anfangs nicht mehr sieht, das Licht des Endes aber nur so winzig, daß der Blick es immerfort suchen muß und immerfort verliert, wobei Anfang und Ende nicht einmal sicher sind. Rings um uns aber haben wir in der Verwirrung der Sinne oder in der Höchstempfindlichkeit der Sinne lauter Ungeheuer und ein je nach der Laune und Verwundung des Einzelnen entzückendes oder ermüdendes kaleidoskopisches Spiel.

Was soll ich tun? oder: Wozu soll ich es tun? sind keine Fragen dieser Gegenden. [1917]

Franz Kafka: Hochzeitsvorbereitungen auf dem Lande und andere Prosa aus dem Nachlass. Hrsg. von Max Brod (1953). Frankfurt am Main: Fischer 1994, S. 54.

2.12 Franz Kafka, Heimkehr

Ich bin zurückgekehrt, ich habe den Flur durchschritten und blicke mich um. Es ist meines Vaters alter Hof. Die Pfütze in der Mitte. Altes unbrauchbares Gerät in einander verfahren verstellt den Weg zur Bodentreppe. Die Katze lauert auf dem Geländer. Ein zerrissenes Tuch einmal im Spiel um eine Stange gewunden hebt sich im Wind. Ich bin angekommen. Wer wird mich empfangen? Wer wartet hinter der Tür der Küche? Rauch kommt aus dem Schornstein, der Kaffee zum Abendessen wird gekocht. Ist Dir heimlich, fühlst Du Dich zuhause? Ich weiß es nicht, ich bin sehr unsicher.

Meines Vaters Haus ist es, aber kalt steht Stück neben Stück als wäre jedes mit seinen eigenen Angelegenheiten beschäftigt, die ich teils vergessen habe teils niemals kannte. Was kann ich ihnen nützen, was bin ich ihnen und sei ich auch des Vaters, des alten Landwirts Sohn. Und ich wage nicht an der Küchentür zu klopfen, nur von der Ferne horche ich stehend, nicht so daß ich als Horcher überrascht werden könnte. Und weil ich von der Ferne horche, erhorche ich nichts, nur einen leichten Uhrenschlag höre ich oder glaube ihn vielleicht nur zu hören herüber aus den Kindertagen. Was sonst in der Küche geschieht ist das Geheimnis der dort Sitzenden, das sie vor mir wahren. Je länger man vor der Tür zögert, desto fremder wird man. Wie wäre es wenn jetzt jemand die Tür öffnete und mich etwas fragte. Wäre ich dann nicht selbst wie einer der sein Geheimnis wahren will. [1936]

Franz Kafka: Die Erzählungen und andere ausgewählte Prosa. Hrsg. von Roger Hermes. Frankfurt am Main: Fischer 1996, S. 464.

2.13 Günter Kunert, Warum schreiben

Solange man schreibt, ist der Untergang gebannt, findet Vergänglichkeit nicht statt, und darum schreibe ich: um die Welt, die pausenlos in Nichts zerfällt, zu ertragen. [1972]

Günter Kunert: Warum schreiben. In: Ders., Tagträume in Berlin und andernorts. Frankfurt am Main: Fischer 1974, S. 208–210; hier S. 210 (Zuerst München: Hanser 1972).

2.14 Günter Kunert, Ninive

Als Kerzen brannten, sah man es: statt Stalagmiten und Stalaktiten hingen von der Decke Kleidungsstücke und kärgliche Nahrung in Beuteln wegen der Ratten, wölbten sich aus dem Boden steile Hügel von Abfall und gesammelten Überresten, zum Sortieren vorgesehen. Hier und da an den Wänden Hinweise und Ermahnungen: Schwarze Schriftzeichen auf einstmals weißem Karton starrten ungerührt auf die Überlebenden hinunter, die auf Lagerstätten hockten, errichtet aus dem Kram, den die Zerstörung verschonte. Blechnäpfe und Schüsseln klapperten in den Händen, während der Wal unhörbar dahinzog durch die kalten eiligen Wellen der Minuten. Längst hat er Jonah verschlungen auf Nimmerwiedersehen.

Denn anders ist es geschehen, als es steht im Buch der Bücher; Jonah ist geblieben in dem ewig finsteren, dem reißenden endlosen Innern der Zeit, der die Unverständigen ein äußeres Antlitz gaben, nämlich das des großen Fisches, damit sie sich ein Bild machen konnten und verstehen.

Verschlungen der, der Ninive erwecken sollte, daß es Buße tue und der Untaten abschwöre; daß es sein lasse und aufhöre auszubeuten die unteren Klassen, vorzubereiten Krieg und Mord und Pest in seinen Mauern; daß es abstehe von der Eroberung Ägyptens, Polens, Frankreichs und weiterer Anlieger. In den tödlichen Rachen gejagt, zerrissen, zermalmt und zermahlen vorher der Prophet, den nichts wieder an die Ufer des Lebens spie.

Da die übermütige Stadt nicht einhielt in ihrem Tun, vollzog sich an ihr, was sie an anderen vollzogen: ein Urteil.

Und wer danach noch eine Kerze zum Leuchten hatte, fand es fast gemütlich in deinen Höhlen, o Ninive.

Günter Kunert: Kramen in Fächern. Geschichten, Parabeln, Merkmale. Berlin-Weimar: Aufbau 1968, S. 109 f.

2.15 Günter Kunert, Jonas

Zu später Stunde, nahe dem Scheitel der Nacht schon, gewährte sich mir völlig unerwartet Anblick und Aura des großen Wales: seine graue Haut, fruchtloser Erde ähnlich, widerspiegelte das Licht nicht, das über uns beiden gemeinsam glomm. Schweres Kaumsichregen des massigen Leibes. Meinerseits: Ausstoß eines Überraschungslautes, der eine dumpfe, eine ferne Stimme auslöste, die wie aus einem gewaltigen Wattebausch rief: Hier bin ich. Ich bin in ihm drin. Ich bin Jonas.

Gemütvolles Rülpsen des Wales überlagerte jene Stimme, welche undeutliche Sätze schrie, bruchstückhaft nur verständlich: Daß er sich wohlbefinde, wo er sich befinde ... geborgen und in Sicherheit ... gemütlich untergebracht ... nicht länger vereinsamt ... die Hand am pulsenden Geschlinge des Lebens und der Zeit ...

Ausführlicheres verlor alle Artikulation, da der Wal aufstand und hinausging. Achtsam folgte ich ihm. Er schob sich schwerfällig in sein Auto und lehnte sich in die Polster zurück. Der Chauffeur fuhr an. Ich stand da und sah dem Wagen hinterdrein. Eher mit Verwirrung statt mit dem Stolz, der einer solchen historischen Begegnung angemessen gewesen wäre. Ich stand nur da und sagte tonlos zu mir selber: Ich habe Jonas gesprochen!

Günter Kunert: Camera obscura. München: Hanser 1978, S. 99.

Literaturverzeichnis

1. Primärliteratur

Berger, Klaus/Colpe, Carsten (1987): Religionsgeschichtliches Textbuch zum Neuen Testament. Texte zum Neuen Testament (NTD Textreihe Bd. 1). Göttingen: Vandenhoeck & Ruprecht.

Biermann, Heinrich/Schurf, Bernd (Hrsg.) (1999): Texte, Themen und Strukturen. Deutschbuch für die Oberstufe. Berlin: Cornelsen.

Bietenhard, Hans (1982): Midrasch Tanhuma B. R. Tanhuma über die Tora, genannt Midrasch Jelammedenu. Bd. 2 (Judaica et Christiana 6). Bern u. a.: Lang.

Billen, Josef (Hrsg.) (2001): Deutsche Parabeln. Stuttgart: Reclam.

Brecht, Bertolt (1967): Gesammelte Werke. Bd. 1–20. Frankfurt am Main: Suhrkamp.

Ders. (2006): Geschichten vom Herrn Keuner. Erste vollständige Ausgabe aller 121 Geschichten. Frankfurt am Main: Suhrkamp.

Burchard, Christoph (1983): Joseph und Aseneth (JShrZ II). Gütersloh: Mohn, S. 575–735.

Dithmar, Reinhard (Hrsg.) (1995): Fabeln, Parabeln und Gleichnisse. Paderborn: Schöningh.

Flusser, David (1981): Die rabbinischen Gleichnisse und der Gleichniserzähler Jesus (Teil I; Judaica et Christiana 4). Bern u. a.: Lang.

Frisch, Max (1950): Tagebuch 1946–1949. Frankfurt am Main: Suhrkamp.

Gellert, Christian Fürchtegott (1966): Fabeln und Erzählungen. Hrsg. von Siegfried Scheibe. Tübingen: Niemeyer.

Goethe, Johann Wolfgang (1977): Sämtliche Werke. Bd. 9. Hrsg. von Ernst Beutler u. a. München: dtv, S. 532.

Hennecke, Edgar/Schneemelcher, Wilhelm (1989): Neutestamentliche Apokryphen in deutscher Übersetzung. 5. Aufl., Tübingen: Mohr Siebeck.

Hey, Wilhelm (1987): Funfzig Fabeln für Kinder. In Bildern gezeichnet von Otto Speckter [1833/2. Aufl. 1834]. Nachw. Walter Scherf. 3. Aufl., Dortmund: Harenberg.

Horowitz, Charles (Übers.) (1975): Der Jerusalemer Talmud in deutscher Übersetzung. Bd. I (Berakhoth). Tübingen: Mohr Siebeck.

Hummel, Christine (Hrsg.) (2010): Kürzestgeschichten. Texte und Materialien für den Unterricht. Stuttgart: Reclam.

Janosch (1985): Die Fiedelgrille und der Maulwurf. Zürich: Diogenes.
Kafka, Franz (1951): Tagebücher 1910–1923. Hrsg. von Max Brod. Frankfurt am Main u. a.: Fischer.
Ders. (1958): Briefe 1902–1924. Hrsg. von Max Brod. Frankfurt am Main u. a.: S. Fischer.
Ders. (1986): Die Verwandlung [1915]. Frankfurt am Main: Fischer.
Ders. (1994): Hochzeitsvorbereitungen auf dem Lande und andere Prosa aus dem Nachlass. Hrsg. von Max Brod. Frankfurt am Main: Fischer.
Ders. (1996): Die Erzählungen und andere ausgewählte Prosa. Hrsg. von Roger Hermes. Frankfurt am Main: Fischer.
Kunert, Günter (1968): Kramen in Fächern. Geschichten, Parabeln, Merkmale. Berlin u. a.: Aufbau.
Ders. (1974): Tagträume in Berlin und andernorts. Frankfurt am Main: Fischer (EA München: Hanser 1972).
Ders. (1978): Camera obscura. München: Hanser.
Ders. (1989): Die Musen haben abgedankt. In: Sinn und Form Juli/August, 901–904.
Ders. (1991): Die letzten Indianer Europas. Kommentare zum Traum, der Leben heißt. München: Hanser.
La Fontaine, Jean de (1978): Sämtliche Fabeln. Hrsg. von Hermann Lindner. Zweisprachige Ausgabe. München: Winkler.
Lessing, Gotthold Ephraim (1967): Fabeln. Abhandlungen über die Fabel. Hrsg. von Heinz Rölleke. Stuttgart: Reclam.
Levi, Giuseppe/Seligmann, Ludwig (Hrsg.) (1980): Das Buch der jüdischen Weisheit. Parabeln, Legenden und Gedanken aus Talmud und Midrasch. Nachdr. der 3. Aufl., Wiesbaden: Fourier.
Loerke, Oskar (2010): Blauer Abend in Berlin. In: Ders., Sämtliche Gedichte. Bd. 1. Göttingen: Wallstein, S. 55.
Luther, Martin (2010): Fabeln und Sprichwörter. Mit Holzschnitten von Lukas Cranach. Hrsg. von Reinhard Dithmar. 3. Aufl., Darmstadt: WBG.
Müller, Hans Georg/Wolff, Jürgen (Hrsg.) (1982): Fabel und Parabel. Stuttgart u. a.: Klett.
Nayhauss, Hans Christoph Graf von (Hrsg.) (1982): Kürzestgeschichten. Arbeitstexte für den Unterricht. Stuttgart: Reclam.
Poser, Therese (Hrsg.) (1978): Parabeln. Arbeitstexte für den Unterricht. Stuttgart: Reclam.
Reinig, Christa (1968): Orion trat aus dem Haus. Neue Sternbilder. Reinbeck: Rowohlt.
Schnur, Harry C. (Hrsg.) (1978): Fabeln der Antike. München: Heimeran.

Wünsche, August (Übers.) (1967): Der Midrasch Schemot Rabba. Das ist die allegorische Auslegung des zweiten Buches Mose (Bibliotheca Rabbinica III). Nachdr. der 1. Aufl. Leipzig 1882, Hildesheim: Olms.
Ziegler, Ignaz (1903): Die Königsgleichnisse des Midrasch, beleuchtet durch die römische Kaiserzeit. Breslau: S. Schottlaender.
Zobel, Klaus (Hrsg.) (1978): Moderne Kurzprosa. Eine Textsammlung für den Deutschunterricht. Paderborn u. a.: Schöningh.

2. Sekundärliteratur und didaktische Literatur

Abraham, Werner (1998): Linguistik der uneigentlichen Rede. Analysen an den Rändern der Sprache. Tübingen: Stauffenburg.

Adorno, Theodor W. (1955): Aufzeichnungen zu Kafka. In: Ders., Prismen. Kulturkritik und Gesellschaft. Frankfurt am Main u.a.: Suhrkamp, S. 302–342.

Arens, Edmund (1982): Kommunikative Handlungen. Die paradigmatische Bedeutung der Gleichnisse Jesu für eine Handlungstheorie. Düsseldorf: Metz.

Aristoteles (1980): Rhetorik. Übers. F. G. Sieveke. München: Fink.

Asmuth, Bernhard (2006): Metapher. In: Horst Brunner/Rainer Moritz (Hrsg.), Literaturwissenschaftliches Lexikon. Grundbegriffe der Germanistik. 2., überarb. und erw. Aufl., Berlin: Erich Schmidt, S. 259–263.

Aurelio, Tullio (1977): Disclosures in den Gleichnissen Jesu. Eine Anwendung der disclosure-Theorie von I. T. Ramsey, der modernen Metaphorik und der Theorie der Sprechakte auf die Gleichnisse Jesu. Frankfurt am Main u.a.: Lang.

Baldermann, Ingo (1996): Einführung in die biblische Didaktik. Darmstadt: Primus.

Ders. (2005): Gottes Reich – Hoffnung für Kinder. Entdeckungen mit Kindern in den Evangelien. 5. Aufl., Neukirchen-Vluyn: Neukirchener.

Ders. (2011): Einführung in die biblische Didaktik. 4. Aufl., Darmstadt: Primus.

Banschbach Eggen, Renate (2006): Gleichnis und Allegorie. Zur Kritik der Gleichnisauslegung seit Adolf Jülicher. Trondheim: NTNU.

Dies. (2007): Gleichnis, Metapher, Allegorie. Zur Theorie und Praxis der Gleichnisauslegung (TANZ 47). Tübingen u.a.: Francke.

Barner, Wilfried (Hrsg.) (1994): Geschichte der deutschen Literatur von 1945 bis zur Gegenwart. München: Beck.

Bekes, Peter (1988): Verfremdungen. Parabeln von Bertolt Brecht, Franz Kafka, Günter Kunert. Stuttgart: Klett.

Berg, Horst Klaus/Doedens, Folkert (1974): Globalziel im Wandel. In: Dies., Unterrichtsmodelle im Religionsunterricht. Zur Praxis und Theorie. Frankfurt u.a.: Moritz Diesterweg/Kösel, S. 208–211.

Berger, Klaus (1984): Formgeschichte des Neuen Testaments. Heidelberg: Quelle und Meyer.

Betz, Hans-Dieter (1990): Hellenismus und Urchristentum. Gesammelte Aufsätze Bd. 1. Tübingen: Mohr Siebeck, bes. S. 1–9.

Biehl, Peter (1989): Symbole geben zu lernen. Einführung in die Symboldidaktik anhand der Symbole Hand, Haus und Weg. Neukirchen-Vluyn: Neukirchener.

Ders. (1993): Symbole geben zu lernen II. Zum Beispiel: Brot, Wasser und Kreuz. Beiträge zur Symbol- und Sakramentendidaktik. Neukirchen-Vluyn: Neukirchener.

Birus, Hendrik (2000): Metonymie. In: Harald Fricke (Hrsg.), Reallexikon der deutschen Literaturwissenschaft. Bd. II. Berlin u. a.: de Gruyter, S. 588–591.

Black, Max (1962): Metaphor. In: Ders., Models and Metaphors. Studies in Language and Philosophy. Ithaka: Cornell University Press, S. 25–47.

Blomberg, Craig (1990): Interpreting the Parables. Downers Grove IL: InterVarsity.

Bode, Christoph (1988): Ästhetik der Ambiguität. Zu Funktion und Bedeutung von Mehrdeutigkeit in der Literatur der Moderne. Tübingen: Niemeyer.

Bohne, Gerhard (1962): Lebendiges Wort in der evangelischen Unterweisung. Itzehoe: Die Spur.

Ders. (1964): Das Wort Gottes und der Unterricht. 3. Aufl. (1. Aufl. 1929), Berlin: Die Spur.

Braak, Ivo (1972): Poetik in Stichworten. Literaturwissenschaftliche Grundbegriffe. Eine Einführung. 4., erw. Aufl., Kiel: Hirt.

Brettschneider, Werner (1980): Die moderne deutsche Parabel. Entwicklung und Bedeutung. 2., überarb. Aufl., Berlin: Erich Schmidt.

Bucher, Anton A. (1987): Gleichnisse – schon in der Grundschule? Ein kognitiv-entwicklungspsychologischer Beitrag zur Frage der altersgerechten Behandlung biblischer Gleichnisse. In: Katechetische Blätter 112, S. 194–203.

Ders. (1990): Gleichnisse verstehen lernen. Strukturgenetische Untersuchungen zur Rezeption synoptischer Parabeln. Freiburg (Schweiz): Universitätsverlag.

Ders./Oser, Fritz (1987): „Wenn zwei das Gleiche Gleichnis hören...". Theoretische und empirische Aspekte einer strukturgenetischen Religionsdidaktik – exemplifiziert an der neutestamentlichen Parabel von den Arbeitern im Weinberg (Mt 20,1 ff). In: Zeitschrift für Pädagogik, 33. Jahrgang, Nr. 2, S. 167–183.

Büttner, Gerhard (1998): „Meine Oma hat zu mir gesagt, daß ich für sie ein Schatz bin". Gleichnisverstehen von Kindern und Jugendlichen. In: GlLern 13, S. 152–164.
Büttner, Gerhard/Mendl, Hans/Reis, Oliver/Roose, Hanna (Hrsg.) (2010 a): „Jahrbuch für konstruktivistische Religionsdidaktik" – Wer braucht es und wozu? In: Dies. (Hrsg.), Religion lernen. Jahrbuch für konstruktivistische Religionsdidaktik. Bd. 1: Lernen mit der Bibel. Hannover: Siebert, S. 7–18.
Ders. (2010 b): Abschied von Piaget? In: KatBl 135, S. 208–212.
Ders. (2012): Die Kindertheologie und die Theologie. In: Christina Kalloch u. a. (Hrsg.): „Gott hat das in Auftrag gegeben": Mit Kindern über Schöpfung und Weltentstehung nachzudenken (JaBuKi 11). Stuttgart: Calwer, S. 11–21.
Ders. (2013): Passende Gleichnisse. Kriterien zur Gleichnisauswahl für den Unterricht. In: Zeitschrift für Religionsunterricht 42, S. 7–10.
Büttner, Gerhard/Dieterich, Veit-Jakobus (2013): Entwicklungspsychologie in der Religionspädagogik. Göttingen: Vandenhoeck & Ruprecht (UTB).
Bultmann, Rudolf (1979): Die Geschichte der synoptischen Tradition (FRLANT 29). 9. Aufl. (1. Aufl. 1921). Göttingen: Vandenhoeck & Ruprecht.
Coenen, Hans-Georg (2000): Die Gattung Fabel. Infrastrukturen einer Kommunikationsform. Göttingen: Vandenhoeck & Ruprecht.
Cohen, Ted (1979): Metaphor and the Cultivation of Intimacy. In: Sheldon Sacks (Hrsg.), On Metaphor. Chicago: University of Chicago Press, S. 5.
Crossan, John Dominic (1973): In Parables: The Challenge of the Historical Jesus. New York: Harper & Row.
Dicke, Gerd (1997): Exempel. In: Klaus Weimar (Hrsg.), Reallexikon der deutschen Literaturwissenschaft. Bd. I. Berlin u. a.: de Gruyter, S. 534–537.
Dithmar, Reinhard (1970): Einleitung. In: Ders. (Hrsg.). Fabeln, Parabeln und Gleichnisse. München: dtv, S. 11–30.
Ders. (1980): Texte zur Theorie der Fabeln, Parabeln und Gleichnisse. München: dtv.
Ders. (1988): Die Fabel. Geschichte – Struktur – Didaktik. 7., überarb. Aufl., Paderborn u. a.: Schöningh.
Ders. (1995): Einleitung. In: Ders. (Hrsg.), Fabeln, Parabeln und Gleichnisse. Paderborn: Schöningh (UTB), S. 11–43.
Doderer, Klaus (1970): Fabeln. Formen-Figuren-Lehren. Zürich: Atlantis.

Dressler, Bernhard (2003): Darstellung und Mitteilung. Religionsdidaktik nach dem Traditionsabbruch. In: Silke Leonhard/Thomas Klie (Hrsg.), Schauplatz Religion. Leipzig: Evangelische Verlagsanstalt.
Drewermann, Eugen (1990): Tiefenpsychologie und Exegese. Traum, Mythos, Märchen, Sage und Legende. 8. Aufl., Olten: Walter.
Ders. (1992): Tiefenpsychologie und Exegese. Bd. II. Die Wahrheit der Werke und der Worte. Wunder, Vision, Weissagung, Apokalypse, Geschichte, Gleichnis. 3. Aufl., Olten: Walter.
Dschulnigg, Peter (1989): Positionen des Gleichnisverständnisses im 20. Jahrhundert. In: ThZ 45, S. 335–351.
Durzak, Manfred (2000): Über das Marionettentheater von Heinrich von Kleist. Bemerkungen zur literarischen Form. In: Ders., Kleist und Hebbel. Zwei Einzelgänger in der Literatur. Würzburg: Königshausen und Neumann, S. 31–48.
Elm, Theo (1982): Die moderne Parabel. Parabel und Parabolik in Theorie und Geschichte. München: Fink.
Elm, Theo/Hasubek, Peter (Hrsg.) (1994): Fabel und Parabel. Kulturgeschichtliche Prozesse im 18. Jahrhundert. München: Fink.
Emmerich, Wolfgang (1996): Kleine Literaturgeschichte der DDR. Leipzig: Kiepenheuer.
Emrich, Wilhelm (1960): Die Bilderwelt Franz Kafkas. In: Akzente 7, S. 172–191.
Ders. (1981): Franz Kafka. 9., erw. Aufl., Königstein/Ts.: Scriptor.
Erlemann, Kurt (1988): Das Bild Gottes in den synoptischen Gleichnissen (BWANT 126). Stuttgart: Kohlhammer.
Ders. (1999): Gleichnisauslegung. Ein Lehr- und Arbeitsbuch. Tübingen u. a.: Francke.
Ders. (2008): Allegorie, Allegorese, Allegorisierung. In: Ruben Zimmermann (Hrsg.), Hermeneutik der Gleichnisse Jesu. Methodische Neuansätze zum Verstehen urchristlicher Parabeltexte (WUNT 231). Tübingen: Mohr Siebeck, S. 482– 493.
Ders./Wagner, Thomas (2013): Leitfaden Exegese. Eine Einführung in die exegetischen Methoden für das BA- und Lehramtsstudium. Tübingen u. a.: Francke (UTB).
Fiebig, Paul (1904): Altjüdische Gleichnisse und die Gleichnisse Jesu. Tübingen: Mohr Siebeck.
Fowler, James W. (1991): Stufen des Glaubens. Die Psychologie der menschlichen Entwicklung und die Suche nach Sinn. Gütersloh: Mohn.
Freudenberger-Lötz, Petra (2006): Der Beitrag des Konstruktivismus zur Qualitätssteigerung theologischer Gespräche mit Kindern im Religionsunterricht. In: Gerhard Büttner (Hrsg.), Lernwege im Religions-

unterricht. Konstruktivistische Perspektiven. Stuttgart: Calwer, S. 236–254.

Dies. (2007): Theologische Gespräche mit Kindern. Untersuchungen zur Professionalisierung Studierender und Anstöße zu forschendem Lernen im Religionsunterricht. Stuttgart: Calwer.

Dies. (2012): Theologische Gespräche mit Jugendlichen. Erfahrungen – Beispiele – Anleitungen. München: Kösel.

Frör, Kurt (1961): Wege zur Schriftauslegung. Biblische Hermeneutik für Unterricht und Predigt. 3. Aufl., Düsseldorf: Patmos.

Fuhrmann, Helmut (2003): Vorausgeworfene Schatten. Literatur in der DDR – DDR in der Literatur. Interpretationen. Würzburg: Königshausen & Neumann.

Funk, Robert (1966): Language, Hermeneutic and the Word of God. New York: Harper & Row.

Gemoll, Wilhelm/Vretska, Karl (2012): Gemoll. Griechisch-deutsches Schul- und Handwörterbuch. Bearb. und durchges. von Therese Aigner u. a. 10., völlig neu bearb. Aufl., München: Oldenbourg.

Gengnagel, Ludwig (1960): Mein kirchlicher Lehrauftrag im vierten Schuljahr. Unterrichtshilfe für den kirchlichen Unterricht in der Volksschule. 2. Aufl., Stuttgart: Calwer.

Gloy, Horst (1971): Themen satt Texte? In: Norbert Schneider (Hrsg.), Religionsunterricht – Konflikte und Konzepte. Hamburg: Furche, S. 67–79.

Grethlein, Christian/Lück, Christhard (2006): Religion in der Grundschule. Ein Kompendium. Göttingen: Vandenhoeck & Ruprecht.

Hänig, Miriam (2008): Die biblische Erzählung vom Vater und seinen beiden Söhnen (Lk 15,11-32). Eine Erlebnisreise (7.Kl./Gym). In: Thomas Klie/Silke Leonhard (Hrsg.), Performative Religionsdidaktik. Religionsästhetik – Lernorte – Unterrichtspraxis. Stuttgart: Kohlhammer, S. 176–184.

Halbfas, Hubertus (1982): Das dritte Auge. Religionsdidaktische Anstöße. Düsseldorf: Patmos.

Ders. (1983): Religionsunterricht für das 1. Schuljahr. Düsseldorf: Patmos.

Ders. (1984): Religionsunterricht für das 2. Schuljahr. Düsseldorf: Patmos.

Ders. (1985): Religionsunterricht für das 3. Schuljahr. Düsseldorf: Patmos.

Ders. (1986): Religionsunterricht für das 4. Schuljahr. Düsseldorf: Patmos.

Ders. (1994): Religionsunterricht in der Grundschule. Lehrerhandbuch 3. 5. Aufl., Düsseldorf: Patmos.

Harnisch, Wolfgang (1985): Die Gleichniserzählungen Jesu. Eine hermeneutische Einführung (UTB 1343). Göttingen: Vandenhoeck & Ruprecht (UTB).

Hegel, Georg Wilhelm Friedrich (1986): Vorlesungen über die Ästhetik I. Werkausgabe Bd. 13. Frankfurt am Main: Suhrkamp.

Hellgardt, Ernst (2006): Symbol. In: Horst Brunner/Rainer Moritz (Hrsg.), Literaturwissenschaftliches Lexikon. Grundbegriffe der Germanistik. 2., überarb. und erw. Aufl., Berlin: Erich Schmidt, S. 384–388.

Hengel, Martin (1973): Judentum und Hellenismus. Studien zu ihrer Begegnung unter besonderer Berücksichtigung Palästinas bis zur Mitte des 2. Jahrhunderts vor Christus (WUNT 10). 2. Aufl., Tübingen: Mohr Siebeck.

Heydebrand, Renate von (2007): Parabel. In: Jan-Dirk Müller (Hrsg.), Reallexikon der deutschen Literaturwissenschaft. Bd. III. 3. Aufl., Berlin u. a.: de Gruyter, S. 11–15.

Holzberg, Niklas (2001): Die antike Fabel. Eine Einführung. Darmstadt: WBG.

Hummel, Christine (2010 a): Versuch einer Begriffsbestimmung der Kürzestgeschichte. In: Dies. (Hrsg.), Kürzestgeschichten. Texte und Materialien für den Unterricht. Stuttgart: Reclam, S. 7–16.

Jeremias, Joachim (1984): Die Gleichnisse Jesu. 10. Aufl. (1. Aufl. 1947), Göttingen: Vandenhoeck & Ruprecht.

Johannsen, Friedrich (1986): Gleichnisse Jesu im Religionsunterricht. Anregungen und Modelle für die Grundschule. Gütersloh: Mohn.

Jückstock-Kießling, Nathali (2004): Ohne Zeigefinger. Fabeln im Unterricht der Sek. I. In: Deutschmagazin 1, AB 1–3.

Jülicher, Adolf (1910): Die Gleichnisreden Jesu. 2 Bde. 2. Aufl., Tübingen: Mohr Siebeck.

Jüngel, Eberhard (1974): Metaphorische Wahrheit. Erwägungen zur theologischen Relevanz der Metapher als Beitrag zur Hermeneutik einer narrativen Theologie. In: Ders./Paul Ricœur (Hrsg.), Die Metapher. Zur Hermeneutik religiöser Sprache (EvTh Sonderheft). München: Kaiser, S. 71– 122.

Ders. (1972): Paulus und Jesus. Eine Untersuchung zur Präzisierung der Frage nach dem Ursprung der Christologie. 4. Aufl. (1. Aufl. 1962), Tübingen: Mohr Siebeck.

Kassel, Maria (1980): Biblische Urbilder. Tiefenpsychologische Auslegung nach C. G. Jung. München: Pfeiffer.

Kaufmann, Hans Bernhard (1973): Muß die Bibel im Mittelpunkt des Religionsunterrichts stehen? In: Ders., Streit um den problemorien-

tierten Unterricht in Schule und Kirche. Frankfurt u. a.: Diesterweg, S. 23–27.
Kittel, Helmuth (1947): Vom Religionsunterricht zur Evangelischen Unterweisung. Braunschweig: Wolfenbütteler Verlagsanstalt.
Klauck, Hans-Josef (1978): Allegorie und Allegorese in synoptischen Gleichnistexten (NA Neue Folge 13). Münster: Aschendorff.
Kluge, Friedrich (2002): Etymologisches Wörterbuch der deutschen Sprache. Bearb. von Elmar Seebold. 24., durchgeseh. und erw. Aufl., Berlin u. a.: de Gruyter.
Knapp, Fritz Peter (2003): Vergleich. In: Jan-Dirk Müller (Hrsg.), Reallexikon der deutschen Literaturwissenschaft. Bd. III. Berlin u. a.: de Gruyter, S. 755–757.
König, Nicola (2007): Abenteuer Fabel: Auf der Suche nach der Lehre. In: Praxis Deutsch 205, S. 17–21.
Kollmann, Bernd (2009): Gleichnisse im Religionsunterricht – Grundprobleme und Perspektiven. In: Michael Bachmann/Johannes Woyke (Hrsg.), Erstaunlich lebendig und bestürzend verständlich. Studien und Impulse zur Bibeldidaktik. Neukirchen-Vluyn: Neukirchener, S. 147–166.
Lämmermann, Godwin (1998): Grundriß der Religionsdidaktik. 2. Aufl., Stuttgart: Kohlhammer.
Leibfried, Erwin (1984): Fabel. 4. Aufl., Stuttgart: Metzler.
Leonhard, Silke/Klie, Thomas (2003): Performative Religionspädagogik. Religion leiblich und räumlich in Szene setzen. In: Dies. (Hrsg.), Schauplatz Religion. Grundzüge einer Performativen Religionspädagogik. Leipzig: Evangelische Verlagsanstalt, S. 7–16.
Lessing, Gotthold Ephraim (1777): Über den Beweis des Geistes und der Kraft. An den Herrn Direktor Schumann zu Hannover. Braunschweig: Waisenhausbuchhandlung.
Lindner, Hermann (1978 a): Fabeln der Neuzeit. England, Frankreich, Deutschland. Ein Lese- und Arbeitsbuch. München: Fink.
Ders. (1978 b): Nachwort. In: Ders. (Hrsg.), Jean de La Fontaine. Sämtliche Fabeln. München: Winkler, S. 1053–1064.
Loch, Werner (1964): Die Verleugnung des Kindes in der evangelischen Pädagogik. Zur Aufgabe einer empirischen Anthropologie des kindlichen und jugendlichen Glaubens. Essen: Neue Dt. Schule Verlagsgesellschaft.
Lorenz, Otto (1997): Chiffre. In: Klaus Weimar (Hrsg.), Reallexikon der deutschen Literaturwissenschaft. Bd. I. Berlin u. a.: de Gruyter, S. 299–301.
Lück, Christhard (2008): „Weil Jesus sehen wollte, wie schön die Frau des Zachäus war“. Überlegungen zur Bibeldidaktik in der Primarstufe. In:

Kurt Erlemann u. a. (Hrsg.), Kontexte. Biografische und forschungsgeschichtliche Schnittpunkte der alttestamentlichen Wissenschaft. Festschrift für Hans Jochen Boecker zum 80. Geburtstag. Neukirchen-Vluyn: Neukirchener, S. 417–443.

Massa, Dieter (2000): Verstehensbedingungen von Gleichnissen. Prozesse und Voraussetzungen der Rezeption aus kognitiver Sicht (TANZ 31). Tübingen: Francke.

Mendl, Hans (2006): Konstruktivistische Religionspädagogik im Kontext der Diskussion um Bildungsstandards. In: Gerhard Büttner (Hrsg.), Lernwege im Religionsunterricht. Konstruktivistische Perspektiven. Stuttgart: Calwer, S. 40–57.

Ministerium für Schule und Weiterbildung des Landes Nordrhein-Westfalen (Hrsg.) (2008): Richtlinien und Lehrpläne für die Grundschule in Nordrhein-Westfalen. Evangelische Religionslehre. Frechen: Ritterbach.

Dass. (Hrsg.) (2013): Kernlehrplan für die Hauptschule in Nordrhein-Westfalen. Evangelische Religonslehre. Düsseldorf: Ritterbach.

Müller, Peter/Büttner, Gerhard/Heiligenthal, Roman/Thierfelder, Jörg (2002): Die Gleichnisse Jesu. Ein Studien- und Arbeitsbuch für den Unterricht. Stuttgart: Calwer.

Müller, Peter (2003): „Da mussten die Leute erst nachdenken…“. Kinder als Exegeten – Kinder als Interpreten biblischer Texte. In: Anton A. Bucher u. a. (Hrsg.), „Im Himmelreich ist keiner sauer“ – Kinder als Exegeten (JaBuKi 2). Stuttgart: Calwer, S. 19–30.

Ders. (2007): Da mussten die Leute erst nachdenken. Chancen und Grenzen der Gleichnisdidaktik. In: Karin Finsterbusch (Hrsg.), Bibel nach Plan? Biblische Theologie und schulischer Religionsunterricht. Göttingen: Vandenhoeck & Ruprecht, S. 77–90.

Müller Farguell, Roger W. (2003): Symbol. In: Jan-Dirk Müller (Hrsg.), Reallexikon der deutschen Literaturwissenschaft. Bd. III. Berlin u. a.: de Gruyter, S. 550–555.

Müller-Friese, Anita (2002): „Gott hält auch zu denen, die Mist bauen“. Grundschulkinder verstehen das Gleichnis vom verlorenen Schaf. In: Schönberger Hefte 3. Dietzenbach, S. 10–12, S. 17–20.

Nickel-Bacon, Irmgard (2006): Positionen der Literaturdidaktik – Methoden des Literaturunterrichts. Ein heuristischer Explikationsversuch für die empirische Grundlagenforschung. In: Norbert Groeben/Bettina Hurrelmann (Hrsg.), Empirische Unterrichtsforschung: Literatur- und Lesedidaktik. Weinheim: Juventa, S. 95–114.

Dies. (2012 a): „Und sie machten sich ein schönes warmes Leben zusammen“. Literarisches Lernen mit Janoschs Fabelmärchen Die Fiedelgrille und der Maulwurf. In: Grundschule Deutsch 33, 29–31; Materialien S. 9–12.

Dies. (2012 b): Parabel oder Kurzgeschichte? Prozeduralisiertes Gattungswissen, literarische Lesekompetenz und ästhetische Erfahrung am Beispiel von Kurzprosagattungen. In: Daniela A. Frickel/Clemens Kammler/Gerhard Rupp (Hrsg.), Literaturdidaktik im Zeichen von Kompetenzorientierung und Empirie. Perspektiven und Probleme. Freiburg: Fillibach, S. 85–103.

Dies. (2013 a): Von Lessing bis Kunert. Textseitige Vorgaben und Rezeptionsanforderungen des parabolischen Erzählens. In: Daniela A. Frickel/Jan M. Boelmann (Hrsg.), Literatur – Lesen – Lernen. Festschrift für Gerhard Rupp. Frankfurt am Main: Lang, S. 273–291.

Dies. (2013 b): Linear oder rekursiv? Literarisches Verstehen moderner Kurzprosa – kritisch (und konstruktiv) betrachtet. In: Christian Dawidowski/Dieter Wrobel (Hrsg.), Kritik und Kompetenz. Die Praxis des Literaturunterrichts im gesellschaftlichen Kontext. Baltmannsweiler: Schneider Hohengehren, S. 79–94.

Oberthür, Rainer (1995): Kinder und die großen Fragen. München: Kösel.

Oser, Fritz/Gmünder, Paul (1988): Der Mensch – Stufen seiner religiösen Entwicklung. Gütersloh: Mohn.

Payrhuber, Franz-Josef (1978): Wege zur Fabel. Freiburg: Herder.

Peil, Dietmar (1992): Exempel. In: Volker Meid (Hrsg.), Killy Literatur Lexikon. Bd. 13. Begriffe, Realien, Methoden. Gütersloh u. a.: Bertelsmann Lexikon, S. 272–274.

Peil, Dietmar (2008): Metonymie. In: Ansgar Nünning (Hrsg.), Metzler Lexikon. Literatur- und Kulturtheorie. Ansätze – Personen – Grundbegriffe. 4., aktual. und erw. Aufl., Stuttgart u. a.: Metzler, S. 496.

Pfeifer, Anke (2002): Wie Kinder Metaphern verstehen. Semiotische Studien zur Rezeption biblischer Texte im Religionsunterricht der Grundschule. Münster: Lit.

Dies. (2009): Gleichnisse im Religionsunterricht der Grundschule?! In: Gleichnisse, KatBl 134, S. 340–346.

Piaget, Jean (1974): Der Aufbau der Wirklichkeit beim Kinde. Stuttgart: Klett-Cotta.

Pieper, Irene (2013): Metaphern im Literaturerwerb. In: Carola Rieckmann/Jessica Gahn (Hrsg.), Poesie verstehen – Literatur unterrichten. Baltmannsweiler: Schneider Hohengehren, S. 125–142.

Rau, Eckhard (1990): Reden in Vollmacht. Göttingen: Vandenhoeck & Ruprecht.

Richards, Ivor A. (1967): The Philosophy of Rhetoric. [1936] New York u. a.: Oxford University Press.

Ricœur, Paul (1974): Stellung und Funktion der Metapher in der biblischen Sprache. In: Ders./Eberhard Jüngel (Hrsg.), Die Metapher. Zur Hermeneutik religiöser Sprache (EvTh Sonderheft). München: Kaiser, S. 45–70.

Riegel, Ulrich (2013): Bibelverständnis und soziales Milieu. In: Zimmermann, Mirjam/Zimmermann, Ruben (Hrsg.), Handbuch Bibeldidaktik. Tübingen: Mohr Siebeck (UTB), S. 614–617.

Rothgangel, Martin/Gottfried, Adam/Lachmann, Rainer (Hrsg.) (2011): Religionspädagogisches Kompendium. 7. Aufl., Göttingen: Vandenhoeck & Ruprecht.

Rupp, Hartmut (1998): Erzählwege als Lernwege. Die Erzählstrategien der Gleichnisse Jesu als Hinweise für einen lebendigen Unterricht. In: GlLern 13, S. 165–180.

Schlag, Thomas/Schweitzer, Friedrich (2012): Jugendtheologie: Grundlagen – Beispiele – kritische Diskussion. Neukirchen-Vluyn: Neukirchener.

Schneider, Grete (1966): Nachwort. In: Dies. (Hrsg.), Die Wiederkehr der Parabel. 3. Aufl., Frankfurt am Main: Hirschgraben, S. 54–58.

Schottroff, Luise (2005): Die Gleichnisse Jesu. Gütersloh: Mohn.

Schrader, Monika (1980): Epische Kurzformen. Theorie und Didaktik. Königstein/Ts.: Scriptor.

Schulte, Stefanie (2008): Gleichnisse erleben. Entwurf einer wirkungsästhetischen Hermeneutik und Didaktik. Stuttgart: Kohlhammer.

Schurf, Bernd/Wagener, Andrea (Hrsg.) (2009): Texte, Themen und Strukturen. Deutschbuch für die Oberstufe. Berlin: Cornelsen.

Schweitzer, Friedrich (2003): Was ist und wozu Kindertheologie? In: Anton A. Bucher u. a. (Hrsg.), „Im Himmelreich ist keiner sauer“ – Kinder als Exegeten (JaBuKi 2). Stuttgart: Calwer, S. 9–18.

Ders. (1/2005): Auch Jugendliche als Theologen. Zur Notwendigkeit die Kindertheologie zu erweitern. In: ZPT, S. 46–53.

Ders. (2010): Lebensgeschichte und Religion. Religiöse Entwicklung und Erziehung im Kindes- und Jugendalter. 7. Aufl., Gütersloh: Mohn.

Ders. (2011): Kindertheologie und Elementarisierung. Wie religiöses Lernen mit Kindern gelingen kann. Gütersloh: Mohn.

Sellin, Gerhard (1978): Allegorie und „Gleichnis“. Zur Formenlehre der synoptischen Gleichnisse. In: ZThK 75, S. 281–335.

Ders. (1997): Die Allegorese und die Anfänge der Schriftauslegung. In: Henning Graf Reventlow (Hrsg.), Theologische Probleme der Septuaginta und der hellenistischen Hermeneutik. Gütersloh: Mohn, S. 91–132.

Skirl, Helge/Schwarz-Friesel, Monika (2013): Metapher. 2., aktual. Aufl., Heidelberg: Winter.

Sorger, Karlheinz (1980): Gleichnisse im Unterricht. Grundsätzliche Überlegungen – Hilfen für die Praxis. Düsseldorf: Patmos.
Sproll, Monika (2007): Chiffre. In: Dieter Burdorf u. a. (Hrsg.), Metzler Lexikon Literatur. Begriffe und Definitionen. Begründet von Günther und Irmgard Schweikle. 3., völlig neu bearb. Aufl., Stuttgart u. a.: Metzler, S. 121.
Stallmann, Martin (1958): Christentum und Schule. Stuttgart: Schwab.
Ders. (1963): Die biblische Geschichte im Unterricht. Katechetische Blätter I. Göttingen: Vandenhoeck & Ruprecht.
Strelka, Joseph P. (2001): Der Paraboliker Franz Kafka. Tübingen u. a.: Francke.
Theis, Joachim (2005): Biblische Texte verstehen lernen. Eine bibeldidaktische Studie mit einer empirischen Untersuchung zum Gleichnis vom barmherzigen Samariter. Stuttgart: Kohlhammer.
Theologischer Ausschuss der Arnoldshainer Konferenz (1992): Tiefenpsychologische Bibelauslegung (am Beispiel von Eugen Drewermann). In: Ders., (Hrsg.), Das Buch Gottes: Elf Zugänge zur Bibel. Ein Votum des theologischen Ausschusses der Arnoldshainer Konferenz. Neukirchen-Vluyn: Neukirchener, S. 25–41.
Tolbert, Mary Ann (1979): Perspectives on the Parables. Philadelphia: Fortress Press.
Wäsche, Erwin (1976): Die verrätselte Welt. Ursprung der Parabel: Lessing-Dostojewskij-Kafka. Meisenheim: Hain.
Walz, Guido (Red.) (2002): Lexikon der Mathematik in sechs Bänden. Bd. 4. Heidelberg u. a.: Spektrum.
Watzke, Oswald (Hrsg.) (2010): Fabeln in Stundenbildern. Unterrichtsvorschläge für die Klassen 5/6. 6. Aufl., Donauwörth: Auer.
Weder, Hans (1978): Die Gleichnisse Jesu als Metaphern. Traditions- und redaktionsgeschichtliche Analysen und Interpretationen (FRLANT 120). Göttingen: Vandenhoeck & Ruprecht.
Wegenast, Klaus (1968): Die empirische Wendung in der Religionspädagogik. In: EvErz 20, S. 111–123.
Wegenast, Klaus/Wegenast, Philipp (1999): Biblische Geschichten dürfen auch „unrichtig“ verstanden werden. Zum Erzählen und Verstehen neutestamentlicher Erzählungen. In: Desmond Bell u. a. (Hrsg.), Menschen suchen – Zugänge finden. Auf dem Weg zu einem religionspädagogisch verantworteten Umgang mit der Bibel. Festschrift für Christine Reents. Wuppertal: Foedus, S. 246–263.
Weinrich, Harald (1976 a): Allgemeine Semantik der Metapher. In: Ders., Sprache in Texten. Stuttgart: Klett, S. 317–327.

Ders. (1976b): Metapher. In: Joachim Ritter/Karlfried Gründer (Hrsg.), Historisches Wörterbuch der Philosophie. Bd. 5. Basel u.a.: WBG, S. 1179–1186.

Ders. (1976c): Semantik der kühnen Metapher. In: Ders., Sprache in Texten. Stuttgart: Klett, S. 295–316.

Zabka, Thomas (2006): Typische Operationen literarischen Verstehens. Zu Martin Luther, Vom Raben und Fuchs. In: Clemens Kammler (Hrsg.), Literarische Kompetenzen – Standards im Literaturunterricht. Seelze: Klett-Kallmeyer, S. 80–101.

Zimmermann, Mirjam (2010): Kindertheologie als theologische Kompetenz von Kindern. Grundlagen, Methodik und Ziel kindertheologischer Forschung am Beispiel der Deutung des Todes Jesu. Neukirchen-Vluyn: Neukirchener.

Zimmermann, Ruben (Hrsg.) (2000): Bildersprache verstehen. Zur Hermeneutik der Metapher und anderer bildlicher Sprachformen. München: Fink.

Ders. (2013a): Gleichnisse/Parabeln Jesu. In: Ders./Mirjam Zimmermann (Hrsg.), Handbuch Bibeldidaktik. Tübingen: Mohr Siebeck (UTB), S. 196– 201.

Ders. (Hrsg.) (2013b): Kompendium der frühchristlichen Wundererzählungen. Bd. 1: Die Wunder Jesu. Gütersloh: Mohn.

Zobel, Klaus (1985): Textanalysen. Eine Einführung in die Interpretation moderner Kurzprosa. Paderborn u.a.: Schöningh.

Zymner, Rüdiger (1991): Uneigentlichkeit. Studien zu Semantik und Geschichte der Parabel. Paderborn: Schöningh.

Ders. (2007a): Metapher. In: Dieter Burdorf u.a. (Hrsg.), Metzler Lexikon Literatur. Begriffe und Definitionen. Begründet von Günther und Irmgard Schweikle. 3., völlig neu bearb. Aufl., Stuttgart u.a.: Metzler, S. 494–495.

Ders. (2007b): Metonymie. In: Dieter Burdorf u.a. (Hrsg.), Metzler Lexikon Literatur. Begriffe und Definitionen. Begründet von Günther und Irmgard Schweikle. 3., völlig neu bearb. Aufl., Stuttgart u.a.: Metzler, S. 497.

Ders. (2007c): Synekdoche. In: Dieter Burdorf u.a. (Hrsg.), Metzler Lexikon Literatur. Begriffe und Definitionen. Begründet von Günther und Irmgard Schweikle. 3., völlig neu bearb. Aufl., Stuttgart u.a.: Metzler, S. 747–748.